時代を拓いた女たち

第Ⅲ集

かながわの112人

江刺昭子＋かながわ女性史研究会　編著

神奈川新聞社

刊行にあたって

「明治一五〇年」にあたる二〇一八年には、さまざまな分野で一五〇年を振り返る企画がありました。近現代の光と影、正と負の両面から問い直す作業です。では、神奈川の女たちはこの一五〇年をどのように生きたのでしょうか。

明治以前から世界に港を開いた神奈川には、欧米やアジアから訪れた多くの人が足跡を残しています。商工業の発展につれ、北海道から沖縄まで国内各地からも人が集まり、言葉も文化も異なる人びとが共生する場になりました。関東大震災や一五年戦争を経て、戦後はまた第二の開港といわれる占領期から高度経済成長期へ。一九七五年の国際女性年をきっかけに女性施策を見直した神奈川県は、他県に先駆けて女性プランを策定し、官民で男女平等社会をめざしました。そして二一世紀の今、浮世絵に描かれたころとは大きくさま変わりした風景のなかにわたしたちはいます。

この変化に富んだ一五〇年の時間の連なりのなかで生きた一一二人の女たちの姿を点描したのが本書です。曾祖母から祖母、母、そしてわたしたちがつないできた女の歴史です。そのときどきの社会情勢を映した彼女たちの思いや行動をたどることで、神奈川の女にとっての近現代を考えるきっかけになればと思います。

一一二人は、神奈川で生まれ育ち、学び、働き、暮らした人たちです。神奈川で成育していなくても、政治、教育、労働、福祉、社会運動、文化や芸能などの分野で活動をしたゆかりの人を選びました。多様性を表現する観点から、目立たないけれど市井で誠実に生きた人も登場しています。著名な人については、神奈川での動きを中心にまとめました。

執筆は、かながわ女性史研究会のメンバー九人が担当しました。二〇一六年に発足した歴史学の専門家と地域の市民研究者による近現代女性史の研究グループです。

書名と記述スタイルは、二〇〇五年に神奈川新聞社から刊行した江刺昭子＋史の会編著『時代を拓いた女たち―かながわの131人』（第Ⅰ集）、同じく一一年刊行『時代を拓いた女たち―かながわの111人』（第Ⅱ集）を引き継ぎ、従って本書は第Ⅲ集にあたります。このなかの一〇人については『神奈川新聞』（二〇一八年一月一五日～三月二六日）に掲載したものに加筆しました。

本書の執筆にあたっては、採録した方のご遺族や関係者、関係機関から多大なご協力をいただきました。記憶を繙きながら、文字資料だけではわからない情報や資料、写真などを提供していただきました。心から感謝し、お礼を申しあげます。

二〇一九年五月

かながわ女性史研究会代表　江刺昭子

凡例

〈項目〉

一、一八六八年以降現代までの神奈川県にゆかりの女一一二人を取り上げた。基本的に物故者としたが、生没年月日が不詳のものもある。

一、一八九三（明治二六）年三月までは、三多摩地方は神奈川県の行政区域に属していたので、当該時期まではこの地域の人も採録した。三多摩地方は、次の現市町村をさす。稲城市、多摩市、国立市、立川市、武蔵野市、町田市、国分寺市、八王子市、日野市、調布市、三鷹市、府中市、小平市、昭島市、小金井市、東村山市、狛江市、東大和市、東久留米市、清瀬市、武蔵村山市、西東京市、青梅市、福生市、羽村市、あきる野市、瑞穂町、日の出町、奥多摩町、桧原村。

一、項目は、人名見出し、読み仮名、肩書、生没年月日、没年齢から成る。

一、人名見出しは、通常用いられているものとした。外国人の場合は、原音に近い片仮名で表記した。ファミリーネーム　ファーストネームの順とし、（　）内にフルネームの原つづりを入れた。

一、肩書は、対象人物の生き方の実態に添うよう、複数の肩書をつけたものもある。

一、生没年は、西暦と和暦を併記した。没年齢は満年齢である。

〈本文〉

一、本文と文中の引用は、常用漢字、正字、現代かなづかいを原則としたが、特例もある。俳句、短歌、詩については、原文通りに引用した。

一、西暦表記を原則とし、（　）内に和暦を記したところもある。明治以前は陰暦を用い、明治以降は（一八七三年の太陽暦使用以前も）すべて陽暦とした。

一、女中、女工、産婆、看護婦、保母、嫁、未亡人、満洲などは、歴史用語として使用した。

一、書名、新聞・雑誌名は『　』で括り、新聞・雑誌の小説・論文、映画・演劇・音楽・美術などの作品名は「　」で括った。

一、地名、学校名などの固有名詞はなるべくその当時のものとし、必要に応じて現在名を括弧で（現、○○）と記すか、本文中に記述した。

一、記述中に用いている学校名、団体名などは次のように略記した場合がある。
高等女学校→高女、女子高等師範学校→女高師、日本基督教婦人矯風会→矯風会、大日本国防婦人会→国防婦人会など。なお、フェリス女学院の場合は、フェリスと略記したり、和英女学校の時代はフエリスと記す。

一、文末の（　）は執筆者名である。

〈経歴など〉

一、各項目の本文の後に、判明するかぎり出生地、学歴、本名、旧姓、別称、墓所を、㊓、㊫、㊍、㊐、㊒、㊔として記した。出生地は都道府県までとし、神奈川県内にかぎり市郡までとした。学歴は最終学歴（中退を含む）を記した。

〈参考文献・協力者等一覧・索引〉

一、参考文献には、全体で用いたものを先に記した。各項目頁数の下に、各人物について執筆するため依拠したおもな資料をあげた。

一、協力者等一覧には、協力者、協力機関、取材協力者、写真撮影、写真提供、写真転載を記した。

一、巻末に第Ⅰ集、第Ⅱ集と合わせて人物索引を付した。

目次

か行

さ行

た行

ま行

時代を拓いた女たち

第Ⅲ集

かながわの112人

◉ 足立原つる

（あだちはら・つる）　山村集落生活者
1872（明治5）年～1945（昭和20）年1月4日　73歳

相州八菅山宝喜院《はすげさんほうきいん》の家付き娘

明治初年、政府は神仏分離令を布告。続いて一八七二（明治五）年、難行苦行の修練により神験を得、祈祷を行う修験道が禁止された。足立原つるはその年、相州八菅山村（現、愛甲郡愛川町）の修験の大先達八菅山宝喜院に生まれた。一〇人目の末子であったが、長兄は夭折し異母兄姉は他出して、つるが老父母を養って伝統のある家を継ぐ。

夫となったのは相州中津村の造り酒屋の息子方三《かたぞう》。神職は継がない条件で婿養子に入り、役場勤めをして助役から村長、郡会議員になった。無口な学者肌の人で、働くこととは無縁に育った。酒屋の実家ではいつも下女に足を洗って貰っていたが、足立原家ではつるが主人で、「うちでは絶対に足などを洗ってやりませんからね。してほしければ今日離婚しましょう」とくぎをさされた。一家を盛り立てなければと懸命だったつるには、働くことに男女の差はなかった。

山木を育て、一五年もの、五、六十年ものと、用途に応じて売りさばくことを生業とした。ほかは他の農家同様養蚕、養鶏、家畜の世話、機織り、野菜作りなど、寸暇を惜しんで働いた。米は一度に三升といで大木鉢にあけておく。不意の客にも用が足りるし、米の量も増え、水も省けて井戸綱も傷まない。裏山や庭の楮《こうぞ》、さつき、桜の花びら、葉蘭には買い手がついた。家仕事は年間を通じてあり、梅干し、味噌、干し柿、漬け物作り、みかんは皮を干して珍皮（生薬）にした。薪になる木は売り物なので桑の根っこや栗のいがを囲炉裏にくべた。夜は縄ない、草履作り、衣類や寝具の仕立て。たとえ三センチ角の小布もつないで風呂敷や子どもたちの半天に再生させ、古着は前掛けに、糸くずはつないで打ち紐にかえ、手伝いにきてくれた集落の人たちに配った。

何一つ無駄にすることなく、家内では吝嗇《りんしょく》とも思われる倹約ぶりだったが、外から来る人たちには優しかった。大人の浴衣を解いて一晩で三枚の子どもの浴衣に縫い上げ、近所の子だくさんのおかみさんに「ホイヨ」といって渡す。山を登ってくる人には誰でも、郵便配達人から物乞いまで、腹いっぱいご飯を食べさせて帰した。暮れや正月にはみかんを、酒好きの人には酒を、甘い物好きな人には砂糖をと、人の気持ちを汲んでご馳走した。いつしかつるに会うのを楽しみに大勢の人たちが山を登ってきた。戦時は修験の道具をすべて供出したが、それよりも訪れる人に腹いっぱい食べさせられないことを悔やんだ。つるの葬式には、自身で用意していた非常用の米や味噌が役に立ち、参列した人たち全員の空腹を満たした。

子は三人。次男の妻が後に「ふだん記」運動を全国的に普及させた美枝子である。辞世は「事足りて帰る心のすがすがし」。家柄を誇示することはなかったが、誰もが認める集落全体の家《いえ》刀自《とじ》であった。

（横澤清子）

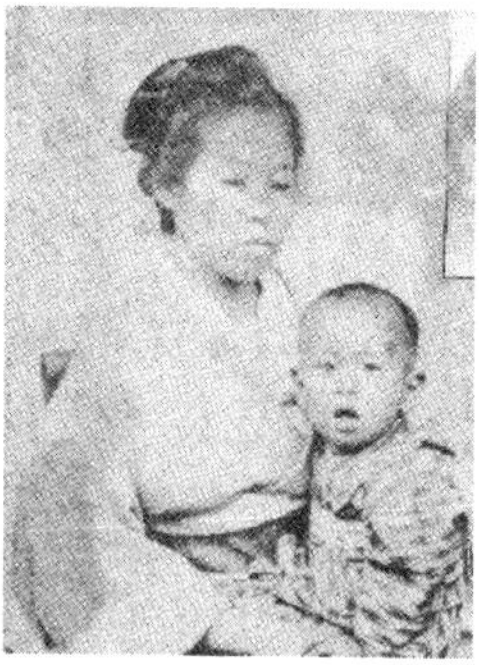

若いころのつる

㊓足柄県八菅山村㊏愛甲郡愛川町龍福寺

◉ 足立原美枝子

（あだちはら・みえこ）　生活記録者

1912（明治45）年5月11日〜1998（平成10）年12月12日　86歳

「ふだん記」運動の推進者

実家は神奈川県高座郡相原村橋本（現、相模原市緑区橋本）の旧家相沢家。父は村長を務め、六人兄姉の六番目に生まれた。母は二歳のときに病没したため、本家に預けられ下女にかしずかれて何不自由なく育った。東京府立第四高女（現、南多摩高校）から日本女子大学校、途中から日本女子高等学院（現、昭和女子大学）に編入して家政を専攻した。一九三四（昭和九）年、卒業と同時に足立原登と結婚。登は兄嫁の末弟で、お互い気持ちが通じ合っての結婚であった。

サラリーマンの妻としての生活に大きな転機が訪れたのは、結婚四年目の二六歳のときである。夫の兄が亡くなって、二人は急遽跡取りとして愛甲郡中津村（現、愛川町）八菅山《はすげさん》の実家に呼び寄せられた。足立原家は宝喜院《ほうきいん》という修験の大先達の家柄である。そこには町場での気楽な主婦生活とは異なる山村の厳しい嫁の生活が待っていた。

婿養子のしゅうとは寡黙な学者肌の人で、家での采配はしゅうとめのつるが握っていた。何も知らない新参者の嫁に、山仕事や農業、養蚕、養鶏、機織りを一から仕込んだ。また「あの人は頭が図抜けていい人、能ある鷹は爪隠すのたとえ、滅多に気をゆるすなよ」「この人は腹も口も一つだよ。安心して付き合いいな」といった具合に、人を見る目も教えてくれた。

敗戦を前後してしゅうとしゅうとめは亡くなり、戦時村長を務めていた夫も、戦後は公職追放にあい失意のうちに四四歳で他界。養鶏、養蚕、畑仕事を一人でしながら、五人の子どもたちを育てた。村では名門の女性として主婦連合会会長となり愛川町民生児童委員、厚木愛甲更正保護婦人会副会長などを歴任。九五（平成七）年にその功績により愛川町より表彰を受けている。

六六年、二度目の転機が訪れた。兄栄久の友人である橋本義夫との出会いである。彼は「文章は誰にでも書ける」を掲げる庶民の文章運動の提唱者であり、機関誌『ふだん記』の創刊者であった。橋本の熱心な勧めで、七四年に八菅での経験やしゅうとめの思い出を綴った『相州八菅山』を刊行。それが大きな反響を呼び、続いて『八菅山の女たち』『相州八菅山の修験宝喜院』の三部作を発表。自然描写がみごとで、人物評も短いが的確である。すべて八菅での経験が役に立っていた。七七年に自ら同人グループ誌『八菅ふだん記』を創刊。そのころには「ふだん記」運動の中心的人物となって、各地の支部からも講演の依頼を受け全国を巡り歩いた。

愛川町の自宅前で、64歳

八六年、同居の長男徹が急逝。夫に続いて長男までと堪えがたい孤独感を味わった。ふたたび自分を取りもどせたのは、家族の存在と「ふだん記」の会員たちからの温かい手紙だった。「書くこと」は「生きること」を実践し、「ふだん記」運動の「灯台のような存在」であったという。

（横澤清子）

㊤神奈川県高座郡㊫日本女子高等学院㊦相沢㊎愛川町龍福寺

◉ 天野八重 （あまの・やえ） 民権家の妻

不詳～1893（明治26）年7月14日

民権運動を支えて

天野八重は謎の多い人物である。実家は神奈川県愛甲郡下荻野村新宿（現、厚木市）の難波家で、農業と醤油醸造を営み、維新前は村方三役を勤め苗字帯刀を許された家格であった。明治以降は兄惣平《そうへい》が一家の長として村の重要な職責を担った。弟に春吉、他にせい・こうという姉妹がいる。八重の生年は戸籍にも記載不明で、寺の過去帳も戦災で失われている。夫の天野政立《まさたつ》の墓所は藤沢市片瀬の龍口寺にあるが、八重の墓石はない。兄惣平の年齢から考えて、おそらく一八五〇年前後に生まれたのではないか。政立は荻野山中藩の藩医天野俊長の次男で、維新後帰農した兄にかわり、一七歳で本家戸長となった。八重と結婚したのは、ともに地租改正掛を務めた惣平と親しくなったからだろう。八〇年代にはいると、惣平と政立は当時日本中を席巻していた自由民権運動へ参加し、愛甲郡のリーダーとして頭角を顕していく。

一九七〇年代初め、神奈川県史編纂のため厚木市の難波家にも資料調査が入った。同じころ、取り壊し中の物置から偶然発見されたのが「愛甲婦女協会創立主意書」「愛甲婦女協会申合規則」の草稿である。日付けや会員名は記されていないが、一八八四（明治一七）年ごろ創立され、天野八重や山川えんが創立メンバーであろうと想定されている。根拠として、時期については八四年に結成された愛甲郡自由党の書類も一緒に保管されていたこと、草稿に使われた用紙が同じ神奈川県の罫紙であったことがあげられる。またメンバーについては、当時福島事件で獄死した田《た》母《も》野《の》秀顕《ひであき》への義捐金募集に、八重の姉妹を含む五人の女性が応じていたことから、民権家の家族たちがかなり熱心に後援活動をしていたのではないかと考えられた。但しそこにも八重や山川えんの名はない。八重については、政立が愛甲郡自由党の指導的立場にあったこと、夫が八五年の大阪事件に連座して、大阪の未決監に勾留されていたとき、大阪まで出向いて面会を重ね、ともに捕らえられていた実弟の春吉、大矢正夫らにも面会して彼らの便宜をはかっていたことがあげられる。大矢は妊娠中の妻の様子や家族が気がかりで、八重に手紙を送って確かめてほしいと頼んでいる。しかしいずれも状況が示すものであり確定する資料はまだ発見されていない。

八重は政立が入獄中は兄惣平の世話になり、出獄してからは夫と二人で大磯に移住した。夫が再興自由党の常議員・幹事となって忙しく走り回っていたころより、病名はわからないが病床につくようになった。病は日々悪化し夫以外の看護は受け付けなかったという。政立も妻のために一年余他出せず看病に努めた。八重について龍口寺の顕彰碑は、「賢にして淑徳有り。…攻苦習労して、以て君をして益々其の志を遂げしむ。」と記し、その内助の功を讃えている。

（横澤清子）

(生)愛甲郡下荻野村(旧)難波

龍口寺の天野政立顕彰碑

◉ 池田重子

（いけだ・しげこ）　着物収集家

1925（大正14）年12月21日～2015（平成27）年10月13日　89歳

「昔きものブーム」の立役者

ある骨董の市で、旧財閥家族の遺品である膨大な数の彫金の帯留に出会い、池田重子は魂が吸い寄せられたように、すべてを買うことを即座に決意する。そのとき池田は離婚直後で、家を買うための慰謝料を得ていた。そのほとんどを使って手に入れた、明治から昭和初期に着物の装身具として愛用された帯留は、池田のコレクションの原点であり、のちの仕事の礎となる。

神奈川県橘樹郡（現、横浜市）で、父鈴木勇蔵と母貞子の七人きょうだいの次女として誕生。祖父が外米の輸入で当て一代で巨万の富を築いたので、裕福な家庭に育った。父の着ていた結城紬の感触や、母の季節に合わせた着物姿が記憶の底に残る。娘たちの着物や洋服も出入りの呉服商や洋服屋で誂える。日本舞踊、ピアノ、声楽、油絵、習字、茶道を習い、家庭教師がついた。書画骨董好きの両親に連れられて東京美術倶楽部に通い、古く美しいものへの眼を開く。また両親は歌舞伎や新派を観に、月に一度娘たちを早退させ、振袖を着せて東京へ向かう。そこで目にした舞踊家や芸者衆の粋な装いに胸をときめかした。

小学校を終え、県立横浜第一高等女学校（現、横浜平沼高校）に進む。制服に我慢ならず、スカートのひだを増やしたり、絹のブラウスやレースの靴下を身に着けて先生に叱られた。一九四二（昭和一七）年、女学校を卒業すると勤労動員を避けて、叔父の経営する出版社で働き、好きな洋服を作ろうと文化服装学院で学ぶ。戦後まもなく、横浜で印刷業を営む池田博照と見合い結婚し二女を得たが、六四年、夫の放蕩で別居し、七四年に正式に離婚。

別居中に自活の道を模索する。富裕層の趣味人の集まりで世話役をしたときに恵まれた人脈が縁で、収集した古裂《こぎれ》を貼り合わせて屏風を作り個展を開いた。作品がすぐに完売し古裂の需要を知る。七六年、古裂を商う「時代布と時代衣裳　池田」を東京の目黒に開店。姉妹に支えられ必死に働いた。布だけでなく、古い着物も汚れやほころびを手入れし再生すると、新品よりずっと安価で確かな品だと評判を呼び、客足が伸びた。古裂をはいだり縫い付けたりして創作着物や帯を手がけ、それが雑誌に取り上げられて人気を博す。呉服メーカーの依頼で、伝統的な趣きに現代の感性を加えた若い人向けの着物のデザインも始める。

九三（平成五）年より、収集した明治から昭和初期の着物や刺繍半衿、帯留を平成流にコーディネートし展示した「日本のおしゃれ展」を各地で開催、多くの人にその魅力が再評価され、「昔きものブーム」を起こした。着物が四季を愛で自然に寄り添う文化であることを伝える使命感に燃える。

（野田洋子）

自分の店で、1985年

（生）神奈川県橘樹郡（学）神奈川県立横浜第一高等女学校（本）鈴木（墓）千葉県袖ケ浦市瓦谷山真光寺

◉ 石川ハナ

（いしかわ・はな）　政治家
1905（明治38）年3月8日〜1997（平成9）年12月30日　92歳

教師三二年、市議一六年

石川ハナが生まれた神奈川県津久井郡小原町（現、相模原市）は、山梨県境に近く、当時は「神奈川のチベット」と言われた山里である。深い津久井湖渓谷の上の段丘に並ぶ三三戸の農家の一軒で、山河こそ美しいものの人びとの生活は厳しく、現金収入は養蚕だけだった。父小碇《こいかり》安左衛門、母ユウの五人きょうだいの次女で、地元の小学校高等科を卒業。父は進学に反対だったが、母が蚕を飼育してひそかに貯めたヘソクリで横浜の女子師範学校に進むことができた。

卒業後は郷里の学校を希望し、実家から道志川に沿って二〇キロ奥の丹沢中腹にある青根小学校の教師になった。翌年、同郡出身で菅井小学校校長の石川元市と結婚する。その後は、郡内で吉野小、共育小、桂北小と転勤し、合わせて一四年勤めた。その間に二女一男が生まれたが、夫は家庭では何もしない人で、勤めと子育てに悪戦苦闘し、生涯で一番苦しい時期だったと自伝で振り返っている。

一九三八（昭和一三）年、子どもたちの進学の便を考え、横浜市港北区日吉へ転居し、日吉台小学校に移った。中区本町小学校に勤めた夫は、戦争末期、学童疎開につきそったりした心労から、戦後まもない四八年に五一歳で病死。このころから多方面への活躍が始まる。

四六年に結成された横浜市教職員組合の副委員長兼婦人部長になり、女教師の待遇改善に取り組む。日教組婦人部はどこの職場よりも早く、男女教員の賃金格差を同等に変えさせたが、なかでも神奈川県がもっとも早く実現した。この問題を白眼視していた県の役人が、格差が撤廃されたとたん、もとからの協力者であったかのように公開の席で発言したとき、石川は胸ぐらをつかんで揺さぶったという。女を校長にするよう、駐留軍軍政部、文部省、県、市の担当者を朝に晩に訪ねて働きかけ、桜井キンが県内第一号女性校長になった。

地域にも活動の場を広げた。新生活日吉連合婦人会を立ち上げ、初代会長として婦人学級や講演会の開催、災害の募金、託児所開設、図書館設置などの音頭をとり、農村から住宅地へと変貌していく日吉地域の、それゆえのさまざまなひずみに女たちの力を合わせて解決をはかった。

五五年、教師を退職して無所属で横浜市市会議員に立候補し、婦人会あげての応援で当選した。石橋志う、木村キヨに次ぐ三人目の女性議員で、七一年まで四期一六年を務める。二部授業の解消、学校の不足施設の充足のほか、青少年対策として競輪・競馬の廃止を主張するなど住民目線を貫く。

タフで気骨のある姿勢が市会でも評判だった。議員をやめてからは、エンゼル幼稚園など幼稚園三園の園長として、幼児教育に力を入れた。

（江刺昭子）

勲五等旭日宝冠章受章の日、1975年

㊓神奈川県津久井郡㊫神奈川県女子師範学校㊐小碇

◉ 市川泰子

（いちかわ・ひろこ）　公務員・地域活動家
1931（昭和6）年3月28日〜2014（平成26）年3月17日　82歳

小田原市役所初の女性管理職

小田原市で初めて女性管理職中央公民館館長となった市川泰子は、写真館経営の父市川敬輔、母ナヲの五人きょうだいの長女。一九四三（昭和一八）年、神奈川県立小田原高等女学校に入学したが太平洋戦争の最中、一日中風船爆弾に使う紙を作る楮《こうぞ》の皮を剥く作業をさせられた。敗戦後、エネルギーが爆発するようにテニスに熱中。のちに全日本選手権第七位の成績を獲得する。

五〇年、地方公務員として市役所に就職。辞令には「民生部厚生課勤務を命ず、二級四号俸（二、〇九六円）」とあり、五一年から始まる国民健康保険の準備担当であった。

七五年、国際女性年の始まりと、新たに県知事となった長洲一二の政策が女にとって働きやすい環境を拓いてくれた。社会教育課への移動が決まったとき、社会教育について深く学びたいと上司に願い出て、文部省の社会教育主事講習に参加する。女子職員が一か月間出張するのは初めてのことであった。その講習で、憲法や社会教育の主体が住民であることを学ぶ。八五年には女の登用がさらに積極的となり、活躍の場が広がる。市民課の受付係長、次いで統計係長となり、市民が利用できるような「小田原の人口白書」を作成した。女の地位向上のため懸命に働きながら、ときに、後輩の職員らに厳しい言葉を投げかけることもあったという。

中央公民館館長となったのは八八年。市民、とくに女の学習の機会を増やすべくさまざまな講演会や展示会、講座などを企画する。文学、エッセイ、自分史、女性史講座等々。杉本苑子、尾崎秀樹、加納実紀代らにも講演を依頼した。また、毎月一回市民と話し合う「館長と話し合う日」を設ける。市制五十周年の市民の集いには、声楽家友竹正則、川田正子を招きコンサートを開催、基調講演には吉武輝子を頼んだ。女性史研究家の宇佐美ミサ子は「講演の折にはいつも行き届いた環境を設定してくれ、大変お世話になった」と話す。

館長に専念すると同時に、同居している母の直腸腫瘍手術や認知症の発病と付き合い、ほぼ、一〇年間、仕事と介護の日々の苦しさを経験する。それを契機に、樋口恵子主宰の「高齢社会をよくする女性の会」に参加し、「あしがら支部」を立ち上げた。

九一（平成三）年退職。友人たちのアドバイスで家を改築し、誰もが気軽に集い、学び、話し合う場にしたいと「ひろこ・いちかわカルチャーサロン」を設立する。仕事の経験や講師との出会いを活かし、地域の人の応援を得ての開館であった。オープン記念にＮＨＫの山根基世アナウンサーの講演会を開催、二百余人が集まった。サロンでは筆ペンや油絵、朗読の講座などを開き、講演会では、とくに女性問題、平和と戦争、高齢社会の問題などをテーマに話し合った。

（影山澄江）

公民館館長室で、1988年

㊓神奈川県小田原町㊫神奈川県立小田原高等女学校

◉ 井上常子（いのうえ・つねこ）　公務員　1896（明治29）年2月10日〜不詳

女性公務員の先駆け

一九一八（大正七）年、全国処女会（のち、女子青年団）中央部が設置されると、神奈川県内の町村では処女会の設立が急速に進む。県でも設置に力を入れ、二五年一一月、社会教育主事補に女を起用、井上常子が任命された。県庁初の女性公務員である。

生まれは、栃木県那須郡西郷村大字仲内。宇都宮実践女学校を卒業し、私立英和高等女学校に進む。さらに、東京の帝国女子専門学校（現、相模女子大学）家事科を卒業した。

二六年一月一日の『横浜貿易新報』は、社会教育主事補として処女会を牽引する井上を大きく紹介。彼女は、今の若い人びとはもっと目覚める必要があると説く一方で、女子の務めは家庭にあるとも主張。指導というより相談相手として女子青年といっしょに進んでいきたいと話す。

神奈川県男女青年団の機関誌『武相の若草』（二四年九月創刊）にも紹介され、二六年一月からは「若草講座」が新設された。ほぼ一年間衣食住に関する講座を執筆する。第一回「家計の整理について」では、各家庭の収入に対する支出の割合を提示し、第二回「衣服について」では、風俗流行も無視すべきではないと書く。その他、調理の知識や洗濯法など生活に関する問題を取りあげ、科学的な視点から理解しやすいよう丁寧に解説している。

県内各地の処女会・女子青年会の研修会に出席し、指導者として講演や料理講習会などを精力的に行なっている。ただ、多忙さが昂じてか、依頼された橘樹郡高津女子青年会集会の講演に遅刻し、役員のひんしゅくをかう一幕もあった。集会は、余興などで盛り上がり終了する。井上は最後まで残り、不遜な態度を詫びて集会全体の感想を述べた。

県や全国の女子青年会集会には代表者を引率し、研修旅行では井上の軽快な服装にリュックサック姿が注目され、あこがれのまととなって信頼感を与えた。講演会で「女子青年の進むべき道」を説くと、目頭を熱くして聞き入る場面もあり、説得力があってカリスマ的存在でもあった。大日本連合女子青年団が、二七（昭和二）年四月に発会。同年七月、県連合女子青年会も発足し、多くの未婚女子が入会する。やがて満洲事変が勃発し、日中戦争が開始されると否応なく戦時体制に組み込まれ、銃後の護りに入る。四一年、女子青年団は大日本青少年団に統合された。井上は県連合婦人会とも関わり、農繁期託児所保育指導者講習会の講師もした。

相模女子大学の理事のころ

敗戦後、婦人少年局が発足し、各県に婦人少年室ができる。井上は神奈川県の初代室長に就任したが、戦前の軍国主義から急激な民主化への転換は戸惑いを感ずることも多かったようで翌年辞任する。その後、五月会を組織し地域の活動に尽力。相模女子大の理事も五四年から六三年まで務めた。（影山澄江）

㊓栃木県㊫帝国女子専門学校

◉入江麻木（いりえ・まき）

料理研究家
1923（大正12）年〜1988（昭和63）年10月5日　65歳

入江美樹の母、五〇歳からの転身

一九四二（昭和一七）年一〇月二五日、入江麻木は白系ロシア貴族の末裔、ヴィタリ・イリインと結婚、一九歳だった。横浜のハリストス正教会で式のあと、お祝いパーティーは数日続く。結婚に先立ち洗礼を受け、エカテリーナ・ゲオルギーナ・イリイナとなっていた。

実母は結婚を許さず、入江は家を飛び出し、横浜市山手のヴィタリの家に身を寄せる。元英国領事の家を修理した洋館、果樹園のある庭、庭師やコック。東京四谷で帯を商う純和風の母と普通の日本家屋に住んでいた身には映画で見る世界だった。東京の銀座通りで出会ったときのヴィタリと弟は日本大学の留学生。長身、金髪、白シャツに学生服を肩にかけ、光り輝いていた。兄弟の父は建築家で白衛軍の大尉。ロシア革命に追われ、大連に拠点を持つ資産家だった。

義母のヴェラ・ペトロウナ・イリイナは一八九二年生まれ、ニコライⅡ世時代の貴族で、美しい上に教養も身のこなしも十二分の人。気位の高い義母のもとで入江は、ロシア貴族風のレディにと鍛えられる毎日だった。くじけそうになっても、もう一度だけやってみよう、と結局やり通すことを覚える。義父は庭仕事も料理も大好き。手伝う入江に、娘ができたと喜び、ロシア料理を教える。幼少時に父を亡くしていた入江にも嬉しい時間だった。

四四年八月、娘ヴェラ（美樹）が誕生する。四五年五月二九日の横浜大空襲のあと、二週間以内に退去の通告を受け、夏の別荘に借りていた野尻湖に疎開。極限の飢えの日常にも野の花を飾ると義母も喜ぶ。村人に溶け込んで生き延び、冬を前に引き揚げた。敗戦間際のソ連の侵攻で大連から連行された義父が新家庭を持ったとの風の便りを、義母は淡々と受け止めていた。

家伝の宝石を入江に贈って、義母は弟一家と米国に移住。美しく育ったヴェラは『装苑』のモデルをきっかけに世界を飛び回るトップモデルとなるが過労のためパリで倒れる。付きっきりで看病するあいだにヴィタリからの申し入れで離婚。六八年、ヴェラは指揮者の小沢征爾と結婚、主に米国に住む。さきゆきを思案した入江の心に浮かんだのが義父のロシア料理と義母の好きなお菓子のかずかず、世界を旅して覚えた味や料理法、義母が「あなたは金の手を持っている」とほめてくれたこと。自宅で教室を開き、料理番組にも出演。『暮しの手帖』（七七年）にムースを公開。同年、美しい写真とエッセー付きの『お料理はお好き　入江麻木の家庭料理』（鎌倉書房）を出版した。「賛」にヴェラと征爾は、研究熱心な母の料理が米国の客人にも大人気、皆で母の味を楽しんでいると寄せた。数ある著書のうち、この本は人気投票による復刻を手がける出版社が再販。入江は「あとがき」に、結婚後の慣れない環境と習慣、両親との生活も測りしれない貴重な財産と記す。（三須宏子）

楽しい料理本を出版、1980年代

(生)東京府

◉岩本えり子

（いわもと・えりこ）　地域活動家
1952（昭和27）年1月22日～2008（平成20）年10月19日　56歳

茅ヶ崎海岸の再生を提唱

岩本えり子は遠浅の海と砂だけの茅ヶ崎の浜で潮の香りに包まれて育った。小学六年よりビートルズに心酔、歌詞から英語を学び、隣の米国人一家ら外国人と親しみ、自分の世界を広げた。女だからと親に大学進学を断念させられ、二〇歳でジョン・レノン似のサーファー岩本知世と結婚。えり子はジョンに会うため、三歳年上の夫は日本の窮屈な生活から脱け出すため、米国永住を目指し一〇〇万円貯め、一九七五（昭和五〇）年、二三歳の春、カリフォルニアへ。ロサンゼルスから北へ向かい風光明媚なモントレーに部屋を借り、その南隣の芸術家の町カーメルの和食店でアルバイト。隣人の勧めで、鉄工所で働いたことのある夫が作った金属彫刻がたちまちビジネスになり、えり子は渡米一年にして念願の大学入学を果たす。

幼いころビートルズを聴かせた異母弟の桑田佳祐がサザンオールスターズ（SAS）で世に出ると、一時帰国中、音楽祭関係者から通訳を頼まれた。やがて海外ミュージシャンのツアー同行で日米を往き来する。八八年から州法の規制と住民の努力で海岸線と街並みの美しさを保つカーメルに定住。子育て、自宅での電話通訳、ときに日本の仕事と忙しかったが、モントレー半島の自然に癒された。しかし四三歳から一年間乳がんを治療し、九七（平成九）年に帰国した。

久しぶりの茅ヶ崎の浜はやせ細り、漁港の西側には石畳ができていた。国道沿いの店は飾り立てられ騒がしく朝まで明るい。景観を守り観光客を呼ぶカーメルとの違いに憤った。

二〇〇五年一月、「茅ヶ崎・浜景観づくり推進会議」（はまけい）を結成し代表に。同年、漁港脇のレストラン跡地が売却された。国有地払い下げ後の転売だった。一一月に一四階建てマンション計画が浮上すると、はまけいでは着工前に建設不可の地区計画を条例化するよう市に要望した。市民ネットワークを組織し、自治会の協力を得て三か月で三万筆もの署名を集めた。

条例制定は間に合わず着工されたが、建設反対運動を受けて市は開発業者と協議した。業者は計画を自主撤回し土地をブライダル業者に売却、結果、二階建ての結婚式場に転換できた。

えり子はこの運動に限り桑田の名を利用し、マスコミの取材に何でも応じた。全国のSASファンも署名を寄せた。運動のもう一つの成果は二〇年先を見据えた「茅ヶ崎海岸グランドプラン」。彼女も策定に関わり、海岸の都市化を阻み、本来の何もなく「殺風景」な砂浜に段階的にもどすことこそ茅ヶ崎らしい浜の文化、伝統再生の原点と主張した。

はまけいの集まりで、2006年ころ

〇八年、すい臓がんを発症。ハワイの病床で自伝『エリー©茅ヶ崎の海が好き。』を仕上げた。茅ヶ崎に住むみなが人任せにせず、茅ヶ崎のやり方で自然の砂浜を取りもどしてくれることを願いつつ、茅ヶ崎にもどり三日後に逝く。

（星賀典子）

(生)神奈川県茅ヶ崎市㊫モントレー・ペニンシュラ・カレッジ(旧)桑田

◉ 江見絹子

（えみ・きぬこ）　画家
1923（大正12）年6月7日〜2015（平成27）年1月13日　91歳

画のモチーフは四大元素

日本の画壇では、長いあいだ女性画家が過少評価されてきた。限られた作家の個展はあっても、時代を俯瞰した企画展がなかった。二〇〇三（平成一五）年に初めて栃木美術館で「奔《はし》る女たち　女性画家の戦前・戦後　1930―1950年代」が開催され、洋画を中心に女性作家四八人の作品一三七点に光があてられた。江見絹子は、油彩「作品」を出展している。

江見は、兵庫県明石市で父荻野米蔵・母浜の四人きょうだいの末っ子に生まれ、加古川高等女学校では絵画クラブに入った。卒業後、油絵を習いたいと言って、親に大反対される。日本画は良家の娘の嗜みだが、油絵は男がすることと見なされた時代である。ねばって親を説得し個人教授についたが、戦争の激化で徴用され工場で働くうちに敗戦を迎える。戦後の四年間は、神戸市立洋画研究所でひたすら裸婦を描く。

神戸市立太田中学校の図画教師をしていた四九年、第四回行動展に出品した「鏡の前」が初入選する。女で初めて行動美術協会の会員になり、以後毎年出展するが、「女が何かやるということは、男にとって自分と同レベルか、下である場合はいいのでしょうけれども、ちょっとそのバランスがくずれると完全にたたきのめされる」と女の居場所を探しあぐねた時期を振りかえっている（「自分でひらいた世界を語る」）。

五三年末から二年間フランスに留学し、ルーブル美術館に日参したが、ラスコーの洞窟画に心を掴まれた。古代人が描いた虚心の美しさに打たれ、帰国後は、具象画から一八〇度転換して抽象画に没頭した。じょじょに評価が上がり、国内でシェル美術賞など数々の受賞歴があるだけでなく、ヴェネツィア・ビエンナーレ展など国際美術展にも出品している。七五年以降は、火、水、風、土の四大元素をモチーフに宇宙的空間をめざして抽象画を展開した。存在の源である海や太陽、大地や風が大胆にカンバスを彩り、「色彩の魔術師」と評されている。

神戸で出会った米国人の商船船長アンリ・ガイヤールと結婚し、横浜山手に転居したのは五一年。フランスから帰国後の五六年には、長じて作家になる娘、荻野アンナが生まれたが、夫は多忙な妻への不満か、家庭をかえりみず放蕩する。画業にも子育てにも完璧をめざす性格で、いくつもの病気を抱えながら苦闘する姿をアンナが書き留めている。

神奈川文化賞受賞のとき、1997年

美術の普及や後進の指導にも熱心で、六一年には、会派を超えた神奈川県女流美術家協会設立の発起人となり、長年代表を務めた。六四年からは市民を対象にした指導研究会を続けるかたわら、公募展「女流展」などを開く。九一年に横浜文化賞、九七年に神奈川文化賞を受賞。
（江刺昭子）
㊐兵庫県㊫兵庫県立加古川高等女学校㊍荻野絹子

◉ 遠藤キン

（えんどう・きん）　教育者
1912（大正元）年10月15日～1970（昭和45）年2月10日　57歳

厚木に民間幼稚園を創設

厚木に生まれた遠藤キンは、一九三一（昭和六）年、県立厚木高等女学校（現、厚木東高等学校）を卒業し、栃木県の栃木刑務所に女囚刑務所看守として就職した。

三六年ころ、看守長から神奈川の人が入所したとの連絡があり、急いで行くと、三〇歳くらいの小柄でおとなしそうな女がうつむいて正座していた。彼女は厚木厚盛館放火の疑いで取り調べを受けたが、やっていないという。認めれば帰宅できると言われ、認めるとそのまま収監されたとのこと。三年後に真犯人が出て放免となったが、無実の人を収監したことに憤りを覚えたと、キンはのちに『神奈川県央公論』に手記を掲載している。

敗戦前後の混乱のなか厚木に戻り、厚木町の保育所で初代所長を務める。幼児たちの笑顔や元気に活動する姿に接しながら、幼児教育の大切さを実感した。厚木には幼稚園が少ない。もっと幼児教育の大切さを理解してもらおうと幼稚園の設立を考える。土地の購入や園舎の建設などの経費を考え、資金作りに懸命になって働いた。

厚木町が市制施行により厚木市になったのは五五年。この年、幼稚園の認可がおり翌五六年、ちぐさ幼稚園を開園する。園長のキンは、友人や知人に声をかけ、遠方からも園児を募集。愛甲郡宮ヶ瀬村（現、清川村）から一時間かけてバスで通園する子もいた。教師たちには細心の注意を払って園児を送迎するよう指示。資金不足から遊具なども教師たちが工夫して作った。

創立間もない五七年、ちぐさ幼稚園に園歌ができた。「お日さま　きらきら　厚木まち／赤白みどり　えのように／きれいな　よいこの　幼稚園／ぼくの　わたしの　幼稚園（以下略）」とやさしく子どもたちが歌いやすいように作られている。園児たちは、毎日明るく元気に歌った。歌の作詞者は、童謡「夕焼け小焼け」を作った中村雨紅。彼は厚木東高等学校の教師であり、キンの恩師でもあった。

一九六五年から四年間、ちぐさ幼稚園に勤務した中村碩子《ひろこ》は、「子どもたちにはやさしい園長だったが、本人にも教師たちにも厳しかった。毎日、園児日誌をつけさせ、それを一人ひとりチェックして返す。また、放課後は教師たちと教室やトイレを掃除し、遊具などを磨いた」と語る。

卒園式の日に、1966年

園児たちの行動を、細かく書き留めた中村の日誌に対して、「よく子供の一人一人を見、又行動に注意して個性を掘りさげていて良いと思います。目立たない子の存在に今度眼を移して見てください（六六・二・八）」と書く。いつも園児たちの教育を最優先に考え、彼らの健康や行動に細心の注意を払っていた。

（影山澄江）

（生）神奈川県愛甲郡（学）神奈川県立厚木高等女学校（墓）厚木市本禅寺

◉ 大石尚子

（おおいし・ひさこ）　政治家
1936（昭和11）年8月26日～2012（平成24）年1月4日　75歳

文教委員として国政で活躍

二〇〇〇（平成一二）年六月の第四二回衆議院議員総選挙に初当選した大石尚子は、海軍兵学校出身の父大石宗次、母宣子の長女として広島県の江田島で生まれた。母方の祖父は愛媛県出身の、日露戦争時、海軍参謀であった秋山真之《さねゆき》である。

幼いころから鎌倉に住み、ここで学び生涯を過ごす。一九五九（昭和三四）年、横浜国立大学教育学部心理学科を卒業し藤沢市立辻堂小学校の教師となる。その後、神奈川県立教育センターに勤務し調査部研究科主事を経て、神奈川県立外語短期大学の講師となった。

七一年四月、民社党の衆議院議員曽祢益《えき》の薦めで、神奈川県議会議員選挙に立候補し当選。以後、連続五期一八年間県会議員として活躍し、教育政策や環境問題に力を入れる。七七年、県会常任委員会に初の女性委員長が二人誕生。森秀子商工労働委員長と文教委員長の大石である。彼女は、自然と付き合う教育「いのちの森政策」を提唱し、八三年には、自然環境保護をテーマとした絵本『まこちゃんがはだしになった』を出版した。

八九（平成元）年、子どもの未来と女の社会的地位向上を掲げ国政に挑戦するが、落選。初当選した二〇〇〇年九月には、夫婦別姓選択制導入などを求める申し入れを、超党派女性国会議員らとともに行なった。一一月一四日、最初の安全保障委員会で質問に立つ。軍人家庭に育ち、海の守りの重要性には関心を寄せているとして、自衛隊のペルシャ湾やカンボジア出動について発言する。また、自衛官の有事に於ける処遇について配慮するよう要請した。○二年一二月大晦日から一月二日にかけ、「テロ対策特別措置法」にもとづくペルシャ湾の機雷掃海と燃料補給の自衛艦の活動に疑念をもち、その実態を把握しようと、単身ドバイへ視察に行く。「法律の制定を早急に進めるか、引き返させるかの分岐点」（「ドバイまでわが自衛艦隊を追いかけるの記」）と記す。思い立つとすぐ行動するがモットーの大石、衆議院では連続二期務めた。

○七年七月の参議院議員選挙には落選するが、同年一二月繰り上げ当選で国会へ復帰。この選挙で民主党は第一党となる。いわゆる「ネジレ国会」。大石は、文教委員会、安全保障委員会や環境委員会の理事として、本会議でも積極的に発言した。主に、教育、環境問題に力を入れ「子どもの未来は社会の問題」として、子育て、教育を社会全体で支えることを提案、子ども手当を積極的に進める。「子ども社会は大人社会の写し絵」「子どもは大人の背中を見て育つ」と子どもたちの未来に眼を向けることを強調する。「文教の大石」といわれ、教育のこととなると頑固な人だった。また、女性の社会進出、女性議員の比率問題などを取り上げ、活動した。

（影山澄江）

選挙事務所で、1989年ころ

(生)広島県(学)横浜国立大学(墓)鎌倉霊園

◉ 大久保さわ子

（おおくぼ・さわこ）　政治家
1926（大正15）年1月6日～2013（平成25）年2月12日　87歳

「独婦連」を立ち上げる

女性差別に敏感で、状況の改善を追求し続けた大久保さわ子は、アジア・太平洋戦争で大勢の男たちの命が奪われたため、独身を余儀なくされた女たちに呼びかけ、独身婦人連盟（略称、独婦連）を立ち上げたことで知られる。生まれは東京小石川。小学校高等科を卒業後、港区の東京貯金局で働きながら東京府立第六高等女学校の夜間部へ。さらに、東京第一師範学校女子部を卒業し小学校教師となるが満足せず、中央大学経済学部夜間部に学ぶ。

一九四九（昭和二四）年、第一回労働基準監督官試験に合格し、神奈川労働基準局監督課勤務となる。初代労働省婦人少年局長の山川菊栄は、女性監督官たちに大きな期待をよせた。藤沢市の山川宅を訪ねると「待っていましたよ」と監督行政の実情、女性労働の実態などについて質問された。その後、山川家の近くに家を建てる。監督官として機織工場の多かった愛甲郡愛川村に赴き、バス停に夜10時まで待機し労働基準法に違反する工場を摘発。工場主とやりあった。

五二年一月、山口県の婦人少年室長となり女子、年少労働者の保護に取り組む。二年後の五四年三月、本田技研工業埼玉製作所に労務担当、厚生係長として入社し、早速、女子社員だけの掃除、お茶くみの件で話し合い、会社に清掃専門職員を雇用させた。さらに、組合専従の副委員長となり、男女定年差別問題、就業規則の改定などに取り組み、六五年退職する。
職種を変えながらも、敗戦後の社会で働く独身女性の厳しい状況、社会的冷遇に心を痛めていた。多くは経済的、社会的不安を抱えている。大久保も心を寄せた青年が戦死し独身である。同じ境遇の女たちが結集し、生きる道を切り拓こうと、まず実態調査し参加を呼びかけた。六七年九月三日、独身婦人連盟を結成。日比谷の日生会館には五〇人の仲間が集い、マスコミも大きく取り上げた。結婚相談、老後対策、旅行、社会保障、平和問題、機関誌の発行など話し合う。活動は全国におよび三五年間続いた。機関誌『茜』は一三〇号まで刊行。
六七年、女性議員の少ない藤沢市の市議会議員に立候補する。山川も色紙を書いて応援してくれたが落選。翌年二月の補欠選挙には、社会党の応援も得て出馬し当選した。以後、市議会議員四期、県会議員にも当選し、議員活動に励む。かながわ女性会議で一緒に活動し、彼女を支援してきた菊田トミ子は「男女平等問題にはいつも気を配っていて、議会でもはっきり発言していた」と語る。

「ホームヘルプ協会」発会の準備中、1980年

また、介護の問題にも関心が深く、八一年、高齢者の自立と女性労働の有料化を目指して「ホームヘルプ協会」を立ち上げる。九一年には民間団体に呼びかけ、神奈川ホームヘルプ・ネットワークを発足させた。

（影山澄江）

(生)東京府㊫中央大学

◉ 大沢サダ

（おおさわ・さだ）　教師
1911（明治44）年10月7日～2014（平成26）年6月3日　102歳

『武相の若草』と歩んだ青春の日々

「秋の夕ぐれだ竹藪のかげにとんぼが群れとんでいる」という素朴な情景表現で『武相の若草』一九三二（昭和七）年一月号に登場した大沢サダ。すぐに「着おろしの絣のにおいしたしもよこの朝われ髪上げにつつ」が載る。日常の豊かさをてらいなく表現、自意識の強さもにじみ出る。『武相の若草』は県内青年男女啓発が目的の青年団機関誌で、文芸欄への投稿が奨励されていた。

父は大沢経広、母はヨシ。家業は薬屋だった。サダは長女でスミ、フサ二人の妹があったがフサは夭逝。病弱だった父もサダの幼少時に亡くなる。神奈川県高座郡有馬村（現、海老名市）で農業と養蚕も手がけていた祖父大沢豊吉は、父に代わって一家の支え手となった。

初掲載と思われる詩は三二年四月号の「残る者」で、「みんな村を去って行くんだ／ごみだらけになって働くのがいやだといって／残る私達！　馬鹿なんじゃないか？（略）」と激しい。選者の福田正夫は、女の人としてははっきりした意識を持っている、失うことなく育てよ、と期待を寄せた。以後、サダの投稿詩は毎号誌面に登場、「母に寄す」で幼子を失い二児を育てる母をいたわり、「貧血の女が書く真昼の感傷賦」と、詩作を自嘲気味に分析して内面的思索を評価される。

一方で、女子の活発な活動のためには母親世代の理解が必要と意見を寄せ、農閑期に母娘懇談会を開くことを提案、詩が掲載される喜びと同時に社会性も養った。青年団主催の短歌会でのサダを、「良い意味での現代女性で能弁家」と憧れる男子青年の投稿も載った。

三三年二月の「いためる心」には、行く末に戦慄し「恋などは只煩わしと／言いては見しも／」と若い心の葛藤ものぞき、生活と感情は作品に投影されている。三三年五月号掲載の短文に、母の愛に包まれて成長したが、期待に背き「全てを滅茶滅茶にかき回して、人々の反感の矢面に立っている」と、率直に周囲との軋轢を吐露している。三五年九月の「誌友会」欄に「どうにもならない心境」のため投稿を止めると書き「若草は絶対的な友達です。何らかの形で再生し、生活の全面を語りましょう」と、未来の自分を肯定する言葉で結んだ。祖父は婿養子をと考えていたがサダは自活の道を探り、四一年、大妻女子専門学校に入学する。二四年に有馬小学校尋常科を出たサダには遅い入学だった。教師の資格を取り、国民学校で教える。海老名小学校から新制中学発足時に有馬中学校に移り家庭科教師となった。言葉の歯切れがよく、地味だが端正な先生だったという。母ヨシの介護のため六五年ころ教職を辞すが、ずっと裁縫を教え続けた。ともに『武相の若草』を読み、仲が良かった妹のスミには短歌のほかに姉を慕う投稿がある。大妻女専を出て満洲で結婚。引き揚げのとき、幼児を失う不幸もあったが、祖父母の地に住み二児を育てた。

（三須宏子）

有馬中学で教えていたころ

㊓神奈川県高座郡㊫大妻女子専門学校㊗貞子㊭海老名市正覚寺

◉ 大沢りう

（おおさわ・りゅう）

公務員

1913（大正2）年2月2日〜2009（平成21）年12月25日　96歳

緑の自転車の生活改良普及員

大沢りうは、神奈川県の生活改良普及員第一号である。あるときはお産婆さん、あるときは保険の勧誘員に間違えられながら、県央の村から村へ緑の自転車を走らせた。

農家に生まれたわけではない。東京本郷のサラリーマン家庭に育った。父勇は日本赤十字社の事務長で、母ハルとの間に二男三女があり、りうは末子である。姉の夫が新聞記者で、これからの時代は女も職業を持つべきと勧められて日本女子商業学校（現、嘉悦学園）に進学した。本郷から麹町の学校まで徒歩で通って足を鍛えたのが、のちの仕事に役立っている。

卒業後の一九二九（昭和四）年から一〇年、東京海上火災保険会社に勤め、その間に結婚して三人の娘の母になる。四一年一一月、先を見据えて新宿区下落合から姉が住んでいる神奈川県高座郡大和町に疎開した。東京繊維相模工場に就職し、飛行機の部品を作るため動員された女学生たちの世話をする。戦後は、羽仁もと子の思想に共鳴して自由学園の講習に通い、工場に山と積まれているアンゴラ製フェルトの端布の使い道を工夫して工場長に進言する。

四九年、国はGHQの指導にもとづき、農村の近代化、民主化をはかるために農地改革、農業共同組合とともに農業改良普及事業を実施。大沢の創意工夫に感心した工場長に勧められ、県の生活改良普及員の募集に応じてみごと合格。一一人採用されたなかで最年長の三六歳だった。県農政部農業改良課に所属し、藤沢、鎌倉、茅ヶ崎などの湘南地区から寒川町、海老名、綾瀬など県央地区を担当して、改良かまどの普及、安くて栄養価の高い料理の講習、農繁期託児所を開設したりした。農村の若者を育成する4Hクラブや青年学級にも力を注いだ。

普及員になってからは藤沢市の聖心愛子会が経営する母子寮に入居し、のち平塚市の県職員アパートを経て、六六年に寒川町に落ち着き、亡くなるまで暮らした。長距離のガタガタ道を自転車で、のちにはスクーターで走りまわったせいで脊椎板ヘルニアが持病になった。

六五年、海老名市の県立農業経営伝習農場（現、県立農業アカデミー）に転職し泊まり込みで研修生の世話をする。その後、井出養豚場に勤めることになると、アメリカの養豚農家視察旅行に参加するほどの熱心さ。体調が思わしくなくなって六〇歳で退職したが、行動力は衰えない。ボランティアで老人ホームの手伝いをしたり、カルチャーセンターに通ってギター、カメラ、書道などをものにした。八十代になってからは、かつて指導した農家の女たちの生活記録の執筆に熱中した。資料を集め、取材を重ね、エッセイ教室に通ってまとめた記録は、神奈川の戦後農家の女性史として貴重だが、公刊できないまま埋もれているのは惜しい。

（江刺昭子）

寒川町の自宅で、1999年

㊤東京府㊫日本女子商業学校㊱藤沢市大庭台霊園

◉ 大島富士子

（おおしま・ふじこ）　音楽家
1957（昭和32）年1月29日～2016（平成28）年4月11日　59歳

ドイツ歌曲に魅せられて在欧三三年

母がピアノを教えていたこともあり、三歳より桐朋学園の音楽教室で学んだ。子どものころは大人数の男の子と喧嘩するおてんば娘で、思い出は武勇伝ばかりだったという。父大島智夫は医師で信州大学医学部教授、横浜市立大学教授。母恵美は声楽家。曽祖父は札幌農学校クラーク博士の直弟子大島正健である。大島家は、代々中新田村（現、神奈川県海老名市）の名主を務める名家だった。父母ともにクリスチャンで、富士子自身もその影響を大きく受けて育った。高校からは自立する女性の育成を目標にした世田谷区船橋の恵泉女学園に入学。二年間寮生活を送る。

一九七七（昭和五二）年、フェリス女学院短期大学音楽科を卒業。本格的に音楽を学ぶため、ウィーン国立音楽大学に入学する。四か月でドイツ語を身につけ、国立歌劇場など毎日多くのコンサートホールをめぐって大好きな音楽に浸った。

八一年、同大学声楽科・ピアノ室内楽科を卒業。引き続き作曲科に再入学する。卒業後はヨーロッパと日本を中心にリーダーアーベント（ドイツ歌曲の夕べ）を開催。九五（平成七）年から五年間ホセ・ヴァスケスの率いる「オルフェオン・コンソート」のソプラノ歌手として活躍。バロック音楽のレパートリーを広げる。他方その学識と正確で美しいドイツ語からオーストリアの公認日本語裁判通訳・翻訳者となり、さらにヨーロッパ各地より国際会議通訳者として要請された。

ウィーン在住三三年を経て、二〇〇九年に帰国。同年、女性ではめずらしくシューベルトの歌曲だけで一晩のプログラムを歌いあげ、国際的ピアノ演奏家のダルトン・ボールドウィンより「シューベルト歌手」として認められる。日本では海老名市の実家を拠点に、定期コンサート、キリスト教団体主催のチャリティコンサート、リーダーアーベントを各地で開催した。

一二年一一月、東京の市ヶ谷ルーテルホールでのコンサートの案内に「昨年開くはずだったコンサートを今年いたします。突然のがんに倒れ…」とあった。化学療法と二度の手術を終えての復帰コンサートだった。一四年一一月二四日、「横浜みなとみらいへ・大島富士子ソプラノリサイタル」を開催。観客の一人だった男性は「とても病に侵されているとは思えない声量で三〇曲近いハイドン・シューマン・シュトラウス等の歌曲を歌いきりました」と自身のブログに書き、アンコール曲の歌詞「私は、暮れ方の並木道を一人歩く。（くりかえし）。私が歩いて行く先は、青い光に満たされた世界が待っています」を記した。彼女の今と今後を物語るようだったという。

2015年のクリスマスコンサート

一四年七月、オーストリア・ブルゲンランド州々都自由都市アイゼンシュタット市よりヨーゼフ・ハイドン記念名誉銀メダルを授与される。

（横澤清子）

㊓兵庫県㊫ウィーン国立音楽大学

◉ 大槻勲子（おおつき・ひろこ）

地域活動家
1924（大正13）年〜2011（平成23）年7月

市民意識の向上を目指す

生まれは、啄木が「さいはての駅」と詠んだ北海道釧路。父が裁判官だったため転勤が多かった。一九四三（昭和一八）年に北海道女子師範学校（現、北海道教育大学）を卒業。その後二年間教職を務め、数学者の大槻富之助《おおつきとみのすけ》と結婚。夫は九州大学、岡山大学、東京工業大学で教鞭をとった。その時に各地に同行した経験がのちの生き方に影響を与えたという。敗戦は九州大学疎開地近くの吉井町福富村（現、福岡県うきは市）で迎えた。村ではすべての決定権は男にあり女は全く埒外であった。女性に参政権が与えられたとき、女たちが村の主婦会に集まり、わたしたちも同じ権利があるんだと嬉しそうに話し合うのを見て、参政権てすごいものだと思った。

六一年、東工大に職を得た夫とともに一家で横浜に転居。これからは必要になるかもしれないと、代々木の婦選会館で英語講座を受講した。そこで出会ったのが市川房枝と日本婦人有権者同盟（同盟と略）である。同盟の直属会員となってまもなく、夫がカリフォルニア大学に招請され、一年半ほどバークレーに滞在した。一番驚いたのは、敷石につまずいて転んでも市長の職務怠慢を訴える市民の権利意識の高さである。市川が身近な暮らしのなかにさまざまな問題があると話していたことを思い出す。日本に帰ったら、まず市民としての意識改革をしなければと思った。

帰国後、七二年に味岡君代《あじおかきみよ》らと活動停止状態であった同盟横浜支部を再結成。女性の政治意識の啓発にとりかかった。中心的な活動は「ストップ・ザ・汚職議員」運動である。当時ロッキード事件、グラマン汚職が大きな政治問題となっていた。同盟本部と連携してキャラバンを組み、汚職議員の地元に乗り込んで彼らに投票しないよう訴えた。また議員定数の是正についても、他の団体に呼びかけ投票価値の不平等を問題として訴訟に臨んだ。裁判では平等性を損なっているとの判決を得たが、国会ではなかなか改革が進まない。神奈川県は県議会の議員定数を国勢調査によって地域的に是正している。これが国レベルになるとなぜできないのか歯がゆい思いをした。汚職は悪いこと、一票の価値は平等でなければならないと誰もが理解できていても、実際には変わらない。結局自分たちが作り手であり担い手であるという市民意識の脆弱さに突きあたる。どこにいっても責任ある地位は男性が占め、男女役割分担の根深さも感じた。

八二年、新しい男女共同社会をめざしてかながわ女性プラン・かながわ女性会議・かながわ女性センターがスタートした。かながわ女性会議では、県内一一八の団体を統合して二代目会長に就任。その後も市民運動から国際平和へと活動領域をどんどん広げ、晩年は平和憲法遵守、日米安保条約を日米平和友好条約にと訴え、核兵器廃絶の連帯を強める運動に、東奔西走の毎日を過ごした。（横澤清子）

国際婦人教育振興会で、2003年

㊓北海道㊫北海道女子師範学校

◉ 大森文子

（おおもり・ふみこ）　看護師
1912（大正元）年9月6日〜2002（平成14）年11月29日　90歳

行動力抜群の看護界リーダー

相模原市在住の大森文子は一九九二（平成四）年、フローレンス・ナイチンゲール記章を受章する。七五（昭和五〇）年から日本看護協会会長と日本看護連盟会長を合わせて一六年務め、「すべての患者に十分な看護を、看護師が喜んで働ける環境を」と看護一筋の人生であった。

鳥取県の山深い無医村の農家に八人きょうだいの六番目に誕生。高等小学校卒業の春、家業のほか機織りも教えていた働き者の母が子宮がん末期で手の付けようがないと診断され、母が信仰する教会に二人で宿泊し介護したが、八か月後に五四歳で死去。母の看護が充分にできなかった無念さから看護婦と産婆になって故郷の人びとの健康を守りたいと、翌年、慶応義塾大学医学部付属看護婦養成所に入学。卒業後は慶応病院で内勤しながら産婆養成所にも通った。

三五年、結核予防協会が初の結核療養所村松晴嵐荘を茨城県に開設した際、慶応病院の推薦を受け就職。療養所はその後、国立となって大森は国家公務員となる。三九年、秦野に設立された傷痍軍人神奈川療養所（現、国立病院機構神奈川病院）の総婦長に二六歳で就任した。

四二年、厚生省外局軍事保護院本部に異動、全国療養所幹部看護婦の講習や海外従軍希望者を募り送り出す任務を担う。自らも海軍看護部隊婦長としてニューギニアへ出発。伝染病の蔓延や物品不足のなかでの凄惨な看護活動で、敵上陸の報で集団自決の覚悟もしたが、四四年一一月、氷川丸で帰国する。この看護派遣員らになんら恩典がないことは自分の怠慢かと後悔している。

敗戦後は、病院船による引揚げ患者の移送やGHQの看護改革の全国伝達講習などに従事した。その後、東京大学医学部衛生看護学科教官、国立中野療養所総看護婦長などを務めた。

七〇年、北里大学病院開設に参画、看護師が病院の設計や運営管理を提案できるのは異例のことだった。開院後は看護部長として看護部門の独立、管理婦長制の導入、院内教育の組織化、患者中心の看護制度、訪問看護システムなどを確立し全国の病院看護の模範となる。児童病棟内小中学校分校の開校や北里相模原高等看護学院の開設にも尽力。当時の病院長は、現場の人たちと思いを共有し、率先垂範の聡明なリーダーだったと語る（『北里大学病院開院25周年記念誌』）。

四六年の日本看護協会設立当初より理事などを歴任し、会長時代には会員の社会的地位の向上、看護の質向上に情熱を傾け、看護研修センターの建設、国際看護婦協会東京大会開催など実績は多い。また、「看護職を国会に」と活動し、のちに大臣となる石本茂、清水嘉与子参議院議員らを誕生させた。亡くなる二日前まで「大森文子が見聞した看護の歴史」の執筆を続け、遺言は「北里大に献体、葬儀はなし」だった。

（小野塚和江）

受章の喜びを語る、1991年

㊓鳥取県㊫慶応義塾大学医学部付属看護婦養成所

◉岡本弥寿子

（おかもと・やすこ）　画家
1909（明治42）年7月16日～2007（平成19）年6月25日　97歳

女性の心の描写に修業をつむ

岡本弥寿子は風景、花鳥、静物などをまったく描かず、終生人物のみを描いた。人物像は縦に流れるような繊細な線で造形され、モダンな感覚の淡い彩色がほどこされている。男は少年だけで、おおかたが少女か若い女。ほんのわずかな背景や人物の装いにキリスト教を連想させるものが多い。おもに清楚なたたずまいの女性たちを題材にし、内面を描き出すことに心を砕いた。長年師事した二人の巨匠から、画技というものよりは精神性や気品のある作風を学んだ。

洋画と額縁の輸入商を営む岡本清を父に、九人きょうだいの長女として東京青山に生まれた。若くして病死した実母に似て、子どものころから病弱だった。小学校時代の担任が油絵描きで、教室で暇があると自分の靴を写生するのを飽かずに見ていた。一九二六（大正一五）年、府立第三高等女学校（現、都立駒場高校）を終え、女子美術学校師範科日本画部に進む。早く嫁ぐことを願う両親に猛反対されたが、教師の資格を取るということでやっと認められた。女子美二年のときに「明治・大正名作展覧会」で小林古径の「極楽井」を見て感動、将来教えを請うならこの人しかいないと心に決める。三〇（昭和五）年に女子美を卒業後、恩師の知人を介して、小林の一番弟子の奥村土牛に会い、小林への紹介を頼む。弟子をとらないという小林に、奥村の口添えで「作品を見るだけなら」と出入りを許された。東京の馬込にある小林の画室の近くに家を借り、作品を描いては小林のもとに通う日々が始まる。このころキリスト教の洗礼を受けた。

三三年から四五年まで横浜の共立女学校の美術教師を務め、のちに描いた少女の群像はほとんど共立生をモデルにした。三六年、生徒の日常に取材した「課外稽古（薙刀）」を制作。何度描き直しても小林の批評は厳しく、ポーズだけで薙刀の精神が伝わってこないとだめを出される。思い立って薙刀師範の旧友を訪ね、武道場での真剣な稽古を一日見続けた。下図を描き直して持ち込むと、小林は線を生かして「白描」風に薄い色で仕上げるよう助言。悪戦苦闘の末出品したこの絵は二度目の院展入賞を果たしたが、戦時中に自宅より安全と考えて共立女学校に置いたため、四五年の横浜大空襲で校舎とともに焼失してしまう。疎開先から帰った小林に、まだ若いのだから、もっと勉強していい絵を描くよう励まされ、この絵は岡本にとって最も心に残る作品となる。五七年に小林が他界したあとは奥村土牛に師事。六五年、横浜市旭区に転居し、その地で生涯独身を貫く。姪の川向三恵子によると、やさしそうに見えるが、我ままなくらい芯が強かったという。

六七年、「花供養」で日本美術院賞・大観賞を受け同人に推挙された。年二回の院展に晩年まで出品し続ける。九二（平成四）年、横浜文化賞、九七年、神奈川文化賞受賞。（野田洋子）

神奈川文化賞受賞のとき、1997年

㊓東京府㊫女子美術専門学校㊱東京都府中市多磨霊園

◉小黒恵子（おぐろ・けいこ）詩人

1928（昭和3）年8月27日～2014（平成26）年4月11日　85歳

童謡記念館を残した童謡詩人

川崎市高津区の住宅地に、樹齢三百余年の椎や欅に囲まれた日本初の童謡記念館がある。小黒恵子が、築一一〇年の自宅を改装して一九九一（平成三）年に開いた「小黒恵子童謡記念館」だ。小黒の死後、川崎市に寄贈され、現在も音楽会や集会に利用され心地よい空間となっている。

多摩川の両側に果樹園を経営する旧家の小黒信吉、キワのひとり娘。見渡す限りの田園の地で育ち、動物や昆虫が友達だった。調布高等女学校、大妻女子専門学校を卒業。農地改革で農地を失った親が家を守るためにと中央大学法学部受験を勧め、女性初の合格者三人の一人となる。五一（昭和二六）年卒業。就職した商事会社が倒産し華道教師もするが、一国一城の主にと東京渋谷道玄坂に喫茶店「ラ・セーヌ」を開店する。常連客の谷内六郎の童画に触発され、子どもの詩を書き始め、谷内の紹介でサトウハチローの「木曜会」に入会した。

「シツレイシマス／大きな声だし／シツレイシマス／とくいになってる／九官鳥／ぼくもやっぱり／くせになり／じぶんの服を／きるときに／ちょっと言っちゃう／シツレイシマス」などを収録した第一詩集『シツレイシマス』が、レコード会社の目に留まり童謡詩人としてスタート。テーマは生き物中心で、やぶ蚊、ゴキブリまで登場する。のびやかでユニークな作品は童謡の世界に新しい風を吹き込み、七一年の日本詩人連盟賞、日本作詞大賞などを次つぎと受賞する。

　七八年に元上野動物園長らとケニアに出かけ、密猟と自然破壊を目にし、「飛べ　しま馬」を創る。「きみらの皮が狙われている／美しい縦の模様の／きみらのふくが／狙われている／狙われている／狙われている／飛べ飛べしま馬／飛べ飛べしま馬／飛べ飛べ／」（作曲、髙木東六）で第一二回日本童謡賞受賞。ＮＨＫの番組「おかあさんといっしょ」や「みんなのうた」には「ドラキュラのうた」など三五曲が採用され、繰り返し放送された。作品は八〇〇曲にのぼる。

　平和や動物愛護、自然環境の大切さを作品で伝えるだけでなく、多摩川に鮭を呼ぶ運動や野生生物保護活動で活躍。コンサートの収益や著作などの収入をことあるたびに世界自然保護基金（ＷＷＦ）に寄付した。八三年に母が死去。「童謡といっしょに歴史ある建物も次の世代に伝えたい」と父に童謡記念館の構想を話すと快諾だった。父没後の翌年に開館。九六（平成八）年には「花とライオン児童合唱音楽賞」を創設し、少年少女合唱団の地道な活動を応援する。

子どもの歌を語る、1997年

　家族は犬三匹と猫、九官鳥。緑の大切さを知り、生きるものたちへの深い愛情を持ち、華やかで、瞳を凝らした童女が棲んでいるような人だったと親戚の女性が語る。赤い靴児童文化大賞、川崎市文化賞を受賞。日本童謡協会常任理事、日本詩人連盟副会長などを歴任した。（小野塚和江）

(生)神奈川県川崎市(学)中央大学法学部(墓)川崎市明王院

◉小沢章子

（おざわ・あきこ）社会事業家
1940（昭和15）年10月31日〜2008（平成20）年5月27日　67歳

障がい者の作業所を作る

障がい児を持つ母親たちがリサイクル活動によって資金を作り、一九八四（昭和五九）年、大山山麓に千余坪の作業所「貴有意《きゆい》の郷《さと》」を無認可オープンさせた。キウイフルーツ、西洋野菜、エビネ蘭やれんげつつじなどを栽培し、釣り堀やキャンプのテントがある施設で、誰でもが参加、共働できる場となった。ユニークで気宇壮大なプランは全国的に評判になる。

代表の小沢章子は山形県で誕生し、父が医院を開業した静岡県藤枝市瀬谷で育つ。藤枝東高校から日本大学短期大学部へ進み六〇年に卒業、日本交通公社（現、JTB）に就職した。六四年、兄の大学の後輩で外洋船船乗りの小沢好平と結婚、翌年に長男が誕生、神奈川県伊勢原市に転居する。六七年生まれの次男が風疹が原因で難聴になると、東京教育大学（現、筑波大）付属聾学校幼稚園部の寮に母子で入り一年余の教育を受けて、自宅で息の出し方や舌の動かし方の練習をした。公立幼稚園の入園を「名前を呼んでも返事ができない子は」と断られショックをうける。

七四年、同じ悩みを抱える酒寄操子らと「伊勢原市言語障害児親の会」を結成。市や議会に働きかけ、「市立保育園の障害児保育」、「ことばの教室」や「障害福祉センター」の設立につなげた。神奈川県では七五年に「障害者の権利宣言」を採択、長洲一二知事の呼びかけで「ともしび運動」が始まり、地域作業所作りが盛んだった。リサイクルの言葉が使われ始めたのもこのころで、のちに衆議院議員となる小泉晨一が代表する秦野市の資源回収業「丹沢グループ」のモニターに酒寄と応募、課題「障害者福祉とリサイクル」に取り組む。親の会は八一年、「障害者更生施設準備会・礎《いしずえ》の会《かい》」を設立、居場所のない重度知的障がい者も通える作業所設立を目指す。

丹沢グループと連携、「混ぜればゴミ、分ければ資源」とプラスチックと生ごみ以外の家庭ごみを回収、古紙一〇〇%のトイレットペーパーを安く販売した。協力家庭は約五〇〇世帯。障がい者と母親の頑張りにさまざまな形で支援する個人やグループでコミュニティーが形成された。フリーマーケットやダークダックスのコンサートを手作りで開催、三年弱で目標額一〇〇〇万円達成。作業所は自然のなかで一人ひとりに合った仕事のある農業型と決定、借地し開墾を始める。

シンボルの「ドームハウス」や「きのこハウス」がじょじょに整い、市の観光農園に指定され、障がい者が丹念に育てた平茸は味が良いと評判を得る。年会員は三百余人に上り、手漉き和紙やガラス工芸品の制作販売も行った。活動はいつでも母親の意識で実践躬行、環境、命、平和問題に広がっていった。八四年、勝又地域女性彰受賞。九七（平成九）年、筋萎縮性側索硬化症を発症。貴有意の郷は二〇〇七年に伊勢原駅近くへ移転し、現在は就労継続支援B型事業所として酒寄が守る。（小野塚和江）

(生)山形県(学)日本大学短期大学部(旧)岡村

20歳ころのお気に入りの写真

◉ 勝又喜美子

（かつまた・きみこ）　地域活動家

1919（大正8）年10月21日～2011（平成23）年6月27日　91歳

「勝又地域女性彰」を設立

小田原市に女の問題を考える研究室を立ち上げた勝又喜美子は、父金内善吉、母久保田キヨの長女として東京浅草に生まれる。小学生のころ自転車を手放しで乗りまわし、逆立ちや空中回転が得意な少女だった。周囲から「女のくせに」といわれ反発を感ずる。父からは、女も職業を身につけるよう勧められ、東京女子高等師範学校（現、お茶の水女子大学）に入学する。

一九三九（昭和一四）年、卒業と同時に荒川区の高等小学校に勤務。学校では得意の体育が重視され、毎朝始業前に子どもたちとよく遊びからだを鍛えた。四四年七月、同盟通信の経済関係の記者勝又正寿と結婚。四五年三月の東京大空襲で、学校も家も焼き尽くされた。そして敗戦、九月に長女を出産するが四日後に他界。抱きしめたまま涙が止まらなかった。

小田原市には敗戦の年の暮に移住。夫は会計事務所を開き、食料難や生活難で苦しむ市民のために無料生活相談所を開設した。仕事を手伝いながらも戦争の悲惨さが頭から離れない。戦争をふたたび起こしてはならない、体験を語り継ごうと、六七年に夫と「八・一五を考える」学習会を作り、毎年職場ぐるみで討議。教師時代、軍国教育をしたこと、自らが戦争加担者であったことに気づく。また、五月三日には憲法を学ぶ「人権と憲法について考える」研究会を立ち上げ、講演会を開催。渡辺洋三や色川大吉らを講師に招くなど学習会は四〇年間続いた。それが母体となり七三年、「女の人権を考える会」を開くと主婦や女教師、近所の事務員などが多数参加。以後「女性の問題を考える研究室」（女性研）を作り、室長として女たちの相談に応じる。

七五年六月、メキシコでの「国際婦人年世界会議」の女性民間会議に参加する。帰国後、一人ひとりの女の自立が、平和を守り戦争の歯止めになると考え、翌七六年、市民平和研究所を発足させ、機関誌『自立と平和』を刊行。発刊日は広島が原爆投下された八月六日とした。

八〇年七月、コペンハーゲン「国連婦人の十年」の世界女性民間会議にも参加。世界の連帯と平和の大切さを主張し、『自立と平和』を紹介する。平和デモにも参加し、国内外の人びととの出会いがあった。帰国後、地域に貢献した人を一〇年間顕彰した「勝又地域彰（K彰）」を終了し、八一年、新たに「勝又地域女性彰（女性K彰）」を設立。地域で自主的に学習し地道に世話役活動をする人を表彰した。第一回は、茅ヶ崎市の公民館をつくる会のグループ西山正子ら五人。資金は夫の出資と喜美子の『毎日新聞』の郷土提言賞入賞金、講演料などを当て、五年間限定で二五人を表彰した。

女性K彰設立のころ

九一年、平和憲法や人権にこだわり、女の自立平和問題をともに追究してきた夫が他界。しかし、職場ぐるみの学習も女性研も変わらず続け、学習と行動を積み重ねた。（影山澄江）

㊓東京府㊫東京女子高等師範学校㊐久保田㊙箱根町早雲寺

◉加藤豊世

（かとう・とよせ）　学生
1876（明治9）年9月15日～1946（昭和21）年8月2日　69歳

手紙が育んだ愛と信仰

フェリス女学院150周年を記念し、資料集の一冊として「加藤豊世・布施淡往復書簡―明治期のある青春の記録」が刊行された（二〇一六年）。一八九四（明治二七）年から約五年間、横浜と仙台を結んだフェリス女学院生の愛の交信が一二〇年の時空を超えてよみがえったのである。和紙に筆で、ときにペン書きの三〇〇余通から選んだ二一八通の書簡集で、明治の若者の夢や悩みを今に伝えてくれ、伸びやかな感性に惹きつけられる。

加藤豊世は山形県酒田の生まれで、父寛、母重尾の二男五女の長女。官吏の父の転勤で私立新潟女学校へ進んだ。加藤家は東北の代表的なクリスチャン一族で、彼女も在学中に新潟組合教会で受洗している。手紙の相手の布施淡《ふせあわし》もクリスチャンである。

新潟女学校が廃校になったため、九三年九月、フエリス和英女学校に転学する。仙台からきた星良（のち、相馬黒光）と親しくなったことから、星の仙台時代の友人である布施淡と知りあう。布施は七三年生まれ。仙台領柳津藩領主の孫だが、父が早逝して生活に窮した。画家志望で、東北学院の図画教師をしながら、東京の画塾不同舎で指導を受けていた。

東京に転勤した加藤家と、布施家の親戚が近所で二人は急速に親しくなり、文通が始まった。

学校生活や遠足、課外活動の様子などを彼女がこまやかな筆遣いで認めれば、旅行好きの彼は旅先の風景を得意なスケッチ入りで書き送る。会えるのは年に一度か二度。月を見ては「あゝ此よき月君には如何にながめゐ給ふか共にせば如何に楽しからん」と、会いたい思いを募らせる。信仰の悩みも打ち明けあい、生活の不如意から信仰を失いそうだという彼を彼女が励まし、わたしは社会に尽くしたい、愛のためには名利も権勢もいらないと覚悟を示す。

婚約したのち、自立心のたくましい豊世が高等科進学を相談すると、淡は自分のうちに一日も早く来てくれるのを望むが、「御身の考に任せ申度と存候…たゝ御身を信じ御身を愛するを知るのみ」と彼女の意志を尊重する。ようやく二人の思いがかなって仙台で家庭を築いたのは九八年五月。しかし、三年足らずで淡がはやりの病で亡くなる。豊世は長男を連れ、身重のからだでフェリスの教職につく。まもなく両親のいる山形県鶴岡高等女学校に移り、その後、仙台で県立高等女学校の教師をしながら、宣教師の助手をしたり、社会事業に力を注いだ。夫との往復書簡は戦時下の空襲からも守りぬいた。教え子たちが建てた「布施豊世記念碑」（仙台の北山キリスト教墓地）には、「先生常に質素辺幅を飾らず、頭髪は堅くひきつめ、厳たる中にも謙虚なる態度と深い愛情とを以て人に接す」とある。

（江刺昭子）

フエリス和英女学校時代

㊓山形県㊫フエリス和英女学校㊐加藤㊍布施㊏仙台市北山キリスト教墓地

◉ 金森トシエ

（かなもり・としえ）　公務員

1925（大正14）年9月20日～2011（平成23）年9月7日　85歳

「女の時代」を演出する

国連の女性差別撤廃条約が批准され、男女雇用機会均等法が制定されるなど、一九八〇年代は「女の時代」と言われた。金森トシエはそれを演出した一人で、ジャーナリストとして、行政の旗振り役として女性問題の「見える化」に取り組んだ。チャレンジ精神が旺盛で、経歴に「女性初」の冠詞がいくつもつく。

生まれは東京港区赤坂、のち文京区小石川に移る。父朝来野一郎、母エイの長女で、府立第二高等女学校から帝国女子専門学校国文学科へ進んだ。敗戦の年の三月、軍属として中国から内地に出張中の金森正嘉と見合結婚する。まもなく帝国女専が空襲で焼失したため中退。戦後、帰国した夫はサラリーマンになり、専業主婦の生活に飽き足らず拓殖大学政経学部三年に編入学した。

一九五二（昭和二七）年、読売新聞の募集に応じ、試験入社初の女性記者になる。以後三〇年、婦人部ひとすじで女性、家族問題を主に扱い、七九年に女性初の部長になる。定年で非常勤の編集委員になり、翌年には退職して神奈川県参事に就任した。住まいは七四年から鎌倉市笛田。

神奈川県は女性行政の先進県で、早くから金森や久場嬉子を迎えて「女性プラン」作成に取り組み、八二年を「神奈川女性元年」と定め、一一月開館の県立婦人総合センターの初代館長に金森を招いた。スカウトしたのは長洲一二知事で、女性問題に関する知識と人脈の広さ、企画力に惚れこんだ。「民」と「官」の違いにとまどいながらも、金森は女性センターを運営管理する。主催するイベントの企画から講師の人選もし、パネリストとしてシンポジウムに参加することもしばしばだった。開館当初の事業で力を注いだのが女性史の編纂である。「夢は神奈川の女の歴史を神奈川の女の手で編むこと」というのが口癖で、県民の学習グループ、研究者、行政の三者共同で女性史を編纂する新方式を編み出す。一〇年がかりで『夜明けの航跡―かながわ近代の女たち』と『共生への航路―かながわの女たち'45～'90』を刊行、全国の自治体に神奈川方式の地域女性史編纂が広まるきっかけになった。

「わたしは宿屋の女将よ」も口癖で、館を訪れる人たちをはなやかな笑顔で迎えた。おしゃれに気を配ったのも、働く女の戦略の一つと考えてのこと。九三年に県を退職してのちも、同居の母の介護をしながら、「高齢社会をよくする女性の会」などで活躍し、鎌倉市の教育委員も務めた。母の介護日誌に「日本の女性の出生率一・五、過去最低、ツケよ！」（『老いを看とり歌をうたう』）と、家事・育児を女の役割とし、家庭と職業の両立を支援しない男社会への痛烈な批判を書きとめている。記者時代のレポートやエッセイなど著書も多く、女性問題の分かりやすい入門書になっている。

（江刺昭子）

写真館で写したお気に入り

(生)東京府(学)拓殖大学(旧)朝来野

◉兼高かおる

（かねたか・かおる）　ジャーナリスト
1928（昭和3）年2月29日〜2019（平成31）年1月5日　90歳

「世界の旅」は好奇心から

一九五九（昭和三四）年、テレビで「兼高かおる世界飛び歩き」（六〇年に「兼高かおる世界の旅」に改題）が、旅のドキュメント番組としてスタートした。まだ海外渡航が自由化される前、一ドル三六〇円の時代である。そのころを知る人びとにとって、兼高かおるは異世界文化をお茶の間に届ける夢の配達人、少女たちには女の冒険家、心おどる憧れの存在であった。

家は裕福で、父はインド人、母は日本人ということ以外は不明である。両親からは、叱られたり締め付けられたりした記憶はない。兄が病身だったため、毎日のように自宅に集まる兄の友人たちが遊び友だちだった。東京にあるミッション系の香蘭女学校に通ったが、いつも行動や髪型のことで注意をうけ居心地の良い場所ではなかった。

敗戦後、ホテル経営の道に進もうと留学を志した。夏休みに家族で訪れるリゾートホテルの非日常感に惹かれていた。五四年、ロサンゼルス市立大学に入学。学校では差別もなく、何事にも自由で前向き、先生の指導も熱心でどんな疑問にも答えてくれた。自然に勉強にも熱が入り、結局体を壊して帰国する羽目になってしまった。

帰国してからは英語でインタビューする仕事につき、当時話題になっていた「世界一周早回りコンテスト」に挑戦した。七三時間九分の新記録を達成し、帰国した時には有名人になっていた。このことが「兼高かおる世界の旅」への道筋を開いた。番組は五九年から九〇（平成二）年まで三一年間続いた。数々の要人に会い、名所にも訪れたが、テーマは常にその地に暮らす人々。どこへ行っても臆することなく行動できたのは、知りたいという好奇心が勝っていたからである。

番組終了後は、講演や執筆活動のほか、日本旅行作家協会会長、「横浜人形の家」館長、「兼高かおる旅の資料館」の名誉館長などを務めた。「横浜人形の家」は、七七年に横浜市に大野英子が寄贈した一九八一点の人形コレクションが発端となっている。その後八六年六月一日に本格的な博物館として横浜山下町に開館された。細郷道一《さいごうみちかず》横浜市長の懇請で初代館長には兼高が就任した。二七年に「青い目の人形」が国際親善の使者としてやってきた横浜で、今度は兼高が人形の家の管理人として国際交流に尽くすことになる。そこには、世界の旅でテーマとしていた人間の暮らしの縮図があった。館長時代は各種イベントの運営にかかわり、お雛様ツアーでは、地元の参加者と各地を巡った。時間ができると一人で旅に出る。「世界の旅は今も継続中、ただし、今度は自分が主役で観客」と笑う（『わたくしが旅から学んだこと』）。生涯独身で「結婚することがわからない」と語ったが、結婚という規格は兼高には必要がなかったのかもしれない。

（横澤清子）

「横浜人形の家」開館、1986年

(生)兵庫県(学)ロサンゼルス市立大学(本)兼高ローズ

◉ 加納実紀代

（かのう・みきよ）　女性史研究者
1940（昭和15）年7月17日〜2019（平成31）年2月22日　78歳

銃後の女性史で現代を問う

加納実紀代は、日本の植民地であった韓国ソウルで、陸軍軍人を父として生まれた。父の転勤で国内に戻り、一九四四（昭和一九）年には広島市二葉の里に住む。四五年八月一五日、頭の上で原爆がさく裂した。爆心から二キロ弱の地点である。たまたま屋内にいて助かったが、さっきまでいっしょに遊んでいた友だちの「かっちゃん」は大やけどをして死んだ。死体が転がるなかを一つ、二つと数えながら飛び歩いた記憶は、のちに彼女を苦しめる。

父は骨も残さず被爆死し、母と兄と、母の実家近くの香川県善通寺市で育つ。京都大学文学部史学科に進んだが、パンの耳をかじるような貧しい学生生活だった。六三年、超難関の中央公論社の試験を突破して就職、六五年に同僚の加納信雄と結婚して川崎市百合ヶ丘に住む（のち、同市生田に転居）。六八年、ストレスでからだをこわして退社し、アジア・アフリカ語学院に通っているころ、「侵略＝差別と闘うアジア婦人会議」に参加し、ウーマン・リブと出会う。社会主義女性解放論に疑問を抱いていたころで、日常生活のなかで当然視されている性の問題、家事・育児の性別分業などを考えるようになった。

被爆による胎児への影響に怯えながらも三児をもうけたのちの七六年、女性史研究グループ「女れてきた女たちが、国防婦人会などで生き生きと活動し戦争に協力した事実を立証し、被害と加害の二重性を問題提起した。研究成果は『銃後史ノート』全一八巻に結実し、一九八五年度山川菊栄賞を受賞した。

戦後五〇年の九五年一二月、県立かながわ女性センターで開催された「女がヒロシマを語る」シンポジウムにパネリストとして出席し、以後、ジェンダーの視点でヒロシマを切り拓く作業にのめりこむ。それは侵略者の子としての加害者性と、被爆者としての被害者性が重層した自らをも問う苦しい道のりだった。二〇一一年、東日本大震災による福島原発事故に遭遇、ショックを受ける。被爆国である日本がなぜ原発大国になったのか、なぜわたしたちはそれを止められなかったのか。「なぜ」を歴史にさぐった。『ヒロシマとフクシマのあいだ』、遺著になった『「銃後史」をあるく』などの論集はその思念の軌跡であり、フェミニズム批評の到達点の一つといえる。

神奈川の地域女性史にも大きな足跡を残している。『夜明けの航跡―かながわ近代の女たち』、『共生への航路―かながわの女たち'45~'90』、『多摩の流れにときを紡ぐ―近代かわさきの女たち』の専門委員として県民女性たちと協働で女性史編纂を成し遂げた。新潟県の敬和学園大学特任教授を務め、あとを継ぐ研究者も育てた。すい臓がんを告知されて九か月、新作への意欲を語りながら、いのちが尽きた。

（江刺昭子）

飯島愛子さんを偲ぶ会で、2006年

㊓韓国ソウル㊫京都大学㊐細井

◉樹木希林

（きき・きりん）　俳優
1943（昭和18）年1月15日〜2018（平成30）年9月15日　75歳

横浜育ちの超個性派俳優

主演作「あん」（二〇一五年）で、元ハンセン病患者の餡作り名人を演じる。原作者は樹木希林をイメージしていたという。撮影に先立って元患者らを訪問した。第六八回カンヌ映画祭の開幕上映作品に選ばれ、監督、原作者、共演した孫の内田伽羅とともにレッドカーペットを歩いた。

母の清子は東京神田でカフェ「東宝」を経営して大繁盛、機敏で美しい人だった。父の中谷辰治はその地区担当の警察官だったが結婚にあたって警察は辞め、趣味の薩摩琵琶に没頭、プカプカ浮かぶクラゲの生活が理想という人。焼け出された戦後は仕立屋を雇っての洋裁店、アパート経営などで、東京の豊島区雑司ヶ谷や椎名町に住む。その後、まだ混沌としていた横浜の野毛で飲食店を経営。母は才覚と手腕で生活を支え、過去の結婚で手放した子どもの家族も迎え入れ、ともに働き大所帯を仕切った。樹木も妹の昌子（薩摩琵琶奏者）も彼らとのほんとうの関係は知らなかったが、先方が望むなら呼び寄せるよう勧めた父の寛大さを、母の死後に知る。

横浜に引っ越したのは中学生になったころ。いつも、さまざまな大人を観察している子どもだった。このころに描いた日本大通りの風景画はずっと手元に置き大切にした。千代田女学園では演劇部に所属したが、将来の目標は薬剤師で俳優志望ではなかった。

一九六一（昭和三六）年、文学座付属演劇研究所の一期生となる。六四年、森繁久弥主演の連続TVドラマ「七人の孫」に出演してブレイク。文学座は退団、マネージメントも自身でこなし、個性派として二十代から老け役が当たり役となる。七四年、TBSのドラマ「寺内貫太郎一家」の老母役は、老けメイクと大胆な演技で大評判、父辰治の薩摩琵琶との共演も実現させた。

七三年、ロックミュージシャンの内田裕也と結婚するが一年半で別居。離婚には応じず内田の出した離婚届の無効を訴え勝訴、別居を続けた。ひとり娘の内田也哉子は俳優の本木雅弘と結婚。内田の姓を残してほしいという樹木の願いを受け入れた本木は婿養子となった。

〇五年、第二六回ヨコハマ映画祭助演女優賞。一六年、「あん」で第三九回日本アカデミー賞優秀主演女優賞と第三七回ヨコハマ映画祭特別大賞を受賞、このときスピーチで「私は全身がん」と公表。一七年の神奈川文化賞で、樹木さんが出ると物語が本物になるという審査員の言葉は嬉しかった。一八年には「モリのいる場所」、第七一回カンヌ映画祭パルムドール獲得の「万引き家族」、「日日是好日」と話題作に連続出演して、圧倒的存在感を示す。初めて企画から関わった「エリカ38」は一九年の公開。関係者に満身創痍のCT画像を見せて「もう、治しようがないのよ」。「自分を十分使い切って死にたいの」と自身を俯瞰しつつ、「樹木希林」を生ききった。

（三須宏子）

野毛「叶屋」で、1992年

㊤東京都㊫千代田女学園㊬内田啓子㊙悠木千帆㊐中谷→岸田

◉ 城戸　順

（きど・じゅん）伝道師

1878（明治11）年6月15日〜1949（昭和24）年12月13日　71歳

共立女子神学校で布教

品川で生まれ幼児期に城戸弥三郎の養女となった城戸順は、官吏だった養父から読み書きを、養母から三味線などを習う。一八八八（明治二一）年ころ養父が病死し、神奈川県戸塚の刺繍工場に年季奉公に出るが工場が火災で全焼。九一年から横浜でメソジスト派の仮牧師の二宮安次とワカの家に家事見習いとして住み込む。安次は刺繍工場とハンカチ加工工場を運営していたのでその手伝いもする。ワカも社会活動をしていて、城戸の勉学への希望を知り、母校の共立女学校に入学させる。城戸は寄宿舎に入るが、休暇時は二宮家に帰り日曜日はともに教会に通った。

卒業した九九年から共立女学校校長ルイス・H・ピアソンが創設した偕成伝道女学校に勤める。この学校は共立女学校と同じ敷地にあり、年齢制限、卒業規程、修学年限がなく、聖書研究会のほか、女や子どもに関わるさまざまな伝道活動を展開していた。この年、ピアソンが死去し、ピアソンを補佐していたスーザン・A・プラットが校長に就任。学校組織・教科課程を整え、〇七年に校名を共立女子神学校と改称。さまざまな目的で年配者から若い人まで入学してきた。

城戸は校長や宣教師の助手を務め、教科は聖書と聖地地理を担当。人生経験の豊かな生徒も多く、授業には周到な準備が必要だった。無口で厳格な先生なので、生徒たちは気が抜けず真剣に学んだという。そのうち直属の伝道拠点が六か所にもなった。

一九〇八年から二年間ニューヨークの神学校（DR. White Bible School）に学ぶ。帰国後は、教師として、さらに伝道部長、宿舎の責任者も務める。横浜十全病院看護婦へのバイブルクラスなど学外の社会活動も積極的に行なう。伝道で力を入れたのは、都筑郡の中心部で農村地帯の川和である。土地の有力者の支援もあり、川和伝道所が開設されたが、城戸はその維持に大変苦心し、夏休みには神学生を連れ、特別伝道を行なうなどしている。その他、関係するグループや講義所などほとんどを訪問。四一（昭和一六）年の日本基督教団成立後、神学校の合同が進む。四三年には共立女子神学校も閉鎖され、日本女子神学校に合流。その手続きに奔走する。

戦後は米軍宿舎だったバンドホテルで通訳や女子従業員に英語を教えるなどして働き、ＹＷＣＡや自宅でも英語を教えて生計をたてる。二宮家とは家族同様の付き合いで、ワカも家族も城戸を社会に大切な人として敬い、城戸もワカの仕事を支えた。日本基督教婦人矯風会の本部委員や横浜支部役員、横浜連合婦人会、ＹＷＣＡ幹部委員、中村愛児園と相沢託児所理事など。生涯独身で、二宮家の五男で牧師を志していた勝を養子にする約束だったが、勝が一七歳で急死する。晩年は次男の妻が同居し世話をした。

共立女子神学校閉鎖のとき

（中積治子）

(生)東京府(学)DR. White Bible School(墓)横浜市港南区上大岡霊園

◉ 桐竹智恵子

（きりたけ・ちえこ）　人形遣い

1921（大正10）年8月23日〜2008年（平成20）年9月22日　87歳

胴金式《どうがね》「乙女文楽」の伝承者

昭和のはじめ、大阪で三人遣いの文楽人形をもとに少女が一人で操る人形が考案された。遣い手が自身の頭と人形の首《かしら》を耳紐でつなぎ、袖から手を入れて操作し、人形と一体となって華やか、かつ繊細に演じ評判を呼んだ。人形の支え方遣い方の違いから腕金式《うでがね》と胴金式とに分かれた。

桐竹智恵子は、胴金式の考案者と言われる文楽の人形遣い五世桐竹門造のもとで技芸を磨いた。父の宗政太郎は義太夫の修行をし、門造の旗揚げした「大阪乙女文楽」座を手伝っていた。

小学校で観た文楽に魅せられ、七歳で吉田玉徳《たまとく》（のち、辰五郎）に入門。玉徳が興行をやめ人形を門造へ譲ると、一二歳で彼の門下へ移る。稽古は厳しく、衣装を含め五キログラム以上にもなる人形は小柄な身にこたえたが、情熱と負けん気で乗り切った。門造から桐竹姓を託され二二歳で座長となり、父、人形遣いの姉と義姉、弟子たち、義太夫、三味線弾きら二〇人ほどで全国を公演した。戦災で門造の人形はほとんど失われたが、玉徳の人形は難を逃れた。

戦後は一九四六（昭和二一）年に文部省の推薦によりＧＨＱで公演してから各地をまわった。娘の岡本あづまによると、五一年に実業家で神奈川県義太夫連盟会長の国森鳴門（綱夫）の勧めで茅ヶ崎市に移住したころから「乙女文楽」座とし、父の死後も巡業を続けたという。

出稽古は五八年、県立茅ケ崎高等学校の文楽同好会（のち、文楽部）に始まる。六七年から川崎の現代人形劇のプロ集団、人形劇団ひとみ座に招かれた。同座では、当時「ひょっこりひょうたん島」が人気で、さらに「伝統人形の研究と継承」に意欲を燃やした。座員の伴通子は、桐竹の舞台を実際に観ており、「生身を感じさせてしかも強烈に人形である、ああいう風に」遣いたいと稽古に励んだ（「『乙女文楽』の継承を志して」）。

隣町の平塚では市職員有志の文楽同好会を指導。その縁で七〇年に玉徳から受け継いだ貴重な人形の首五六点や衣裳三〇組、大・小道具を市へ一括譲渡した（のち、重要文化財に指定）。

一座での公演には区切りをつけたが、七二年の国立劇場での民俗芸能公演など単独の出演は続けている。映画・テレビにも多数出演。平塚で教えていた県立高浜高等学校文楽部のＯＧらが参加し、九〇（平成二）年に旗揚げされた「湘南座」の指導も任された。座であるからにはと妥協を許さず、遣い手自らが踊ってはいけないと戒めた。九九年、県教育功労者表彰。二〇〇四年、第二四回伝統文化ポーラ賞地域賞受賞。

「艶容女舞衣」お園

生前の桐竹に認められ、孫の岡本祥元《よしゆき》は男で初めて乙女文楽継承者となった。茅ケ崎高校文楽部は一八年に創部六〇周年を迎えた。同年一一月、職業劇団として継承する「ひとみ座乙女文楽」は、川崎市地域文化財に決定された。

（星賀典子）

(生)福岡県(本)宗知恵子(墓)茅ケ崎市上正寺

◉ 楠目ちづ

（くすめ・ちづ）華道家

1913（大正2）年6月20日〜2010（平成22）年8月6日　97歳

「いけばな　むらさき会」を創流

九五歳になった楠目ちづは、「今になってみると、いちばん新しい生きかたかもしれない」と来し方を振り返っている。好きな花を相手に思うまま自由に生きてきた、独身で通したことに憐れみの目を向けられたこともあったが、今は羨ましがられる時代のようだと。

父成長は福岡県小倉で間組の創立にも関わった事業家だった。母の貞子は熱心なクリスチャン。その影響で楠目は、バプテスト派五年制私立女学校である西南女学院を卒業した。一九歳になるころ結核にかかり、二十代のほとんどは療養生活。千家古儀流の華道を続けながら安静第一で読書漬けの日々を過ごすうちに、花道去風流西川一草亭の斬新な花の本に出会い感銘を受ける。

次兄の成照は、東京美術学校に学び卒業を前に渡仏、ボナールに師事したが結核で客死。幼いころ、教養豊かな歳の離れたこの兄と交わした会話は生涯心の支えとなった。

父の死後、一九四一（昭和一六）年、母とともに逗子市に転居、横浜在住の姉、清水かず一家の持ち家に住む。横浜の家が空襲で焼け、姉と子どもたちも逗子で暮らすことになった。

戦後の混乱期は市役所斡旋の内職に精を出した。自宅を企業の海の家に部分貸しなどもするうち、小倉時代の姉妹をよく知る日本文化普及協会のヘーゼル・ゴーハムの励ましを受け、姉の琴に合わせて妹がいけばなを実演するショウを企画すると、姉妹で横浜の交通公社（現、ＪＴＢ）に飛び込み営業をして大成功。「はなてまひ」と名付け、外国人の観光コースに組み込まれ評判を呼び、生活も安定した。母貞子との縁で、皇室、皇族や財界人、その知り合いの文化人など人脈が広がり自宅からホテルなど大会場での催物となる。姉妹の美的感覚には共通項があり、息はぴったり合った。楠目は石草流の師範格だったが「はなてまひ」は法度と言われ流派を離れる。

六五年、資生堂化粧品大船工場華道部の指導を引き受けた。何流ですかと聞かれ、どこにも属していないことから、このとき「いけばな　むらさき会」を創流した。花を矯めず、あるがままに生かす造形表現に芸術性を求め続け、「花のもつ美しさを求めること、それがわたくしの生を支えてくれる宗教ですから―」と言う境地にいたる。自宅や鎌倉婦人子供会館で教室も開いた。

建長寺の法堂や梵鐘下などを舞台に花を活けた写真と短文を、九二年末から寺誌『巨福』に連載する。最晩年の〇九年末、梅の大枝を活けるときに転び、体調を崩した。

作品展の会場で

甥の清水豊次は幼少時、母と楠目を見て育つ。後年、歳を重ねてなお活躍する楠目の運転手を引き受け、撮影場所選びや機材搬入などで支えた。「自然に人が集まってきて助けられた、幸せな人でしたよ」。日常生活でも、色彩や形に意を用いる人なので、美意識を鍛えられましたと懐かしむ。

（三須宏子）

㊓福岡県㊫西南女学院㊮鎌倉霊園

◉ 黒川万千代

（くろかわ・まちよ）　社会運動家
1929（昭和4）年3月25日〜2011（平成23）年2月17日　81歳

被爆体験と『アンネの日記』

黒川万千代は東京で港湾倉庫会社に勤める富永隼人と操の間に誕生、東京女学館で学んだ。一九四四（昭和一九）年、父の転勤で広島に移り、広島第二高等女学校に編入した。軍都広島では、好きなピアノも軍人から睨まれ自由に弾けなかった。四五年に広島女子専門学校（現、広島女子大学）に進学。八月六日の原爆投下で被災し、発熱、下痢、脱毛に苦しんだ。戦後はベーベルの『婦人論』を入手、社会主義に関心を持つ。青年文化連盟に加わり、音楽と再会し、「原爆詩」を書いた峠三吉とも出会う。広島女専を卒業後、中国地方総合研究所に勤める。

五〇年に上京。民主主義科学者協会に加わり、歴史学者の石母田正を知り、さらに学びたいと法政大学に編入する。この年ストックホルム・アピールが出され、原子兵器禁止を求める署名活動に積極的に参加した。五二年、再軍備反対を訴えるデモ隊に警官が発砲した「血のメーデー事件」が起こる。彼女は死亡した学友のために、追悼集会の責任者として立ち上がった。

この事件後に石母田を師とする黒川俊雄（経済学者）と結婚。子どもを産んではいけないと思いつめていたが、医師の励ましにより第一子を出産した。第二子の出産を機に川崎の富士見団地に転居。だが、突然の高熱で苦しむこともあり、入退院を繰り返す（のちに、甲状腺の病と判明）。

その後、藤沢に移り、六三年に原水禁大会に藤沢代表団として出席。神奈川原爆被災者の会を結成し、被爆者援護法の制定に力を尽くす。日本被団協事務局次長にも就任し、平和運動へと邁進した。七二年、横浜へ転居。七六年、広島の原爆碑写真集『原爆の碑』を編集発行（私家版）、好評を得た。これに二〇か所以上の碑を加えて、八二年に新日本出版社より刊行する。七九年からは被爆体験の語り部として、オランダ、イタリア、モスクワなど海外にも赴いた。

これらの活動は『アンネの日記』（五二年邦訳）への傾倒に繋がった。アンネ・フランクが自分と同年齢だったことに衝撃を受け、短い生涯は戦争への抵抗を象徴するものとして受け止められた。以後、その紹介と普及に努め、NPO法人ホロコースト教育資料センター副理事長となる。黒川から影響を受けた清水陽子（著述家、原水協川崎代表）は、「ファシズムを許さない、人を見抜く力を持った人」だったと語る。

このほかに、黒川は八六年横浜市長選にも立候補した（市民の市長をつくる会連絡会、次点で現職に敗北）。好奇心が旺盛で、ダンス、犬の飼育、ケーキ作りなど、時々の趣味にも熱中した。妹の関千枝子（ルポライター）は「爆風」のような人だったと回顧する。二〇一一年、白血病で没した。

（金子幸子）

座談会で、1985年ころ

㊓東京府㊫法政大学㊐富永

◉ 郷　静子

（ごう・しずこ）　作家
1929（昭和4）年4月20日～2014（平成26）年9月30日　85歳

横浜空襲の悲惨を伝える

一九四五（昭和二〇）年五月二九日、横浜市は米軍機の波状攻撃を受け、約一〇万戸が焼け、一四万人の死傷者が出た。川崎の工場に勤労動員されていた女学生たちが横浜市街に戻ってくる。老女の屍体に悲鳴をあげ、道幅いっぱいによけて通ったが、すぐに驚かなくなった。「焼けこげたただの棒切れのように、屍体がころがっている路上を、せめて踏みつけないように充分注意して歩かなければならなかったから」。郷静子が不安と恐怖におののきながら歩いた道を再現した『れくいえむ』の一場面である。

郷静子はペンネームで、本名は山口三千子。佐藤治郎・ちづ夫妻の次女で、両親の出身地伊豆で生まれた。看護師の母が結核療養中の出産で、子のいない山口三男蔵・ハマ夫妻の養女になる。一家は横浜市西区高島通りに住み、横浜駅の荷物預かりを生業にしていた。平沼小学校から私立鶴見高等女学校（現、鶴見大学付属鶴見女子中学校・高等学校）に進学する。結核を患っていたが、真面目な軍国少女で、空襲当日は川崎の東芝堀川工場に出勤し、家族も被災した。

戦後、大学進学も病気で挫折し、医療保護を受けられる鹿島建設の現場事務所で働きながら、新日本文学会の日本文学学校に通い野間宏の影響を受けた。五〇年に片肺を切除、ようやく健康を得る。その間、「れくいえむ」の構想も人物名も決めたが、五八年、大島尉倶三と結婚するとともに小説を書きたい気持ちが消える。夫が山口家に入籍して二人の息子にも恵まれ、夫の税理士業も順調で、六四年には東京三鷹から横浜市磯子区森町に転居し養父母との暮らしも安定した。

七〇年、防衛庁が第四次防衛力整備計画を発表、「いつか私の息子たちも、兵隊にされてしまうときがくるのではないか」(『人間として女として』)、言うべきことがあるなら今のうちに言わなければと、『れくいえむ』を完成し、宮原昭夫主宰『横浜文学』に発表。七三年、第六八回芥川賞を受賞した。主人公の女学生を慕う少女は、父が思想犯で獄中にいる設定で、ゾルゲ事件で死刑になった尾崎秀実の娘楊子をイメージしたと、友人の小野静枝に明かしている。

七八年の横浜市長選挙の際「市民の市長をつくる会」に参加し、市民の自治や連帯に目覚める。『わたしの横浜』では市民運動に奔走する女たちをルポし熱い共感を寄せた。小野が事務局を預かる「横浜の空襲を記録する会」でも活動し、講演や執筆で反戦を訴え続けた。低肺症が進行し九八年に港南区上大岡のケアつき老人ホームに入居。遠ざかっていた創作に集中し、江戸末期の農村を舞台にした『草莽』を二〇〇三年に自費出版した。以後はペンを持たず、好きな刺繍を日課に過ごし、老衰で亡くなった。

新春インタビュー、1975年

（江刺昭子）

(生)静岡県(学)私立鶴見高等女学校(旧)佐藤(本)山口三千子(墓)横浜市西区勧行寺

◉ 合田佐和子

（ごうだ・さわこ）　画家
1940（昭和15）年10月11日～2016（平成28）年2月19日　75歳

自由奔放な異色の美術作家

合田佐和子は、俳優の肖像写真、眼玉、石、骸骨、蛇、砂丘、バラなどをモチーフに、オブジェ、油彩、写真、コラージュと手法を変転させて、超現実的な独自の美の世界を創造した。幼少期の記憶、創作活動、交流した人びととの思い出、風変わりな暮らしぶり、エジプトでの生活、美術評などを奔放につづった文章からも、豊かな想像力や類まれな感性がうかがえる。

技術者の父合田正夫、母善子の五人きょうだいの長女として高知市に生まれた。父が海軍に徴用されて広島県呉市に転居、疎開した香川県で敗戦を迎え、高知にもどる。焼け跡の泥のなかに、溶けたガラスや金属の光る破片を見つけては拾い集めて宝物にした。珍しいもの、はみ出したもの、少数のものに幼いころから魅かれる。一九五九（昭和三四）年、私立土佐高等学校を卒業し、武蔵野美術学校（六二年、武蔵野美術大学になる）本科商業デザイン科に進んだ。機械の部品、針金、ガラス瓶、流木などの廃品を使ったオブジェの制作を始める。六三年、同大卒業。

六四年、シュルレアリストの瀧口修造に作りためたオブジェを見せると、個展を開くことを勧められる。同郷の画家の志賀健蔵と結婚。翌年に初の個展を開く。六六年、長女を出産するが半年後に離婚。個展で出会った詩人の白石かずこの家でミニ個展をたびたび開き、オブジェを売って生活費にする。購入したのは森茉莉や吉岡実ら。このころから唐十郎や寺山修司が主宰する前衛劇団の舞台美術やポスターの制作にたずさわるようになる。七一年、彫刻家の三木富雄と再婚、三木のロックフェラー財団の招聘に同行しニューヨークに八か月間滞在した。翌年三月に離婚、年末に次女を出産する。米国で収集した肖像写真を写生して油彩を描くことを思いつき、これに没頭。次いで写真撮影に熱中し、やがてコラージュに移り、幻想的な作品を精力的に紡ぎだす。しばしば個展で発表し、共鳴する美術作家や美術館の企画展に出品、作品集も刊行した。

心身が疲れたときに白石に勧められて訪れたエジプトに魅了される。八五年に一九歳と一二歳の娘たちを連れて、ナイルの岸辺のヌビア人の村へ移住するが、娘たちに懇願されて一年で永住を断念。砂漠や大河に悠久の時を想い、人びとの喧噪や猥雑さに懐かしさを覚えたという。八九（平成元）年、無意識に手が線を描く「オートマチズム」なる霊的現象に襲われ、極度の高揚から体調を崩し入院した。退院して東京から葉山に転居。九三年に鎌倉の浄明寺に移る。創作の新境地を拓き、横須賀、藤沢、鎌倉でも個展を開く。二〇〇〇年に眼を傷め、しだいに体力を落とす。「肩書きにも賞にも興味なく、ほめられて喜ぶことも他人の成功を妬むこともなく、絵を描くことだけが大切で、自分の絵が大好きだった」（『90度のまなざし』）と次女の信代は母を振り返る。（野田洋子）

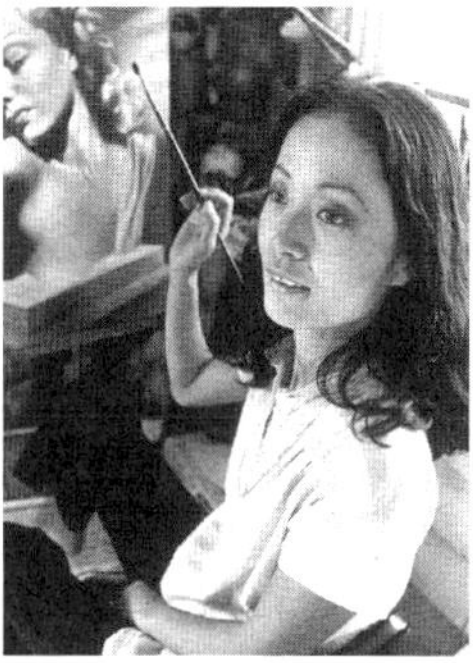

制作中、1970年代

㊓高知県㊫武蔵野美術大学

◉小林フミ子

（こばやし・ふみこ）　政治家
1926（大正15）年1月10日～2003（平成15）年2月7日　77歳

女性二人目の県議会副議長

小林フミ子は、東京大森に日本郵船の航海士小林安序と冨士のあいだに四人姉妹の三女として誕生する。東京市立忍岡高等女学校在学中の一九四二（昭和一七）年、父は軍用船大洋丸でシンガポールに向けて航行中に撃沈され戦死。四五年四月には空襲で自宅が全焼。敗戦直後に広島を訪れ、原爆の惨禍を瞼に焼きつけ、平和への執念を持ち続ける。

日本女子高等学院（現、昭和女子大学）を卒業すると都立高校の国語、社会科教師になる。その後、横浜市立高校教師となり、組合活動で女性問題にも取り組んだ。読売新聞川崎支局長の青柳淳一郎と結婚、川崎駅近くの社宅に居住、男子二児に恵まれる。

六三年、夫や社会党の中島英夫衆議院議員の勧めで、一六年間の教職を辞し川崎市会議員に立候補、支援者は労働組合が主だった。女性の声を直接市政に反映させることをスローガンに戦い、全市からくまなく女性票を獲得、市議会三人目の女性議員になった。「母親としての立場と教育者の経験を生かして教育問題、とくに税外負担、高校全入、図書館増設に力を注ぎたい」と語った。

二年後には地方議員連盟「モスクワ日本産業見本市訪ソ使節団」に参加『赤い広場―ソ連視たまゝ』を出版、二選目は二位当選を果たす。「暮らしの相談室」の看板を自宅に掲げ住民の声を聴き、陳情や要望があるとすぐ現場に飛んで行った。長姉が同居となって家事を助ける。

七一年、神奈川県議会議員に初当選。女性議員が圧倒的に少ない県議会で女性対策に力を入れる。七五年には議会質問に「国際婦人年世界会議」を取り上げて、「女性の地位向上をはかる決議」が採択される。男女共同社会を目指し、長洲一二知事のもとに県庁には「女性専管窓口」や「婦人班」が設置され、小林や森秀子議員らは県民女性のリーダー深沢淑子らとともに先頭に立った。八二年、「かながわ女性プラン」、「かながわ女性会議」、「婦人総合センター（のち、かながわ女性センター）」の三本柱がそろって、「かながわ女性元年」といわれ、全国の手本となった。

九〇（平成二）年、女性二人目の副議長に就任、二一世紀は国際化と文化県かながわを目指し、県と県民の知恵と創意の結集をと訴える。自らを県民と県をつなぐパイプ役と任じ、百合ケ丘駅前で街頭報告会「麻生のこえ」を長年続ける。「高校一〇〇校建設促進」や生涯学習、国際交流などに力を注ぎ、総務企画や商工労働常任委員長など務めた。八選目は社会党解散のため無所属で出馬するが落選。その後も名誉議員として活動していたが心筋梗塞で死去。同僚だった青島章介県議会議員は「おフミさんと呼ばれ美人で親切、どこにも車で出かけ地域活動はピカイチだった」、次男は「整理整頓が見事で常に前向き、問題解決力が大きくエネルギーに溢れた人」と語る。（小野塚和江）

7期目の選挙のしおりから

㊓東京府㊫日本女子高等学院㊕東京都大田区萬福寺

◉ 米須美恵

（こめす・みえ）　労働者
1908（明治41）年8月10日～2012（平成24）年8月15日　104歳

沖縄出身の紡績女工

明治末から大正初めにかけて川崎は工業地へと移り変わり、東京電気（現、東芝）、鈴木商店味の素、富士瓦斯紡績など大企業が次つぎと進出した。なかでも紡績業は日本の輸出を担う主要な産業であり、一九一五（大正四）年設立時の富士瓦斯紡績川崎工場は敷地一五万坪、従業員二五〇〇人余りに上った。ここでおもに働いたのが女性労働者たちであり、米須美恵（別名、カメ）もその一人であった。彼女への聞き取りが『川崎の沖縄県人「七十年の歩み」』（八三年）に残されている。

米須美恵は一九〇八（明治四一）年、沖縄の読谷《よみたん》で農業を営む両親の元に生まれた。古堅《ふるげん》尋常小学校高等科を卒業。きょうだいが一〇人という大家族で、長女の彼女は親の反対を押し切って出稼ぎを決意する。波止場で母は涙を流して見送った。二三（大正一二）年七月、川崎の富士瓦斯紡績に就職した。

だが、この年の九月一日関東大震災が起こる。彼女が非番で寝ていた寄宿舎は全壊し、梁の下になった。無事に助け出されて、九死に一生を得る。同工場の死亡者名簿によると、一五四人が死亡、大半が県外出身二〇歳以下の若年女性で、沖縄（女四六人、男二人）が多く、秋田、新潟などが続く。日本各地の村からは出稼ぎや移民として故郷を後にする人びとが多くいた。

震災後、沖縄にもどる。だが生活は相変わらず苦しく、家族を支えねばという強い思いから、三二（昭和七）年に富士紡川崎工場に再就職する。このころ、同社は工場を再建し、大正末の労働争議と昭和初期の大不況を経て再盛期を迎えていた。当時の労働時間は一日一二時間、ふつう一人一台を担当するのに、彼女は二人で三台を受け持って月給およそ二五〜二六円を得た。そのうち約二〇円を親元に送金。綿ぼこりのつらい労働のなかで、仲間とともに心を慰められたのは沖縄の歌や踊りであった。

二七歳のときに、知人の紹介で妻に先立たれ子どもを抱えた米須清治《せいじ》と結婚。川崎で子育てをしながら、夫と同じ味の素工場で働く親戚の青年二人の面倒をみた。その一人、砂辺松栄《しょうえい》は「料理上手、やさしかった」と語る。四三年に一女を出産した。

戦後（四七、四八年ころ）沖縄読谷に帰る。二子を出産し、下宿業を営んだ。晩年を共に暮らした息子の清市は「子育ては厳しくなく放任主義だった」と回想する。身近に接した妻の洋子は義母から「戦時下には幼な子を連れて疎開した」と聞いている。物静かで仕事は真面目で徹底しており、編み物を得意とし器用な人であった。川崎から持ち帰った白菜漬の味は皆に好まれたという。

（金子幸子）

若いころ日傘を手にして

(生)沖縄県(学)古堅尋常小学校高等科(旧)砂辺(別)カメ

◉コンウォール・リー メアリー（Mary Helena Cornwall Legh） 宣教師

1857（安政4）年5月20日〜1941（昭和16）年12月18日 84歳

ハンセン病者に寄り添う

コンウォール・リーが来日したのは一九〇七（明治四〇）年、五〇歳のときで、群馬県草津町のハンセン病者自由療養地区である湯之沢で救済事業を始めたときは五八歳になっていた。

イギリスのカンタベリー生まれ、父エドモンドは第九七歩兵連隊中佐だったが、一二歳のときに死去し、母ジュリアと兄との暮らしとなる。当時の女として高度の教育を受け、教養も身につけ、社会活動に参加、文筆活動もするが、〇二年、兄が死去。母とたびたび世界各地を旅行し、日本の風景の水墨画も残している。

〇七年、母が亡くなり孝養の義務は果たしたと、かねてから関心のあった英国教会海外福音宣教協会より自給宣教師として来日。日本聖公会南東京支部所属となり、補助として伝道師の井上照子が任命された。派遣された横浜教区の横浜聖アンデレ教会では、司祭の植松金蔵と知り合う。植松は、乗船していた船が座礁したとき、ロンドンでシーメンス・ミッションの宣教師と出会った経験から横浜で司祭になり海員伝道を志す。聖公会をはじめ、他のキリスト教派も海員伝道を行なっており、コンウォール・リーはこの活動を支援し、植松は一一年ころ「日本聖公会横浜海員倶楽部」を設立する。これは船員たちのための「ホーム」であり、伝道の場となった。

一二年からコンウォール・リーの活動範囲に神奈川県の一部も含まれ、一時期逗子に居を構える。逗子には横浜聖アンデレ教会の分教所があった。英国人弁護士の妻ジュリア・ラウダーが夫の死後、自宅でバイブル・クラスや刺繍の集まりを開いたのが始まりで、しだいに同家の使用人や海軍の妻たち、学生たちが日曜の礼拝に集まるようになる。手狭になり、コンウォール・リーらが募金を始め、逗子聖ペテロ教会の基礎を作った。

群馬県草津では、ハンセン病者は一般町民と温泉街で共住、長期滞在して療養していたが、一八八七年、一般人の住む上町《うわまち》と自由療養地区湯之沢に分けられ、家族や医療から放置され、荒廃した地域になる。この実情を知ったコンウォール・リーは井上とともに、ハンセン病患者の人権を守りたいと、まず活動の拠点となる聖バルナバ教会を設立し、聖バルナバ病院を開院した。初代の医師は服部けさ、看護婦は三上千代である。二人は三井慈善病院で働いたのち、東京の全生病院でハンセン病治療の修業をしていた。聖バルナバ・ミッションは必要に応じ関係施設を増やす。その資金は母からの遺産で賄われた。四一年、厳しい冬の湯之沢から移った兵庫県明石で死去する。その後、聖バルナバ・ミッションは解散となり、二五年の歴史に幕を下ろす。湯之沢地区も国の方針により消滅した。

（中積治子）

日本聖公会北関東教区聖慰教会所蔵

㊤イギリス㊦群馬県草津聖バルナバ教会

◉ 近藤いね子

（こんどう・いねこ）文学者

1911（明治44）年4月25日〜2008（平成20）年11月13日　97歳

女性文学博士第一号

近藤いね子は神奈川県中郡秦野町（現、秦野市）に生まれる。父、佐藤政吉はイギリス国教会派遣の宣教師から洗礼を受けた、秦野最初のクリスチャンである。四男七女の子を持ち、信仰厚く教育熱心で、娘たちを東京のミッションスクールに入れた。なかでも勉強好きな末子の近藤の願いをかなえ、イギリスへ私費留学までさせた。祖父の急逝により、十代で家業の醤油醸造業を継いだ父は、町会・県会議員、町長を務め、曽屋水道の敷設など地域の発展に尽力。自由民権運動の活動家でもあった。資産家でありながら華美を戒め、生涯質素倹約を旨とした。

近藤は入試の難関を突破して、東京女子高等師範学校付属高等女学校に入学。そこで女子英学塾出身の先生に英語を習ったのが、英語との出会いとなり、女学校を終えると、女子英学塾に進む。英学塾での徹底した語学教育で、手段としての英語を身に付けたが、文学を理解するには至らず、さらなる学びの場を求めて、当時女性に門戸を開いていた数少ない大学の一つであった東北帝国大学に進学。生涯の師となる土居光知教授のもとで学び、一九三五（昭和一〇）年学士卒業。土居の勧めで、林芙美子などの日本文学の英訳に取り組む。三七年、ケンブリッジ大学大学院に入学を許可され、「日本の現代小説とイギリスの現代小説との比較研究」を始める。学寮では英文学科主任の女性教師たちに手厚く導かれる。自身の研究や講義で多忙ななか、近藤が英訳中の漱石『こころ』の添削やシェークスピア作品の個人指導にまで時間を割いてくれた。彼女らを通して学問に向かう真摯な姿勢を体得する。三九年に文学修士号を得て帰国。

東京女高師助教授として教えるかたわら、津田塾でも非常勤講師を務めていたが、やがて研究への情熱がふつふつと沸き上がり、土居の助言で「ジェイン・オースティン」にテーマを絞り、綿密な準備に取りかかった。ほどなく、中島飛行機研究所に勤務の近藤正夫（のち、学習院大学理学部教授）と結婚。二年後に難産で長男を亡くし、失意のうちに学位論文の執筆を決意する。夫の積極的な家事分担のおかげで論文を仕上げることができ、五二年、東京教育大学から文学博士の称号を授与された。女性の文学博士第一号だった。その後は長女を育てながら、V・ウルフ研究や和英辞典の編纂にあたり、また津田塾大教授として多くの後継者を世に送り出した。

晩年、両親を記念して秦野市に「だいやす文庫」を寄贈した。名称は、家業の醤油醸造業の屋号「大安」に由来する。文庫にはキリスト教関係書、裁判官か教育者になりたかった父にちなみ法律や教育関係の書籍、短歌や書の叢書類などを含めた。自らの志を貫き、父の愛に報いて、学者、教育者の道を誠実に歩んだ。

（野田洋子）

授業風景、1979年

㊓神奈川県中郡㊫ケンブリッジ大学大学院㊡佐藤㊢東京都東村山市小平霊園

◉ # 坂本真琴

（さかもと・まこと）社会運動家
1889（明治22）年5月7日～1954（昭和29）年7月15日　65歳

治安警察法五条改正の中心

坂本真琴は静岡県三島の素封家高田常三郎・みよの長女として生まれた。父の再婚後誕生したのが、のちに英語教育に貢献した高田敏子である。経済的には何不自由なかったが、下に弟妹が六人おり、早くから自立したいという気持ちが強かった。横浜で受洗し画家として名をなした父は、家族を横浜に呼び寄せ、真琴と敏子をミッションスクールである共立女学校（現、横浜共立学園）へ入学させた。「ウィットのある」「才気煥発」な学生として人気者であった敏子と比べ、女学校時代の真琴には記録が少ない。日曜学校に毎週通い、敏子がはめをはずしても長女として父親の言いつけを守る真面目な女学生だったようだ。そんな彼女が自分の意志で自分らしい生き方を目指して動き出したのは共立女学校を卒業してからである。

真琴は、共立で培った英語力を生かしタイピスト・英文速記者として働く一方、奥村博史も通っていた大下水彩画研究所で絵も学び始めた。ドイツ染料輸入販売会社勤務の坂本勇吉と出会ったのはそのころである。互いにクリスチャンであり、トルストイ主義を信奉している二人は結婚を望んだが、父の同意を得られず真琴は家を出る。上京して二人で暮らし始めた。

一九一三（大正二）年に尊敬する平塚らいてうの青鞜社に入社。断髪して自立した「新しい女」

としてのスタートをきる。青鞜社では「女性間の同性恋愛―エリス」の翻訳を手がけた。二〇年三月発足の新婦人協会では評議員に選ばれ、以後婦人参政権運動にのめり込んでいく。

真琴が成した最も大きな功績は二二年に公布施行された治安警察法第五条一部改正だろう。らいてうの病気療養、市川房枝の渡米後、協会を担っていったのは奥むめおと真琴の二人だった。この改正によって初めて「女子の政談集会」が許可される。関東大震災のときにはらいてうらと災害救済婦人団を結成し、募金のために各地をまわった。二四年、婦人参政権獲得期成同盟（翌年、婦選獲得同盟と改称）創立に参加。同盟の議会運動部を担当し、会計理事となって市川を支えた。真琴は運動を続けながら、子どもの養育のために染色の職業学校も修了しており、農村を訪問したときには染色の指導も行っている。

三二（昭和七）年六月、本部と支部を離間させる行動があったとして婦選獲得同盟除名。同時期に辞任した幹部も数人いたので真相は不明である。新聞では「獲得同盟の内紛」「泣いて馬謖《ばしょく》を斬る」と大きく伝えている。市川にとっても断腸の決断であった。その後の真琴は、おもだった運動には加わっていない。三六年に最大の理解者であった夫を病で失ったが、染色を教えながら五人の娘（一人夭折）を育てあげた。六五歳、がんで死去。病院には市川が駆けつけた。

（横澤清子）

晩年の坂本真琴

(生)静岡県(学)共立女学校(旧)高田(本)坂本まこ(墓)東京都立多磨霊園

◉ 佐々木晴子

（ささき・はるこ）　社会運動家
1900（明治33）年5月4日〜1993（平成5）年4月18日　92歳

第一回国際女性デーで演説

毎年各地で催されている国際女性デーの第一回集会が行われたのは一九二三（大正一二）年三月八日。日本の女性運動が初めて、無産女性の国際的な統一運動と連帯した日で、佐々木晴子はこの集会で演説し、聴衆を魅了した人である。

佐々木甚一とヤエの娘で、東京の下町生まれ。府立第一高等女学校から東京女子医学専門学校（現、東京女子医科大学）に進学した。社会主義運動が勢いを持ち始めた三年生のころ、同級生の原城かつ子、川上あいと社会問題を研究するグループを作る。ロシア革命の記念日にちなみ七日会と命名。赤瀾会の例会に参加したり、堺利彦、高津正道、荒畑寒村らを招いて勉強会をした。

赤瀾会が解散したあとの二二年、山川菊栄の指導で七日会を中核に、三月八日を念頭に八日会が結成される。まずロシア飢饉救済運動を始め、佐々木らは与謝野晶子、中条百合子など著名女性宅をまわって寄付を集め、提供してもらった色紙や絵葉書を売った金を労農ロシアに送った。

翌年三月八日には、種蒔き社が主催して神田の基督教青年会館で「国際婦人デー記念講演会」を開催。矢部初子が開会の辞で国際女性デーの意義を述べ、続いて佐々木晴子が金子ひろ子という匿名で壇上にあがった。「婦人職業生活の可否」という題で、「女の人も仕事を持って働くべきだと外国の例をあげながら話したんです。聴衆は学生が多くて、女の人もパラパラ。ヤジがすごくて立ち往生したら、ヤジ止めさんが制してくれた。そのあと、われわれの隣邦、労農ロシアにおける無産婦人がいかに幸福である…と言いかけたとたんに、臨監の警察官が中止、解散と叫んで終わりになりました」と混乱した会場の様子を話してくれた（七二年一一月二三日談）。その後予定されていた丹野セツ、川上、山川らの演説は行なわれなかった。

佐々木はこのときすでに女子医専を卒業して、東京大学の柿沼内科で働いており、前後して野島金一と結婚。横浜市鶴見区市場に住み、二六年ころ平安町で内科・小児科を開業する。子どもを三人（一人は早逝）もうけたが離婚。当時は大根畑ばかりだった、丘の上の東寺尾に引っ越して開業したのは三六年。子どもを育てながら、看護師もおかず、自転車で往診にも出かける忙しさ。戦時中は福島県白河の無医村の医師として過ごし、戦後鶴見に戻る。

リハビリ中も笑顔で

地域の世話役として未亡人会などを立ち上げる一方、歌舞伎を観たり三味線を弾くなど趣味も多彩。七〇歳のとき脳溢血で倒れたがリハビリに励み、左手で書いた書道で優勝するほどの努力家だった。結婚後は社会運動とは距離をおいたが、山川菊栄やマルクス主義の本を所蔵し、その理由を尋ねても、人のものを預かっているとしか家族には語らなかったという。

（江刺昭子）

㊌東京府㊫東京女子医学専門学校㊐野島ハル㊊金子ひろ子

◉ 佐竹くま子

（さたけ・くまこ）　社会事業家

1876（明治9）年5月25日〜1959（昭和34）年4月26日　82歳

大家族主義の保育事業に献身

鎌倉が結核療養のための別荘地として開発が進んだ明治の中ごろ、漁業や農業で生計をたてていた古くからの住民たちの暮らしに変化が生じる。病気に感染して亡くなり、母子家庭や孤児が増えた。これに心を痛めた腰越村の医師佐竹音次郎は、一八九六（明治二九）年、医院内に小児保育院を開設し、孤児だけでなく障がい者、未婚の母と子ども、孤老も受け入れた。日本で育児事業に「保育」という用語を用いたのは、これが初めとされる（『愛に生きて』）。音次郎は高知県の農家の出身だが、農業を継がず教師から医師になった人で、同郷の沖本くま子と九五年に結婚した。くま子は一七歳のとき一家で上京し、私立精神塾で良妻賢母の教育を受けている。

実子五児を育てながら、わが子も園児も同様に育てるという音次郎の考えに従い、くま子は収容者と「家族」として生活をともにする。しかし、収容児が増えて手狭になり、伝染性の病気が広がった。三歳の四女と二歳の女児の死を機に、音次郎は保育に専念すると決意し、一九〇六年、保育院を鎌倉佐助へ移転。鎌倉小児保育園と改称し、「園父」「園母」となった。園児の日課は年長者の指導で行なわれ、成長すると園の仕事を担い大家族主義が維持され発展していった。

困難な事業を支えたのはくま子だが、音次郎は思いどうりにいかないと、しばしば手をあげたという。それでは効果がないと、「今度は笑顔をもって感化する」ことにしたと語っている（『万朝報』一九〇二年一一月一日）。のちには家族ぐるみでキリスト教を受洗し、キリスト教精神を園の基本理念にした。園の運営は私費のため、名士の協力による絵画慈善頒布会や寄付金が頼りだった。寄付金集めは主にくま子の担当で、地元の女たちや鎌倉美以教会会員たちも援助を惜しまなかった。一〇年、東京に出かけているときに長男が病死し、これまで耐えていた教育についての意見の違いや不満が爆発する。実子を特別扱いしないためとわが子を充分に看病できなかった後悔もあり、一〇か月近く家出し、園内は活気がなくなる。そのなか、年長の女子五人が、中心となって一生を保育園に捧げる「献身の誓い」をたてた。

その後、音次郎は年長男子の自活・鍛錬の場と慈善絵画頒布会を目的に、満洲旅順に支部を、続けて五支部を設立する。夫妻の娘と園児、園出身者同士の結婚が勧められ、次女伸も園出身の井東昇と結婚し、夫とともに支部責任者として事業を支えることに貢献した。海外支部は、敗戦とともにすべて閉鎖。四八年、社会福祉法人鎌倉保育園になる。くま子の姉沖本幸子（一八七二～一九二三）は、鎌倉初の女医で、音次郎が保育園に専念したことから、腰越医院をまかされ、地域医療に尽くし信頼されたが、関東大震災で建物の下敷きとなり亡くなった。

（中積治子）

書画会会場で、1913年ころ

㊓高知県㊫私立精神塾㊐沖本㊍富

◉佐藤治子

（さとう・はるこ）　地域活動家
1910（明治43）年8月22日～1983（昭和58）年11月9日　73歳

鎌倉に社会教育の種をまく

佐藤治子は、大仏を本尊とする鎌倉の古刹、高徳院に生まれ育つ。生来明るく、飾り気のない、自由闊達な性格で誰からも好かれた。戦後の混迷のなかで、女性の教養向上の機会や子どもの学びの場を創る活動に邁進した。また学生時代に磨いた英語力で、鎌倉を訪れる多くの外国人と交友関係を結び、国際的な団体の鎌倉支部の創設に貢献した。

高徳院の住職である父転法輪《てぼり》行念《ぎょうねん》と母ムラのあいだに四人きょうだいの次女として誕生した。兄と弟が夭折し、姉と二人になる。小学校を終えて鎌倉高等女学校に進んだが、これからは英語を身に付けたほうがいいと父に勧められ、一年で東京の女子学院に転校した。一九二九（昭和四）年、女子学院を卒業し、聖心女子学院高等専門学校語学部で英語学を専攻する。そのころ、父の後継者となる佐藤密雄と結婚した姉が、幼い息子を遺して急逝した。三四年、治子は佐藤と結婚し僧侶の妻となる。のちに一男を出産し二児の母となった。

戦時中に高徳院の裏の小谷《こやと》に住んでいて付き合いのあった吉屋信子の呼びかけで、四六年、文化に飢えていた女性たちが集まり、「潮会」という勉強会が発足した。吉屋が会長となり、治子は自宅を事務所にして幹事役を引き受けた。星野立子やベルトラメリ能子らも参加し、発会式には市川房枝や山高しげりも出席した。会費一〇〇円のこの会に横浜や東京からも参集した。勉強会のテーマは文学、歴史、美術など多岐にわたり、吉野秀雄の万葉集や三上次男の陶磁器史などの講義に熱心に耳を傾ける。七三年に吉屋が亡くなった時点で会員は一〇〇人を超えていた。その後は治子により継続され、八三年の治子の他界とともにこの会は消滅する。

一方、五四年には鎌倉連合婦人同窓会を結成し常任理事を務める。寄付やバザーなどで調達した資金で土地と建物を取得し「鎌倉婦人子供会館」を設立した。女性のための趣味や教養講座を開いたり、子どもたちの課外学習の場に使い、現在も存続している。

宗教活動としては、六九年に「浄土宗寺庭婦人会」を創り初代会長に就任した。住職の妻が信仰を深め社会福祉に寄与する目的で、全国六〇〇〇寺を地区に分け定期的に研修会を行ない、青少年の健全育成などの奉仕活動に取り組む。治子は各地の研修会にたびたび足を運んだ。

また、「国際ソロプチミスト」や「いけばなインターナショナル」の鎌倉支部創設と運営にもたずさわり、アメリカ、ヨーロッパ、シルクロード、インドの仏蹟やアンコールワット遺跡と、世界各地を旅した。行動力と奉仕の心で、さっそうと駆け抜けた生涯である。

（野田洋子）

精力的に活動、1975年ころ

(生)神奈川県鎌倉郡(学)聖心女子学院高等専門学校中退(旧)転法輪(墓)鎌倉市高徳院

◉ 志熊敦子

（しくま・あつこ）公務員
1926（大正15）年1月19日～2014（平成26）年8月26日　88歳

女性たちの自発的学習と実践

志熊敦子は、戦後の神奈川県で女性のための社会教育行政に携わった人物である。山口県田布施町に生まれ、満洲の奉天（現、瀋陽）で幼少期を過ごした。小学校高学年のときに生徒一人ひとりの個性・自発性を重んじる教師と出会う。たとえば、ある授業では生徒が予習をして、当日に教師は後ろに座り、生徒たちが教えたり発表したりする。彼女は人に何も言えない少女だったが、教師が何度もほめてくれたことによって初めてものを言えるようになった。

一九四二（昭和一七）年、東京の帝国女子専門学校に入学、四五年三月の東京大空襲に遭い、家族のいる満洲にもどった。八月の敗戦後に暴力と略奪を経験する。引き揚げ後、神奈川県相模原に移設された帝国女専（現、相模女子大）に復学し、学友会代表にもなった。四八年三月に卒業、寒川中学校で教えた。一一月には、母校の推薦で県教育委員会社会教育課勤務という辞令を受ける。短い教員生活だったが、生徒たちは彼女を慕い、その後も交流が続いた。

占領下の日本で神奈川軍政部（のち、民事部）は、県教委と連携して女性教育施策を主導した。志熊は女性少尉プランクといっしょにジープに乗り、紙芝居、パンフレット、フィルムを持って県内をまわった。会場は、婦人会などの既成組織に依らず、小学校の講堂にゴザを敷いたり、また、寒いときには火鉢を囲んで集まったりした。

参政権と改正民法を中心に、通訳を介してほとんどプランクが話をした。手をあげて発言するようにと指導すると、真鶴の岩村では、二人が「配給を多くしてほしい」「駐留軍兵士は子どもたちにタバコを渡さないでほしい」と声を上げた。女性たちは溌剌としていた。

一年くらい経つと、PTAや女性団体に行き、民主的な会議の運営について指導するようになった。ただ説明するのではなく、具体的に行動を通して理解させる。「そういう会合をして県下を歩くのはやりがいがありました」(『We Learn』六三八号)と語る。

これらの活動は、彼女にとっても新鮮な学びの場となった。東京大空襲、ソ連参戦後の満洲からの引き揚げという二つの戦争体験をして、権力という巨大な力や国家が空しいものであり、民主主義は大事なものとして受け止められていたからである。

六一年に文部省社会教育局に移り、婦人教育課係長、同課長を経て、八二年、国立婦人教育会館(現、国立女性教育会館)第二代館長に就任した。八七年より日本女子社会教育会(現、日本女性学習財団)常務理事、九六年に女性初の理事長になる(～九七年)。女性たちに自発的学習と実践を促すという、彼女の視線は揺るぎがなかった。

(金子幸子)

対談で、2005年

㊒山口県㊫帝国女子専門学校

◉ 篠原あや

（しのはら・あや）　詩人
1917（大正6）年1月15日～2016年（平成28）年7月30日　99歳

大岡川に抱かれて詠う

横浜の下町を流れる大岡川の中流、大久保橋のたもとで結婚以来七十数年、実が自然に木を離れるように詩人は九九年の生を閉じた。生まれは関内駅近くの翁町で、横浜の戦前戦後を紙に刻み、同好の者と語らい別れ、散ってまた集う同人雑誌を遍歴し横浜文壇に大きな足跡を残した。

ミシン刺繍の工場を経営する田中貢平の次女で六人きょうだい。吉田小学校から高木高等女学校専攻科に進み、和裁の技術を身につけた。卒業後、『令女界』に投稿したのが詩との出会いだから詩歴は長い。発行元の宝文社が全国的な読者交流の場としてR・J・R（令女純情連盟）を企画したのに応じて横浜支部結成。同世代の少女たちと会誌『紫苑』を発行したのが同人雑誌の手始めで、「智恵利」を名乗り、仲間からは「チェリーさん」と呼ばれた。男性向けの『若草』の読者会とも交流するなど、絢爛たる娘時代だったと、のちに回想している。

続いて北林透馬と牧野イサオ率いる「海港文学の会」に入り、あとを継いだ望月義主宰「ろまんの会」にも所属。『横浜貿易新報』や機関誌『浪曼』にペンネーム「田中佐和子」で詩や短編小説を発表していた一九四一（昭和一六）年一一月一六日、突然特高警察に踏み込まれた。郵便局勤めの吉田清晴と結婚して三〇日目の早朝である。治安維持法違反容疑で三九日間、大岡警察署に検事勾留されたが、「びっくりしたなんてもんじゃない。何が何だかわけがわからなかった。結局、望月を捕まえるのが目的だったんでしょ」と本人から聞いたが、『浪曼』の同人二一人が検挙され、獄死者二人を出した事件の真相は明らかでない。このころ神奈川県警は文化人グループを共産主義者の疑いで次つぎ拘束しており、横浜事件の前哨戦とされる。

焼け野原が広がる占領下、横浜の文芸復興を呼びかけた北林、牧野らとともに、古今和歌集からとった「篠原あや」の名で旺盛な表現活動を再開。同人誌も『詩半球』、『日通文学』を経て、五五年、自ら『象(かたち)』を主宰する。森羅万象の意で、一一五号(二〇〇五年)まで刊行し、若い詩人を育てた。横浜詩人会、横浜文芸懇話会の創立に参加し、九五年にはヨコハマ遊大賞を受賞した。酒豪で、懐が深く、鍛えた和裁の腕で稼ぎ、夫の収入には依存していない。

詩集は『紫陽花』、『日々の証し』、『歩みの中で』などがあり、理念に傾いたやや生硬な歌いぶりから、モチーフも表現も日常の場で捉えた作風に変化させ、特に「大岡川」連作は川に抱かれた人びとの暮らしを映して力強い。「大岡川の詩人」と称されるゆえんである。詩論も多く表裏から見た横浜文壇史も貴重な記録だ。『象』の編集後記にときの政治情勢への批判が目立つのは、暗い時代に自由を奪われた体験があるからだろう。(江刺昭子)

知人の出版記念会で、2000年

㊓横浜市㊫高木高等女学校㊥田中㊍吉田静子㊞智恵利・田中佐和子・篠原あや㊏横浜市中区蓮光寺

◉ 下田栄子

（しもだ・えいこ）　舞踊家
1932（昭和7）年12月30日〜2017（平成29）年9月4日　84歳

まだまだ踊る「まだ踊る」

新舞踊をしていた姉の影響を受けた下田栄子は自分も踊りたい気持ちを抑えられず、生まれ育った青森県八戸市でただ一人の舞踊家だった水野利雄に弟子入りする。女学校は生徒が舞台に立つことを禁じていたが、トイレの窓から脱走して発表会の舞台に立った。新聞で報じられ話題の人となってしまい謹慎の身となったが何か愉快で有頂天でもあったという。

一九四七（昭和二二）年上京、石井漠門下の大野弘史・和井内恭子の内弟子になった。生涯のパートナーとなる黒沢輝夫（一九二八〜二〇一四）は秋田県鹿角市の農家に生まれ、農業を手伝いながら踊っていたが、石井漠の秋田公演を見て感動、四七年に上京、石井に弟子入りした。出会った二人は五四年に結婚、横浜市中区長者町に「黒沢輝夫・下田栄子舞踊研究所」を開く。

五六年六月、県立音楽堂で「黒沢輝夫・下田栄子舞踊研究所第一回発表会」を開催、黒沢と下田は独自の創作舞踊「蛇性譜」を発表、生徒は四十余人。のちには二〇〇人を超える生徒が踊った発表会もある。五八年、「第一回神奈川県芸術舞踊祭」が催され、神奈川県芸術舞踊協会が発足。二人は創立メンバーとして協会の中心となる。六四年、港北区綱島にスタジオを新設、ここで、娘美香（一九五七〜二〇一六）をはじめ国内外で活躍する多くの舞踊家を育てることになる。

石井漠作品の「山を登る」で石井の相手役を務めたこともある下田の代表作は、水上勉の作品に想を得たシリーズ。舞踊批評家協会賞（七九年度）を受賞した「はなれ瞽女おりん」は文化庁芸術祭優秀賞も受賞する。「雁の寺」は八一年度の同賞を受賞。八戸市政五〇周年記念に「八戸の海」を創作。たびたびの八戸公演では「越前竹人形」「五番町夕霧楼」なども披露した。八二年、東京渋谷のジャンジャンで「母娘二人展」を開催、台湾など海外でも公演する。

九六（平成八）年、横浜ランドマークホールで「黒沢輝夫・下田栄子舞踊生活五〇年記念・舞踊の夕べ」を催した。若手の登竜門である舞踊コンクール出場者の指導歴は五五年におよび、第一位の受賞は六〇回を超え、松山バレエ団から教育賞（〇九年）を贈られる。受賞を記念して、二〇一〇年五月一五日、「黒沢輝夫・下田栄子舞踊公演『まだ踊る』」を横浜赤レンガ倉庫一号館ホールで開催、黒沢は新作「金色に踊れる男」を披露、下田も新作「銀色にのす女」を熱演、一二年六月に慶応大学藤原洋記念ホールで再演する。娘の黒沢美香は両親との公演のほか斬新なダスグループを率いて国内外で広く活躍、高い評価を得ていたが、この再演を初めて三人連名での開催とした。黒沢と下田はともに八〇歳代、「まだ踊る」は二人にぴったりなタイトル。美香は公演の案内に「人生をダンスに捧げるということは実際にある」と書いて両親に敬意を表した。

（三須宏子）

「まだ踊る」のプログラムより

㊓青森県㊍黒沢㊫八戸東高校中退

◉ 生野文子（しょうの・ふみこ）地域活動家

1903（明治36）年9月20日〜2007（平成19）年12月4日　104歳

神奈川に社会教育の礎を築く

「人間はあまり幸福ではだめで、本当の苦しみがあってはじめて自分の力を発揮し、世の中のためになることをしようと思うのではないでしょうか」（『横浜に生きる女性たちの声の記録』一集）と、九二歳になった生野文子は自らの来し方を振り返っている。

神奈川県鎌倉郡戸塚町（現、横浜市）で、父小串清一と母ノブの次女として生まれた。小串家は戸塚の素封家で、父は戦前戦後を通じて県会議員と衆参両院の議員を歴任した。県立高等女学校（現、横浜平沼高校）を卒業し、第八高等学校教授の長谷川赳と結婚、名古屋に住み一男一女を得る。しかし一九三六（昭和一一）年に夫が病没。戸塚にもどり、幼かった子どもたちを一人で育て上げた。四五年七月、水戸高校に在学していた長男が学徒動員中に艦砲射撃を浴び、九死に一生を得たものの片目を失明するという悲痛を味わう。

四六年、母が長く婦人会の会長をしていた関係で、進駐軍の社会教育担当官から地域の婦人会の新会長に推され、迷いながらも両親の社会に対する熱意に倣って承諾した。食料や日用品の調達などみなで助け合って困難な時期をのりきる。四八年、横浜市婦人連絡協議会副会長、五三年に県婦人会会長に就任。民生委員、そして県で女性として初めて保護司にも任命される。さらに県青少年問題協議会委員、県社会教育委員となり県立図書館と県立音楽堂の設立に奮闘した。女性団体のリーダーとしても行政と粘り強い交渉を重ねて、六五年に神奈川婦人会館の完成にこぎつけ、副理事長と理事長を歴任して会館の経営を軌道に乗せる労をとる。

もっとも長く力を注いだのはガールスカウトで、四八年に父の知人の内山岩太郎県知事夫妻に請われ、神奈川でのガールスカウト設立に参画する。子どもたちの社会教育の重要性を痛感していた生野はこの計画に奔走した。数名のリーダーを養成し一つの団を成立させることから始まり、支部設立に必要な一〇団を設けるまで六年を要した。五四年に内山登志子を支部長として神奈川県支部が結成される。生野は六二年より四年間支部長を務め、その後は顧問として、研修や集会を開くホール建設のために企業から寄付を集めたり、海外の支部との交流などに尽力し、活動は四〇年間に及んだ。その功績がたたえられ、神奈川県支部結成四十周年で特別賞を受ける。

五〇年ころに運輸省の役人の生野熊一と再婚している。多くの組織で重責を担うなか、好きな音楽会や絵画鑑賞でストレスを解消した。率直な発言と行動力を買われ、自民党から婦人部長への就任を何度も要請されたが、自由にものが言えなくなることを嫌い固辞し続ける。八〇年、青少年と女性の社会教育推進の功により横浜文化賞受賞。

（野田洋子）

横浜文化賞受賞のとき、1980年

㊓神奈川県鎌倉郡㊫神奈川県立高等女学校㊐小串→長谷川

◉白石敬子

（しらいし・ひろこ）音楽家

1945（昭和20）年2月1日～2018（平成30）年3月20日　73歳

不屈の精神で「ウィーン魂」を歌う

一九七六（昭和五一）年、白石敬子は日本人で初めてウィーン国立歌劇場の専属歌手となった。恵まれた体格で優美なソプラノを響かせ、正確できれいな言葉と卓越した音楽性で魅了した。

神奈川県藤沢市辻堂に生まれ、幼少からピアノと声楽、バレエを習う。曾祖父は自由民権家らを輩出した耕余塾の主宰者、小笠原東陽である。十代半ばで父を亡くし市立中学校教師の母に育てられた。横浜市立桜丘高等学校では合唱部で全国大会に出場。武蔵野音楽大学声楽科、同専攻科を経て、六七年、「フィガロの結婚」の伯爵夫人役でプロデビューした。

ロータリー財団の奨学金で六九年にウィーン国立音楽大学へ留学し、リート・オラトリオ科とオペラ科を同時履修したうえ、毎晩オペラ座の立見席に通った。週三回の発声の個人指導では伯爵夫人のアリアしか歌わせてもらえず不満もあったが、一年後、もう何でも歌えると確約された。この猛勉強とオーストリア人の生活、文化、宗教に触れた経験が音楽人生の糧となる。

ピアノ伴奏で親しくなった白石隆生と結婚してさらに切磋琢磨し、大学を最優秀首席で卒業。七四年、ベルカント唱法を学び直し、ミュンヘン国際音楽コンクール（二位）などに入賞した。

ウィーン国立歌劇場の新人募集には、同市第二の歌劇場の副指揮者となった夫に励まされて挑戦し、みごと合格。実力と精勤、礼儀正しさで認められ、六シーズンで一〇演目八九回の舞台に立った。とはいえ専属歌手は制約が厳しく、ソロ歌手たちの勧めもあり八二年に独立した。ヨーロッパの主要歌劇場から「蝶々夫人」「ラ・ボエーム」などの主役に招かれている。

母が衰えを見せ始めると帰国し、夫と日本ウィーン・フィルハーモニー友の会の結成に協力した。藤沢市民オペラを創設した福永陽一郎の要請で八八年、「椿姫」に主演し以後六演目に出演。一方で、藤沢にオーストリアの音楽文化を根付かせたいと、地元のプロ仲間を誘ってニューイヤーコンサートを始めた。しかしこの準備のため、二〇〇四（平成一六）年に進行性大腸がんを患って以来、毎年一時期抗がん剤治療を中断せざるをえず、転移を重ねてしまう。

一五回もの手術を乗り越え、歌曲集のCD録音、リサイタル、個人指導を続け、一五年秋には、夫急逝の直後に福永の没後二五周年チャリティコンサートを有志で開いた。年明けに記念碑を建て、二四回目で新春コンサートの幕を閉じ、また手術に臨んだ。デビュー五十周年の一七年、自伝的エッセーと夫の雑誌連載を収めたCDブック『ウィーンわが故郷《ふるさと》の街』を出版し、残された気力、体力を振り絞って記念リサイタルにこぎつけ、音楽への愛、感謝を昇華させた。

最期に曽祖父の教育理念にのっとり藤沢市へ五〇〇〇万円を寄付し、特に医学を志す人に支援をと希望した。（星賀典子）

(生)神奈川県藤沢市(学)ウィーン国立音楽大学(旧)落合

デビュー40周年のころ

◉ 菅　寿子

（すが・ひさこ）　社会事業家
1909（明治42）年5月20日〜1994（平成6）年12月3日　85歳

女性知的障がい者の施設を運営

菅寿子は一九五四（昭和二九）年、鎌倉二階堂の自宅で知的障がい成人女性の入所施設を開設した。東京市下谷区龍泉寺町で炭問屋「三亀」を営む鶴田克復、とめの長女でおてんばな少女だった。七人きょうだいの末弟が知的障がい者であったことが彼女の生き方に大きな影響を与える。

一八歳で結核にかかり、葉山町の別荘で療養中にもかかわらず築地小劇場に通う。帰りの終電で顔見知りになった文芸春秋社編集者の菅忠雄と三一年に結婚。子ができると、第一高等学校の名物教授の義父虎雄が孫との生活を望んだため、三四年、菅家の隣地四〇〇坪に転居する。

穏やかな暮らしは夫の結核発病で一変、夫は六年闘病のすえ四二年に四四歳で他界、義父も翌年七八歳で亡くなる。夫が入院中に横浜の学校で産婆と看護婦の資格を取得し東京都立の産院で就労、四五年に自宅で産院を開業する。しかし、戦後の混乱や産児制限政策などの影響を受け廃業となった。このころ、末弟の行く末を心配する実父の依頼で知的障がい者施設や親の会を見学してまわり、成人知的障がい者に居場所がないことを痛感する。弟が入所した近江学園の糸賀一雄の意見も後押しとなり、寿子は後半生を知的障がい者といっしょに暮らそうと決意した。神奈川県立ひばりが丘学園や養護学校など各施設に通い勉強ののち、紅梅学園を開園する。

生活指導の指針は「言葉」と「女らしさ」。一つのことを覚えるのにも大変な学園生たちに根気よく愛情をもって寄り添う。実母は台所全般を、娘は作業指導を担当した。長男は勤務先の歯科大学病院に学園生を連れて行き同僚と治療、障がい者歯科治療の走りといわれた。学園は一つの家庭のようだったと保護者らが語っている。公的支援がなく月謝も事情があればまけるという経営は困難をきわめ、実母の援助と、私財はもちろん義父の遺産まで投げ売っての資金繰りだった。

六〇年、精神薄弱者福祉法（現、知的障害者福祉法）制定。学園生三〇人で手狭になった学園を法基準の施設にと園舎建設を勇断。義父の友人、円覚寺管長朝比奈宗源や川端康成らが資金集めや移転先探しを応援し、このことが新聞に載り読者からも寄付が寄せられた。義父の教え子たちは後援会を組織して支援、会から学園の常任理事も出してのちのちまで経営や財政を担う。

六六年、厚木市上荻野に新園舎完成。園長室には、義父が鎌倉の海岸で拾い集めた青磁を埋め込んだ鎌倉の家の壁があった。義父への感謝の象徴だ。思いついたら前進あるのみの寿子は、八丈島やハワイへの学園生の旅行など驚くような企画を次つぎと実現、みごと女性知的障がい者の母として生きた。最期を看取った長男の妻は、優しい我慢強い人だったと語る。七五年、吉川英治文化賞、八二年、神奈川県民功労賞、九三（平成五）年、神奈川文化賞を受賞。

（小野塚和江）

(生)東京府(学)私立佐藤高等女学校(旧)鶴田(墓)静岡県駿東郡富士霊園

神奈川文化賞受賞を喜ぶ、1993年

◉菅原絹枝

(すがわら・きぬえ)　労働運動家

1914(大正3)年ころ〜不詳

世界母親大会に参加する

菅原絹枝についてはは不明なことが多い。一九五五(昭和三〇)年、神奈川県からスイスのローザンヌで開かれた世界母親大会に出席して脚光を浴び、『神奈川新聞』『母の友』などに登場した。戦後復興期に家族を抱えて働いた女性の一人であり、この時代を象徴する存在でもある。

戦前に菅原の夫は軍需工場に勤め、彼女は専業主婦だった。だが敗戦後に夫は失職、疎開先から横浜市鶴見区に移り、夫の母や子ども五人と暮らした。彼は仕上げ工として働き、菅原も造花の内職をした。五〇年に夫が病に倒れると、家族のために失業対策事業(失対)による工事現場の日雇いとなった。戦後復興期には生活難のなか、夫の戦死や病気で、子どもを抱えて土方として男たちに混じって働く女たちがいた。四九年に日雇い労働者は労働組合に参加(のちに独立、全日本自由労働者組合＝全日自労)、政府に失対を迫った。

働く母親たちは粘り強く保育所設置を要求した。県下では、三年越しの五一年川崎市で初めて保育所が設立されたという。五三年に全日自労の神奈川県婦人部が結成され、菅原はこれに加わり、県婦人部長となる。五五年は、朝鮮戦争の弾丸運びのため労働者を募集に来たトラックを追い返したり、日雇い健保を作らせるためにハンストをしたりして忘れられない年となった。

一方、戦後のヨーロッパでは四五年に平和と民主主義を求め、国際民主婦人連盟が発足した。五三年、同連盟副会長に平塚らいてうが就任、原水爆禁止を訴えた。同連盟は五五年の世界母親大会開催を決め、各国に参加を呼びかけた。日本ではさっそく準備が進められ、神奈川県では女性議員、PTA、生協、各労組婦人部などが準備会を作った。県準備会は菅原（四一歳）を代表に推し、一週間で参加費用八〇万円を上回る一一七万円を集めた。菅原は「（日雇）『失業問題』関東」代表として世界大会に参加する。第一信では各国の女性たちと出会った感激を「平和を守る力は母親の愛」と寄せた。帰国後は毎日四～五回の報告会に出席、その数は第二位と反響が大きく、こうした活動が母親運動を生み出す力となった。支援した横山靖子は菅原を「誠実でぬくもりのあるお母さんでした」と述べている（『川崎母親運動のあゆみ』八四年）。

世界大会参加を控えて、1955年

菅原は五八年に「入園の日がくるたびに」（『母の友』四月号）で、所属を「全日自労婦人部長、川崎」と記す。子どもは夫の母親に預けていたが、その社会性を養うためには集団の中で育てることが大事だと考え、幼児教育の義務化を唱えていた。恵まれた子だけでなく日雇いの子のために保育所設置の必要を説いていた。以後も運動に関わったと思われるが、残念ながらその動静を資料で辿れずにいる。

（金子幸子）

◉ 角倉嵯峨

（すみのくら・さが）　社会事業家
1853（嘉永6）年8月20日〜1923（大正12）年3月15日　69歳

横浜孤児院の初代院長

角倉嵯峨は尾張国知多郡八幡村（現、愛知県知多市）の生まれで、八歳で母美ねを、一九歳で父以治二を亡くす。父は医師で、貧しい患者からは治療費をとらない人だったという。四歳下の弟賀道《よしみち》が一八八〇（明治一三）年に医術開業免許を得て、藤沢で開業しているので、このとき嵯峨もともに神奈川県に来たと思われる。

賀道は、横浜の十全病院勤務を経て神奈川県天然痘避病院院長に就任し、種痘の普及に力を入れたことで知られる。その後、東京の巣鴨で愛光牧場を興し、牛乳の低温滅菌法を行なうなど、新しい事業に挑戦するとともに、中央バプテスト教会（現、三崎町教会）の執事を務めた。

嵯峨は横浜に残り、日本バプテスト横浜教会の会員になる。父や弟が貧困者の施療を行なったのにならい、公的な社会保障が整っていない明治期に、キリスト教徒が中心になって進めた社会事業に力を注ぐ。まず、八九年発足の横浜婦人慈善会の会員になり、稲垣寿恵子、ヴァンペテンらとともに施療患者のための「赤病院」と通称される横浜慈善病院を開設した。貧困者には頼られたが、資金集めは苦労した。

横浜婦人矯風会の創立時の会頭は山本さと子だったが、九四年、日本基督教婦人矯風会の支部になり、翌年から嵯峨が会頭になる。横浜は東京に次ぐ大きな支部で、九八年には横浜で全国大会を開催した。支部会員は横浜禁酒会と共同で準備委員会を設置し、事務所を聖経女学校に置き、会場は横浜海岸教会とした。大会は大成功で、支部の会員も一九二人に増加している。

嵯峨は花咲町に住んでいたが、近所に九八年九月、本郷定次郎が那須野孤児院暁星園の横浜分園を開く。本郷は、九一年に東京京橋に貧児救育の暁星園を開設。翌年には栃木県那須野が原に移住し那須野孤児院暁星園に、さらに三島開墾地に移転する。キリスト教信仰に基づく村づくりを目指したが、無制限収容主義をとったので経営はいきづまる。そのため横浜の分園は那須地方の木炭や薪を販売して資金を得るとともに、いずれ園のすべてを移す計画だった。

しかし、本郷が九九年に死去。遺族や園児たちが園の継続を強く望んだため、嵯峨と横須賀教会牧師の伊藤藤吉が運営を引き受け、横浜孤児院と改名。嵯峨が初代院長に就任する。一九〇〇年に財団法人設立。収容児童が増加、地元の篤志家の所有地を借り、〇二年に園舎を新築する。

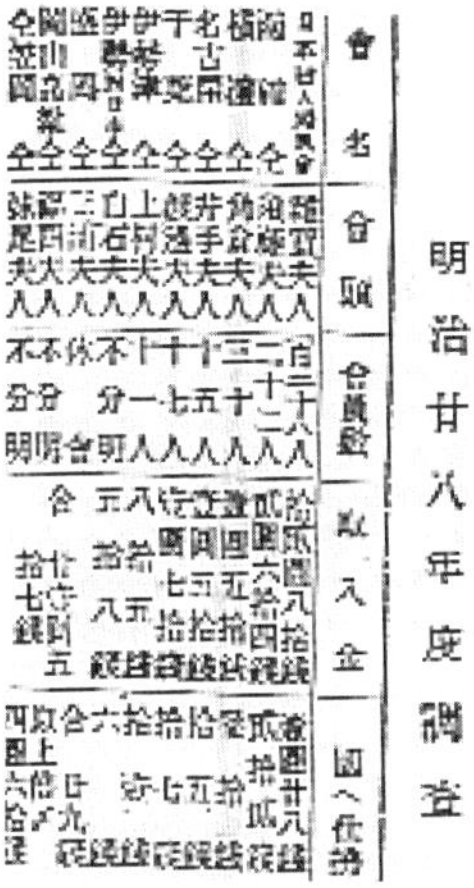

婦人矯風会の支部報告より

〇三年に嵯峨が辞職し、三代目院長は渡辺たまで仏教的色彩の強い施設となり、現在の三春学園へと続く。複数の組織のトップを務めた嵯峨は、横浜の社会事業から退いたのち、寿町の横浜バプテスト伝道館で伝道活動に専念したという。

（中積治子）

(生)愛知県(別)さが

◉ 関　淑子

（せき・よしこ）　社会運動家

1908（明治41）年9月10日～1935（昭和10）年1月27日　26歳

マルクスガールが見た夢は

「非常時」が日常になりつつあった一九三五（昭和一〇）年冬、浅草の撞球場の火事で若い女が死んだ。ピンクの服が似合うモダンガールで、マルクスガールという、二つの顔を持つ関淑子である。純情で、いさぎよくて、自分の幸せよりみんなの幸せを願って生きた二六年だった。

父親は美術評論家の関如来（巌二郎）。東京本郷で六人きょうだいの次女に生まれる。九歳上の姉鑑子（一八九九～一九七三）は、東京音楽学校出の声楽家。三浦環を継ぐソプラノ歌手と騒がれたが、築地小劇場の俳優兼演出家の小野宮吉と結婚後、無産者新聞社主催「無産者の夕べ」で歌い世間を驚かせた。以後、夫妻はプロレタリア文化運動の中核を担う。二六年から三〇年初めまでは鎌倉材木座と佐助に住み、リサイタルも開いている。

二七年八月、淑子はプロレタリア劇場一行の北海道巡演に姉の代わりに同行して、劇団員とともに検挙され、激しい拷問を受ける。これを機に卒業目前の女子英学塾を退学して運動に入った。

木材関係の労働組合の仕事に続いて全協関東金属労組本部の書記になり、事務所に住みこみ何度も検挙された。共産党員の佐藤秀一と結婚し、未組織の女性労働者の組合を作るため英語講習会を開いたり、三一年夏ごろからは川崎で共産青年同盟の活動に参加。翌年三月横浜で検挙され寿警察署で危篤状態になるまでリンチを受けた。亡くなったとき父親が「淑子を引致し素裸にして簀巻きにし逆さに吊して責めたることあり、或は竹刀に似たサ、ラにて打擲され、ついに仮死の状態に陥り」（『東京日日新聞』一九三五・二・九）とぶちまけたのは、このときのことである。姉に引き取られたが、すぐ活動に復帰し、九月検挙、獄中で肺結核が悪化して三三年秋保釈。判決前に地下にもぐり、懲役三年に逃亡罪一年が加算された。地下組織との連絡の回復をはかりつつ、浅草の撞球場で玉取りをしていたときの不慮の死だった。休刊寸前の『赤旗』（一九三五・二・五）は「同志関淑子への弔辞」を載せ、党員待遇でその死を悼んだ。姉妹の出身校である府立第二高女（現、都立竹早高校）の同窓会誌『たかむら』（四四号）も、幼な顔の写真とともに「あらゆる苦しみに堪え尚かつ正しい世の中は必ず来るといふ確信故に明るい希望に生き生きと燃えていた妹」という姉の嘆きを載せている。

府立第二高等女学校時代

作家の松田解子は、淑子が早産で死んだ子の骨壺を持ち歩き、忽然と現われ、あっというまに変装して出て行ったこと、同じ組織の小沢路子と連絡を取りあっていたことなどを『回想の森』で追想している。佐藤秀一獄死、小野宮吉も出獄後病死したが、鑑子は戦中を生き抜き、戦後はうたごえ運動の指導者として活躍し、第四四回中央メーデーで「世界をつなげ花の輪に」を指揮直後に逝った。（江刺昭子）

㊓東京府㊫女子英学塾中退㊒片桐ナツ・野呂せい子

◉相馬黒光

（そうま・こっこう）　学生
1875（明治8）年9月11日〜1955（昭和30）年3月2日　79歳

横浜時代のアンビシャス・ガール

アンビシャス・ガールと呼ばれた相馬黒光こと星良は、ミッションスクール三校を遍歴後、夫とともに新宿中村屋を創業し､芸術家たちのサロンの女主人としても名を馳せた。『黙移』や『広瀬川の畔』などの自伝を世に問い、明治女性史の史料としても定評がある。

これらを元に評伝や研究も多いが、フェリス女学院から出版された『加藤豊世・布施淡往復書簡―明治期のある青春の記録』（二〇一六年）には、新資料が含まれている。二一八通の往復書簡のなかに星の手紙五通があり、加藤と布施の交信では、共通の友人である彼女の動向がたびたび話題になっていて、自伝では伏せられている少女期の揺れ動く心模様が読みとれる。

祖父は伊達藩の重鎮だったが、維新後の没落した家で、八人きょうだいの六番目に生まれた星の願いは、暗い家からの脱出と自立だった。キリスト教徒になり、進学した宮城女学校の教育方針に抗議して中退すると、一八九二（明治二五）年四月、フェリス和英女学校に転学した。女性運動のリーダーであるおばの佐々城豊寿も籍をおいたことのある先進的な学び舎だ。

信仰を通じての男友だちが多く、仙台領柳津藩領主の孫で、図画教師の布施淡《あわし》とはとくに親しく、ひんぱんに手紙を交換し、もう一人の男友だちを加えて長旅をするほどの仲だった。九三年暮には、仙台から上京中の布施を誘って、寄宿舎仲間三人とともに二泊三日の鎌倉旅行をしている。仲間の一人で山形県出身の加藤豊世と、貴公子然とした布施がたちまち意気投合し、仙台に戻った布施と互いに再会を待ち詫びる手紙の往復になった。来信を無邪気に喜ぶ加藤の姿に複雑な思いを抱いた星は、生き方の指針としていた『女学雑誌』や『文学界』の書き手である星野天知の鎌倉笹目ヶ谷の別荘にこもり、学校は休みがちになる。

九五年九月、突然明治女学校に転学し、周囲を驚かす。自伝には、信仰への懐疑と明治女学校への憧れとしているが、転学後もスキャンダルに巻き込まれるなど行動は不安定だ。かたや、手紙を通じて愛と信頼感を深めた加藤と布施は九六年春に婚約する。この報に接した星は、「結婚てふものに対して非常に敵意を抱くもの」と加藤に書き送る一方で、二人を出し抜いて翌年、信州東穂高出身の相馬愛蔵と結婚する。幸せなはずの新婚生活のなかでも第一子を出産するまで、二人に不平や恨みを連ねた手紙を送り続けたのは、布施への想いを断ちがたかったからだろう。

仙台の少女時代

惑乱ともいえる日々を乗り越え、中村屋を盛業に導いてからは、早世した布施の長男で画家の信太郎を店の美術顧問に迎えた。フェリス同窓会の活動にも熱心で、創立八十周年記念式（一九五〇年）で同校出身者の老人ホーム建設を提案するなど、同性の老後を案じている。

（江刺昭子）

㊤宮城県㊫明治女学校㊍相馬良㊐星㊕沖の石

◉ 相馬　翠

（そうま・みどり）　医師
1911（明治44）年2月28日〜2003（平成15）年2月22日　91歳

医師で、二宮初の女性町議

相馬翠の父千里《せんり》は、東海道の戸塚宿清源院生まれの浄土宗開教師である。ハワイに教会堂を建て、妻の峯《みね》と日本人移民の子どもたちの教育や保育に尽くすが、翠が生まれた震災後のサンフランシスコでは、排日気運の高まりで布教が進まなかった。ひとり娘の就学前に一家で帰国し、一九一八（大正七）年、神奈川県中郡吾妻村（現、二宮町）の知足寺に落ち着いた。

翠は、両親を「パパ」「ママ」と慕う修行者や学生が起居する寺で、明るく屈託なく育った。

父の意向を汲み、平塚高等女学校から帝国女子医学薬学専門学校（現、東邦大学）の医学科へ進んだ。卒業後は平塚海軍共済組合病院に三年間勤務。そのあいだに浄土宗僧侶で東京の芝中学校教師の泉正雄を婿養子に迎え、三六（昭和一一）年、二五歳のときに寺の石段下に内科小児科医院を開いた。父の教えに従い、病気を治すだけでなく患者の心も健康であるように支えることを心がけた。女学校も医専も先輩の平塚に住む沖津くらと終生親しく交流している。

父亡きあとを継いだ夫に召集令状が来たのは四四年四月。その夜から、無事帰ったときに逐一報告できるよう、また、空襲警報が鳴り響く不穏な日常に夫が不在という「切ない思いのハケ口」にと日記をつけ始めた。多忙と心労からか寝込む日もあったが、母や檀家はじめ周囲に見守られながら二男二女を育て、戦時下の地域住民の生老病死に向き合った。敗戦後の四七年四月、行方知れずだった夫がシベリアから帰還すると、五月八日に「これからが私達の本当の人生なのかも知れません。うんと働きましょう。まず足もとから」と決意を記し日記を閉じた。

夫は教師をやめ住職に専念、五〇年に二宮保育園を開いた。翠は副園長兼園医で、保健衛生に留意し、健康状態の観察と予防医学的処置に努めている（『二宮保育園50周年記念誌』）。

五三年から二宮町婦人会会長を二期四年引き受けた。会合は時間厳守で会員に時間の観念を植え付け、余暇の活用に手芸、合唱、バレー、ピンポン各部を作り構成員としての自覚と団結を促した。五五年、婦人会などから推され、女で初めて町議会議員選挙に出馬し当選を果たす。課題山積の厚生委員会に所属し、清掃事業、授産所運営、敬老年金の条例化などに力を注いだ。しかし三年目の秋、大磯町との合併が頓挫し議員全員辞職した。

七三年、六二歳のとき、夫が急死し保育園長となった。八〇年に『戦場は星空の彼方に―夫の生還祈る女医の日記』を出版。七五歳の秋に軽い脳梗塞を起こし次第に診療から遠ざかった。八〇歳で保育園長を退任し、八四歳で二四年間務めた浄土宗神奈川教区寺庭婦人会会長を辞した。

長男宣生《せんしょう》の妻良子《よしこ》は、「少女のままのような人でしたが、つねに一本筋が通っていました」と懐かしむ。

（星賀典子）

いつもほがらか、90歳ころ

㊓米国カリフォルニア州㊫帝国女子医学薬学専門学校

◉ 征矢泰子

（そや・やすこ）詩人
1934（昭和9）年6月11日～1992（平成4）年11月28日　58歳

生きる痛みを詠う

「あそこで／わたしは真紅だった／サルビア　おまえよりも／ひたむきな出逢いに／日々は朝毎に傷ついて（中略）出逢いたい　サルビア／おまえより真紅な死に」（「サルビア」『砂時計』）。花を好んでモチーフにし、心の痛みや葛藤を研ぎ澄まされた言葉で詠い、生きることに真剣に向き合った征矢泰子は、京都市に生まれた。一九五三（昭和二八）年、嵯峨野高校を卒業し、京都大学に入学する。当時の大学は実存主義全盛期、マルクスやサルトルを読み政治への参加に熱い心を燃やす学生が多かった。泰子も家を出て自由を満喫し、学生運動にのめりこむ。しかし、もともと作家志望だったので、同人誌の仲間に入り詩作を始めた。

五七年、大学を卒業しみすず書房に入社する。二年後の五九年、三村章子のペンネームで小説「人形の歌」を雑誌『日本』に発表。日活で中原早苗の主演で映画化された。

六四年、みすず書房時代からの親友で児童文学作家の征矢清と結婚し、一女一男をもうける。子育てのため離職し、静かに暮らしていたある日、ふと、強烈な欲望で詩を書きたいとの感情に襲われ詩作に熱中。七六年、第一詩集『砂時計』、翌年『綱引き』、そして『てのひら』を相次いで自費出版する。身のまわりの自然や花、小鳥、そして子どもたちの成長などを鋭い感性で描き続ける。「かくも容赦なくのっぴきならずひとであることの／あけてもくれてもひとでありつづけることの／そのむごたらしさのまんなかをこそ／おまえは生きよまっすぐに」（「息子に」『てのひら』）と。ひらがな書きの柔らかさとは裏腹に、生きることの厳しさを見据えている。

第三詩集『てのひら』を刊行した八〇年ころ藤沢のマンションに住み、その後横浜市で暮らす。詩を紡ぐかたわら童話なども執筆。『とべ、ぼくのつばくろ・さんぽ』などを出版した。

新川和江・吉原幸子編集による『現代詩ラ・メール』の会員となったのは八三年。翌年『すこしゆっくり』を刊行。その詩集の「おわりに」に「ひたすら書き急ぎ、生き急ぎつづけてきた」「今日からは、もっとゆっくり、もっと深く生きていこうと思います」と記す。

第九回現代詩女流賞を受賞したのは八五年。翌年、日本現代詩人会会員となる。八九年には『花のかたち　人のかたち』を刊行し、同年四月、多摩芸術学園の講師として文章講座を担当する。子どもの絵本についても講演活動で全国をまわった。多忙な生活のなかでも、ひたすら純粋な美しさを求め旺盛に言葉を紡ぐ。だが、「かぞえきれぬ花びらのあわいで／生から死がゆっくりとかもされてあふれてくると／うつくしさはもう飾りものにはうっとうしすぎる」（「牡丹」『花の行方』）と、自身の痛みが、死の影が漂う。そして「鎮魂歌は歌わない―Yに」を残して自らの生を絶った。（影山澄江）

なごやかな憩いのひととき

㊓京都府㊫京都大学㊑三村章子

◉ 高崎節子

（たかさき・せつこ） 公務員
1910（明治43）年1月7日〜1973（昭和48）年9月15日 63歳

年少者や女の保護育成に尽力

敗戦後の混乱期、混血児の問題に心をくだき、著書『混血児』を社会に提起した高崎節子は、東京府小石川に警視庁警察官の父高崎丈次郎と母益恵の長女として誕生。六歳のとき父の転勤で福岡県へ、さらに韓国京城へ移り大邱《テグ》高等女学校に入学する。その後、福岡県女子専門学校（現、福岡女子大学）へ進学。作家を志すが、卒業後、九州大学法文学部の聴講生になり経済、社会、労働立法を一年間学び、翌年、朝鮮平安北道新義州高等女学校に勤務した。

一九三一（昭和六）年、長谷川時雨主宰の『女人芸術』に新義州での生活経験から、当時の満洲植民地朝鮮民族の悲哀を描いた小説「支那との境」を発表した。三五年、エンジニアの山下利助と結婚し、日本や朝鮮のダム現場を体験する。宮崎県耳川ダムの建設工事を題材として、労働者の飯場生活を描いた「山峡《やま》」は『婦人公論』の懸賞小説に当選。川端康成の賛を得た。

敗戦の年の一〇月、朝日新聞西部本社企画部の婦人部嘱託となり、女性関連記事を執筆。さらに婦人政治推進委員になり、民主主義について女たちの啓発に力を入れた。まもなく労働省婦人少年局の福岡婦人少年室長となるが、このころ離婚する。

五二年、神奈川婦人少年室長に就任。神奈川県には横浜、横須賀、厚木、座間などに米軍の基地があり、巷には米兵と腕を組む女たちが溢れ、混血児の問題が深刻であった。職場の窓の下には、筵を下げた小屋から出て、裸足で焼け跡を掘って鉄くずを拾う子どもたちの姿があった。戦争の悲惨さに節子は胸を痛めた。当時、小学校入学を控えた混血児の問題が世間の話題となっていることから、日本人の明日の課題として考えてみたいと、大磯のエリザベス・サンダース・ホームをたびたび取材する。子どもたちと向き合い、保育士たちの話を聞き、母親たちの姿にも注目して『混血児』を執筆。どの子もみんな社会の子どもであり、人間であることを主張。偏見や差別意識、社会保障の遅れを鋭く描く。本はただちに映画化され、大きな反響をよんだ。

次いで、東京婦人少年室長に転任し、瀬戸内海の島や東北貧農の子どもたちの惨状を描いた『人身売買—売られゆく子供たち』を五四年に出版。翌年にはブラジル出張で見聞した「ブラジル現地報告　移民妻」を『主婦の友』に発表した。また、新聞少年の保護育成に力を注ぎ、新聞少年の像を建てるなど異色の功績といわれた。その後、法務省東京補導院に転じ、院長として女たちの救済のため心をくだく。つねに年少者や女の立場に立って考え、独自の発想で活動した高崎を、元労働省婦人少年局長の谷野せつは、『高崎節子追悼集』に「ヒューマニズムからほとばしり出る情熱が、誠実な研究によって裏打ちされ……説得力があった」と記している。

（影山澄江）

東京婦人少年室勤務のころ

(生)東京府(学)福岡県女子専門学校(旧)高崎→山下(墓)東京都多磨霊園

◉ 高田喜佐

（たかだ・きさ）　デザイナー
1941（昭和16）年7月23日〜2006（平成18）年2月16日　64歳

機能美と遊び心のある靴を創る

高田喜佐が、小学校から高校まで毎夏を過ごした葉山、鐙摺《あぶずり》海岸のそばに建つ古い平屋の木造家を買ったのは一九九〇（平成二）年のことである。畳や障子、雨戸と縁側のある昭和の面影を残すその家で、亡くなるまで毎週末を暮らした。隣人の漁師から魚を分けてもらったり、近所の仲間とカヤックを楽しむなど地元に生活を広げる。都会暮らしで長年嫌ってきた孤独と向き合い、淋しさを楽しさに変えることで創造へのエネルギーが生まれることを実感する。母で詩人の高田敏子が遺した「淋しさを大切にしなさい。慈しみなさい」の言葉を初めて理解した。

三井物産勤務の父高田光雄と母敏子の次女として東京に生まれた。一歳で渡った父の任地の台湾で敗戦を迎え、日本に引き揚げる。四八（昭和二三）年、高田馬場に建てた家に移り住む。父の国内外への単身赴任が続くようになると、母は自宅で洋裁教室を始めた。立体裁断を使い機能的で斬新なおしゃれを推奨。娘たちの服や帽子、水着、カバン、靴まで母の手作りとなる。

女子美術大学付属高校、多摩美術大学デザイン科へと進む。高校、大学を通してあまり勉強せず、ジャズ、映画、テニス、スキー、恋愛、文学、旅行に熱中し、自由で個性的な友人たちとおしゃれを楽しむ。漠然とイラストレーターにあこがれ、広告会社への就職を望んでいた。

大学の卒業時に就職が決まっておらず、成り行きで靴メーカーに採用されるが、会社の規則や方針になじめず退社。描きためた夢のある楽しい靴のデザイン画をもとに、職人さんに靴を仕上げてもらって、銀座で個展を開いた。たった四足の展示だったが、思いがけず一足に注文が入り、それを契機に「ＫＩＳＳＡ」ブランドを立ち上げ、自分で靴を創ることになる。

個人からの受注やブティックでの委託販売、広告やファッションショーのための靴創りをするうちに、アートディレクターの石岡瑛子に靴店のポスター用の靴製作を依頼された。この出会いにより、靴は装飾よりも機能性が重要であることに気付く。以来シンプルで歩きやすい靴を追求。ヒールの低い基本的なデザインに立ち返る。七七年、石岡の口添えで渋谷のパルコに自分の店を持つことができた。好きなアルマーニやサンローランの服に合うマニッシュな靴、ポップな布製のズック靴やゴム長靴、カジュアルだが優美なウェッジヒールなど、遊び心のある、自分が履きたいと思う靴だけを創る。履き心地のよさと新鮮な感覚で「ＫＩＳＳＡ」は支持を得ていく。

開店して2年のころ

高田は東京日本橋に生まれ育った母ゆずりで、小さいころから和装に親しみ、靴に日本の履物を生かそうと試みる。こはぜで留めるブーツや鼻緒の付いた草履サンダルなど、和洋の調和も提案。靴にまつわる多数の著作があり、エッセイストとしても活躍したが、肝内胆管がんで急逝する。　（野田洋子）

㊓東京府㊫多摩美術大学㊙静岡県駿東郡富士霊園

◉ 高橋たか子

（たかはし・たかこ）　作家

1932（昭和7）年3月2日～2013（平成25）年7月12日　81歳

内向の世代のカトリック作家

ある会で高橋たか子と同席した。通りいっぺんの挨拶を交わしただけで、黙々と隣り合わせた数時間、思念の塊のような存在感に圧倒された。年譜によれば、フランスでの「観想修道生活」に入る直前で、俗世への断念と神を求める旅への出発に思いを凝らしていた時期にあたる。

彼女はエッセイ集『この晩年という時』（二〇〇二年）のあとがきに、「私は誰か？　私自身でさえ答えられぬというのに、他人たちが私の死後に勝手な思いこみで私という者を書かぬようにとの、心からなる願いを言っておこう。いったい私は誰か？」と書きつけている。その願いを踏みにじることになるが、他人の「思いこみ」を書き留めておこう。

京都市下京区で京都府警察部建築課勤務の岡本正次郎と達子のひとり娘に生まれ、一九五〇（昭和二五）年、京都大学文学部仏文科に入学。すさまじい男性コンプレックスに陥ったという。卓越した才能を持つ高橋和巳と出会って学生結婚をし、アルバイトで生活費を稼ぎながら、清書や口述筆記をして夫の文業に献身する。七一年にガンで亡くなるまでは介護にも全力をあげた。

鎌倉市二階堂に住まいを移したのは六五年。女が表に出る幕を許さない京都文化圏からの脱出である。山に囲まれた一軒家で、秋には枯葉が時雨のように降り、古い家がますます荒廃した感じになるのが気に入って創作意欲が高まる。自虐にも似た行為で、女の自我の内側を螺旋階段を掘るようにえぐった短編小説を同人誌に発表するが、「高橋和巳の奥さん」への評価でしかない。

夫の死後、一転して作品が次つぎと刊行され、七三年、『空の果てまで』で田村俊子賞を受賞。『誘惑者』『ロンリー・ウーマン』『怒りの子』などで内向の世代作家の代表とされる。私小説系の作家と自身を峻別し、女の心の病や悪意や犯罪心理を描いた小説群は、薬物による殺人事件、ケータイ経由の自殺幇助、「いのちの電話」が鳴りやまない現代を予測していたかのようだ。

そのまま順調な作家活動を期待されながら、七五年にカトリック受洗、続いて堅信礼を受け、八〇年からは信仰生活に専念するため渡仏し、俗世との交流を断った。フランスと日本を往き来しながら「霊的著作」と呼ぶ宗教的著述を多作したのちの九五（平成七）年、宗教組織を批判して鎌倉にもどり、作家活動に復帰。『亡命者』『君の中の見知らぬ女』『墓の話』などを発表する。

二〇〇三年に入居した茅ケ崎の老人ホームでは、極度の騒音恐怖症から寝室に巨大な防音箱を持ち込んだ。ここで書いた日記には、フランス文化や人への親近感と同時に、通俗化する日本への嫌悪感が記され、生きづらさを抱えたまま終焉に向かった様子が読みとれる。葬儀など身辺整理は四〇年来の私設秘書鈴木晶に託した。（江刺昭子）

小説「没落風景」の頃、1974年

㊗京都府㊫京都大学大学院修士課程㊐岡本㊍高橋和子《たかこ》㊢富士霊園・京都市本妙院

◉ 田崎泰子

（たさき・やすこ）　保育士

１９２６（大正15）年３月30日〜２０１８（平成30）年６月24日　92歳

箱根の児童養護施設の「おばちゃん」

箱根小涌谷の杉林のなか、急勾配で曲がりくねった国道沿いに、二〇一九（平成三一）年春に移転するまで児童養護施設があった。田崎泰子が半世紀近く、行き場のない子どもたちを育んだ箱根恵明学園である。新春恒例の箱根駅伝の折、施設前での応援を七〇年近く続けていた。

横浜市の野毛で代議士秘書の父田治菅三《たじすがぞう》と母スヾ子の三女に生まれ、三歳で父を亡くし東京に移り、夜間の府立洗心女学校を卒業した。保母養成所で資格を取り、横浜の幼稚園に勤めるが、一九四四（昭和一九）年の空襲で園が閉鎖され、両親の出身地である広島県世羅郡に疎開した。

戦後の四八年に東京にもどり、師範学校（現、東京学芸大学）体育科副助手の職を得た。このころ、子どもの養育に戦中から取り組んでいた草場孝と夫の弘《ひろむ》が成城の自宅敷地に東京恵明学園を開き、戦災孤児や、進駐軍の米兵と日本女性とのあいだに生まれた混血児の保護を進めていた。四九年に箱根幼児部を開設し、小学校を併設して養護と教育を一貫させた学園の基を築く。

初代園長に抜擢されたのが泰子の従兄の田治林太郎であった。泰子は箱根で働くよう誘われ、断わるつもりで出かけたが、混血児たちが無邪気に遊ぶ姿に、「『この子たちの面倒を見てやらなければ』との強い衝動を感じた」（『神奈川新聞』一九八九・八・一〇）。

寮に住み込んだのは開園翌年の五〇年、二四歳のとき。以来四八年八か月、園児たちと寝食をともにし、身の周りから学習指導まで世話を続けた。二六歳で田治の妻の弟で副園長の田崎幸二郎と結婚し、夫もともに寮に暮らし、息子二人を母や同僚、園児の手を借りて育てた。

園児は当初一八人、やがて四棟に七〇人ほどとなる。当時としては珍しく各棟二〇人未満、生活設備が整い家庭的に助け合えるよう配慮されていた。泰子は愛情深く、ユーモア、遊び心にあふれ、「ヤスコおばちゃん」と慕われた。箱根駅伝では、報道により児童養護施設の存在を知ってもらえたらという期待を込めて、園児と一緒に声がかれるまで応援した。

食べ物の調達や問題を起こす子への対処など苦労は尽きなかったが、精神的にはゆとりもあった。つらかったのは中学校を卒業してすぐ社会に出た子どもたちが、なかなか幸せになれないこと。相談が寄せられるたびに励ましの手紙を書き、助けるために出向きもした。

63歳、子どもに慕われ39年

六八年、県知事より保母賞、七七年、厚生大臣賞受賞。九九（平成一一）年、七三歳で退職後も園内に暮らし、地域で水泳や手芸を楽しんだ。長男で現理事長の吾郎によれば、近年、園児の八割を占める親から虐待を受けて保護された子どもについて「なんでもいいからたくさん褒めてあげなさい」と言っていたという。学園が近くに移り創立七十周年を迎える前年に旅立った。

（星賀典子）

㊓神奈川県横浜市㊫東京府立洗心女学校㊐田治㊢東京都港区青山霊園

◉田中 参

（たなか・さん）　学生
1876（明治9）年2月14日〜1950（昭和25）年6月21日　74歳

明治二〇年代の女学生日記

田中参は明治二〇年代に横浜のフエリス和英女学校（八九年末、フエリス英和女学校から改称）に在学し、日記を書き残している。この日記は一八九一（明治二四）年三月本科二年生（一五歳）から、途中欠落した部分もあるが、卒業した九三年七月まで続く。当時の女学生の様子を物語る貴重な史料である。活字化され、「田中日記」として『フェリス女学院資料室紀要　あゆみ』に断続して掲載された（一五号〜三三号、八五〜九三年）。彼女はのちに長野県上田市で結婚（遠藤姓）、日本基督教婦人矯風会の地方支部設立（一九一七年）に尽力し働いた。日記を見ると、その活動の礎がこの時代に築かれたことも明らかである。

参は三重県四日市の豆粕問屋、田中半兵衛の三女として生まれた。八八年、一二歳の参は父に連れられ船で横浜に行き、フエリス英和女学校に入学した。同校でキリスト教に出会い、八九年に横浜海岸教会で受洗する。一八歳で第七回生、六人中の首席で卒業した。

日記はおもに学校での勉学、課外活動、寄宿舎での生活を生き生きと描く。友人との仲違い、先輩へのあこがれなども率直に綴られる。授業では聖書、西洋読本、和文、地理、唱歌などを学んだ。読書の中には、自由民権と関わる政治小説『雪中梅』『佳人之奇遇』もある。参は、九一年衆議院での女子傍聴許可にも言及している。課外活動では「文学会」で音楽を演奏、邦語文章も読み、積極的に参加した。最終学年のときには文学会の再編に向けて奮闘し、生徒や教員の同意を得て、卒業生にも呼びかけた。発会には他校生徒も参加し、成功を収めている。もう一つの課外活動「王女会」（慈善活動などにより信仰を促すことが目的）にも参加、ときには司会を務め、祈祷会にも出席して自らの信仰を省みている。日曜日には教会に通い、日曜学校でも教えた。こうして、彼女はフェリスでの学びによって信仰に導かれ、勉学とともに文学会では組織作りを、王女会では社会的活動を経験し、社会・政治活動にも関心を寄せていった。

卒業後、長野県上田市を中心に伝道したフェリス教師ミス・デーヨの助手となり、木村熊二（牧師、小諸義塾主宰）と彼の友人であった医師でキリスト者の遠藤鉄太郎を知る。鉄太郎は妻を失い、幼い娘を抱え途方に暮れていた。参は彼との結婚に踏み切る。九七年、木村により婚儀が営まれた。フェリスにほぼ同時期に在籍したが中退、のちに新宿中村屋を創立した相馬黒光とは対照的な道を歩む。旧思想の義父に仕え、前妻の娘を含む六女二男の子育て、医院の運営、親戚や近所付き合い、教会と矯風会活動など、多忙な日々を送る。彼女は鉄太郎とともに地域の信頼を得て、戦時下にあっても信仰を貫いていく。五〇年、葬儀は日本キリスト教会で執り行なわれた。

（金子幸子）

卒業式で、1893年

(生)三重県(本)遠藤(学)フエリス和英女学校

◉ 田村　総

（たむら・ふさ）　教師

1912（大正元）年12月15日～2005（平成17）年3月3日　92歳

帰国した中国残留者の日本語教育

ふと目にした日本語新聞の記事、「言葉の誤解から残留孤児、隣人を刺殺」に衝撃を受けた田村総は、香港での日本語教師に区切りをつけようと決意、日本で天職を活かすべく帰国する。

父の田村隆三郎は「助六足袋」製造業、関西の福助足袋と二分した時期もある。母たけは父の後妻で異母姉兄と実兄と弟があった。東京神田の和泉尋常小学校では成績抜群のガキ大将。日本女子商業学校（現、嘉悦学園）を卒業の一九二九（昭和四）年、明治大学に女子部法科が新設され、迷わず予科に入学するが和泉橋ダンスホール通いで本科進級は危うい。学生生活延命のため日本女子大に入学。ここで出会った中国人留学生の視野の広い活発さは、「卑下と忍従の人生に甘んじる」日本の女に絶望していた田村の心を中国に向けさせた。北京官話を習い、東京東中野の「満洲国女子学生寮」に潜り込む。三七年七月、親しい留学生の帰郷に同行して各地を旅行した。

三八年、女性初の外務省文化事業部第三種補給生に採用される。研究テーマは「中国女性史」で、同時に国立北京女子師範学校の日本語教授に招聘された。補給生には研究費二八〇円が支給され、田村には師範学校から三〇〇円の給料もあり、お気に入りの学生を引き連れて「遊蕩」の日々。旧知の作家田村俊子の北京滞在費を肩代りもした。新婚の瀬戸内晴美とも出会う。日中戦争下、女性史を講じる陳学敏は日中を越えてアジアの危機を説き、田村は目を覚まされた。

敗戦後も北京残留を目論み、居留民自衛が目的の「日僑自由青年党」の通訳になる。頭目は元馬賊の松本俊樹。四六年に松本と結婚した。国共内戦下、日本人の密告で投獄されたが親しいホテルの社長（実は国民党ゲリラの親玉）の助けで帰国できた。五三年に離婚。六三年、香港大丸の美容室に職を得るがほどなくして日本語教師に。自著『あなたもすぐ上手に話せる』を使って教えながら北京行きのチャンスを待つが、逃れてきた元紅衛兵に本土の惨状を聞き断念した。

八一年末に帰国、八二年三月から横浜の中国帰国者日本語研修センター（現、定住サポートの会）で教える。帰国者のまちまちな教育事情に合わせた教材作りには苦労した。保護に頼らず、犠牲者意識を乗り越えて自立するように励ます。大和市から教室に近い藤沢市鵠沼に移り住む。

藤沢教室の生徒は「先生は高齢なのにいつも目がキラキラ」、中国語で面白い話を挟みながら、日本語の暗唱は厳しかったという。九〇年三月、骨折を機に退職。元同僚の辺野喜瑛子は「おしゃれで明晰、まさに江戸っ子」と。九〇年、波瀾万丈で痛快な自伝『いきいき老青春《ラオチンチュン》』で、女の書き手のために創設された「フェミナ賞」（第二回）を受賞。最期の日々は鍼灸院を開業していた香港での教え子らが支えた。中国への憧憬は終生変わらず、思い出の地に自由の訪れる日を願い続けた。

教え子夫妻と腕を組んで

（三須宏子）

(生)東京府(学)日本女子大学校高等部(旧)田村→松本(別)江里

◉ 塚本なか子

（つかもと・なかこ）　社会運動家
1893（明治26）年3月8日～1947（昭和22）年12月23日　54歳

友愛会婦人部から新婦人協会へ

明治三〇年代に鉄道が開通した川崎は、大正初めには第一次世界大戦の好況を受けて農村から工業地へと変貌していった。東京電気（現、東芝）は本社を東京から川崎に移し、新工場を次つぎと建設した。その有様を社史は「工場の群落は川崎駅頭を圧し、新興工業の力強き風貌を示すに至つた」と自賛する。主力製品はマツダ・ランプ（電球）で、女工の数は一九一六年（大正五）三六〇人から、二〇年には一三三八人へと急増した。

大正期に川崎で東京電気の女工として働いたのが、塚本なか子（仲子）である。福岡県久留米市に生まれ、久留米高等女学校を卒業した。彼女は一九一八年『友愛婦人』（友愛会婦人部機関誌、二月号）に「女工の体育に付て」を寄せている。友愛会は一二年創設の日本初の労働組合で、最初の支部を一三年六月川崎に設置した。労働者の権利意識はしだいに高まり、争議も発生する。同会婦人部は一六年設立。塚本は同誌で日本の女性死亡率が欧米に比較して高いと指摘し、国力のためにも女性の体力増強が急務だと説いた。その前提には日本女性も職業を要求することが当然になるとの考えがあった。これは労働時間の短縮や賃上げではなく、女工たちの健康、衛生設備の改善・運動施設の設置に注目したのが特徴的である。同年、婦人部の川崎支部役員に選出。

一九年一〇月、婦人部が東京で主催した婦人労働者大会（司会は婦人部書記の市川房枝）では、先陣を切って「松田ランプ女工監督」として「労働状態の改善」を訴えた。だが、婦人部は二〇年七月東京の富士紡績争議に破れ、瓦解していく。

これより前に友愛会を辞した市川は、平塚らいてうとともに新婦人協会結成へと動く。それを追うように、塚本も同協会に加わり、女性の政治参加へと軸足を移していった。二〇年の発会式で評議員、二一年に理事となる。女性曲乗り飛行機入場券の売り捌きなど財政面でも貢献し、機関誌『女性同盟』には東京電気の「マツダ昼光色電球」の広告も掲載された。協会は二二年四月に治安警察法一部改正に成功する。五月に開かれた治警法改正記念講演会では山川菊栄の原稿代読をした。山川は前年に『太陽』七月号で新婦人協会の対議会活動をブルジョワ的だと批判しており、その山川の代読を務めたことは塚本の女工としての実績があったからではとうかがえる。だが、同年の『婦女新聞』（六月一一日号）は協会の内紛で脱会、と伝えている。六月に東京電気を辞職。協会は一二月解散した。

二三年には雑誌記者として働き、同年創設の婦人参政同盟に参加した。三二（昭和七）年、新婦人協会時代をしのぶ会に出席。没後の四八年、市川らにより婦選会館で新婦人協会の旧友として追悼会が催された。

（金子幸子）

(生)福岡県(学)久留米高等女学校(別)仲子

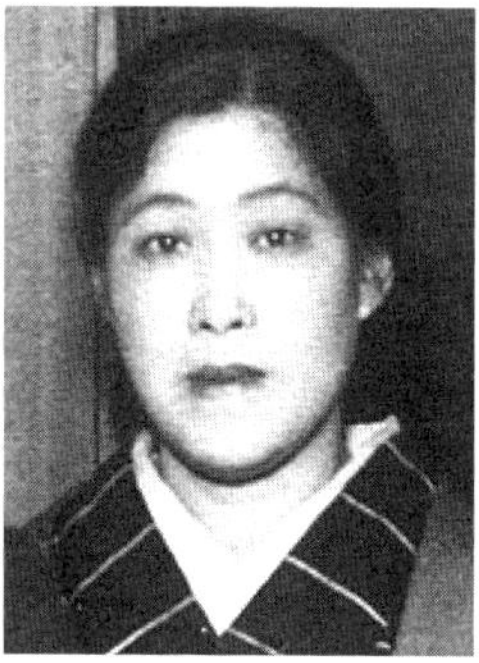

新婦人協会時代をしのぶ会で

◉壺田花子
（つぼた・はなこ）詩人
1905（明治38）年3月20日～1990（平成2）年2月18日　84歳

「詩の家」同人の叙情詩人

「あなたは疲れた／おねむりなさいというように／ねむの花が咲く夕べ／夢のような夕べ／あれはやさしい淡い花／房のような花」と歌いだす女声合唱曲「ねむの花」は、中田喜直作曲の美しい曲だ。作詞者壺田花子は、神奈川県大磯町に生まれ、七歳から父親の郷里小田原の侍町上幸《うわこう》田《だ》に移り住む。虫や花鳥の名前もよく知って、鮒釣りやしじみ拾いで遊ぶ。故郷の海浪の響きは胸に湛えられ、耐えることと底なき静まりをもたらし、彼女の詩の心を育てた。

一九二一（大正一〇）年、町立小田原高等女学校（現、県立小田原高校）卒業。武士のような父の陰で詩を作って、病身な母親に代わり腕白な三人の弟たちを相手に日を送っていたが、雑誌『詩之家』が縁で、二六年に川崎の佐藤惣之助主宰「詩之家」に入家する。友好的な雰囲気のなかで成長していくが、恥ずかしがり屋で会合にはめったに出なかった。

母に続いて父が死去。二八年、『喪服に挿す薔薇』を出版。「気品と甘美な世界を醸し出し、それでいてつつましやかな日本の匂いがする」と評される。二九年、「詩之家」の先輩で一高（現、東京大学）勤務の塩川秀次郎と結婚、東京本郷に住む。しゅうとめの許で育児や家事に追われていたが再び作詩を始め、四一年『蹠《あなうら》の神』を出版。「女性賦」は「双腕を廻し／白い指がかき鳴らす／ハープのやうに／大きな背を―」と始まり、妊娠、出産を感動的に詠いあげている。

戦時中は、全日本女詩人協会『母の歌』に「優しき霊体」、大政翼賛会文化部編『愛国詩歌集』に「一枚の地図」、深尾須磨子編『詩集 新女性詩集』に「民族のあけぼの」などの戦争協力といえる詩を作る。東京大空襲で本郷の家が焼失、全てを失う。知人宅を借り、『詩の家』同人の竹中久七、潮田武雄らと共同生活をするが四八年、目黒区駒場の大学官舎に転居する。

戦後は『現代詩集』『新詩人』『日本女性詩集』などに発表、日本女詩人会の代表も務める。四七年の『水浴する少女』は人間としての叫び、愛する者への切なる思いを詠う。五五年の『薔薇の弓』では戦後一〇年はきびしい月日の重なりであったと振り返り、権力や時局に対して批判的な作品が目立つ。同年、夫妻は佐藤沙羅夫らと六人で『「詩の家」―三十年の歴史』をまとめた。

六〇年以降は、『詩の家』近況欄に七〇年「長女が孫二人を残し死去、毎月鎌倉に墓参り」、七三年「横浜市金沢区中津坂住宅へ転居」、七四年「白内障で読み書きが困難」と報告があるのみで八九（平成元）年に塩川が、翌年に花子が死去。教職者の長男は、母は辛抱強い明治の女、貧乏をものともせず、詩作に励みながら私たちを明るく育ててくれたと『詩の家』に寄稿している。

（小野塚和江）

詩集『蹠の神』出版のころ

(生)神奈川県中郡(学)町立小田原高等女学校(本)塩川(旧)坪田(別)壺田

◉ 遠山美枝子

（とおやま・みえこ）　革命家

1946（昭和21）年8月12日～1972（昭和47）年3月13日　25歳

山から帰らなかった革命戦士

一九六〇年代の若者たちの叛乱に終止符が打たれたのは、七二（昭和四七）年に起こった連合赤軍のあさま山荘事件と山岳ベースでのリンチ死事件とされる。遠山美枝子は、同志間のリンチで犠牲になった一二人のなかの一人である。

石川県金沢市で生まれた。二卵性双生児の次女で、三歳年下の妹も加えた三姉妹。東京の麒麟麦酒株式会社勤務の父は遠山が三歳のとき事故死する。母が父の会社で働きながら姉妹を育てた。住まいは横浜市中区千代崎町。米軍の占領下で周辺に溢れるメイド・イン・USAに親しみ、カトリック教会に出入りし、ハマトラ・ファッションを楽しむ少女時代を過ごす。

姉と妹は私立の高校、大学に学んだが、遠山は母の苦労を思い、市立仲尾台中学校から県立横浜緑ヶ丘高校に進んだ。卒業後の一年間、麒麟麦酒に勤めて学資を貯め、六六年に明治大学法学部二部に進学する。サークルの法律研究会に所属し、推されて研究部連合会執行部に入り、年齢も学年もひとつ上で二部文学部生の重信房子と出会う。

このころ、明治大学などの学費値上げ反対闘争に始まり、学生運動が全国の大学に波及して全共闘運動に発展していく。運動を指導する党派も民主青年同盟（民青）と第二次ブント（共産主義者同盟）が対立し、明大二部はブントが制し、以後の首相ベトナム訪問阻止羽田闘争、原子力空母寄港阻止闘争、東大安田講堂攻防戦などを闘う。六八年二月には神田を日本のカルチェ・ラタンにと御茶ノ水駅から駿河台下までを解放区にした。これらの運動に重信と遠山はいつもペアで救援対策係として働き、その姿は動の重信、静の遠山として人びとに記憶されている。母親が世話好きで開放的な横浜の家には活動家たちが寝泊まりし、アルバイトに通う者もあった。

六九年九月、ブントが四分五裂して赤軍派が生まれ執行部の秘書役にハントされる。年末には最高幹部の高原浩之と結婚し横浜鶴見に住む。赤軍派は「国際根拠地建設」を掲げ、七〇年三月に日航機をハイジャックし、共同正犯で高原が逮捕される。七一年二月、重信がパレスチナに出国、遠山一人が羽田空港に見送る。森恒夫がトップになり、永田洋子率いる革命左派（京浜安保共闘）と合流して連合赤軍を結成、山岳ベースで軍事訓練を開始する。同年一二月、遠山は「革命戦士になる」と山に入ったが、自己批判を強制されてリンチされ、七二年一月、群馬県伊香保町の榛名ベースで死亡。遺体が発掘されたのは同年三月一三日で、遺族がこの日を命日としているので、これに従う。高原は一〇年の刑期を終えてのち、遠山の母、姉、妹とともに生き、「私的生活でも政治生活でも後悔と贖罪の日々だった」と語る（二〇一八年三月二二日談）。

（江刺昭子）

明治大学の学生時代

㊓石川県㊫明治大学㊕横浜市中区西有寺

◉ 徳沢隆枝

（とくざわ・たかえ） 画家

1920（大正9）年9月21日～1984（昭和59）年12月19日　64歳

自宅をアートギャラリーに開放

行動美術協会などで活躍し、抽象画で知られる徳沢隆枝は、小田原の商家に七人きょうだいの四人目に生まれた。幼いころから絵を描くことが大好きで、物心がつくころには、家の前のどぶ板一枚一枚に描いていた。

一九四〇（昭和一五）年、神奈川県女子師範学校を卒業し小学校の教師となる。そのかたわら、抽象画の祖といわれた井上三綱《さんこう》に学び、しっかりした構成が高く評価された。

敗戦の翌年、いつも書いていたと思われる和紙の絵日記帳には、毛筆で書かれた文章とともに可憐な花やナスなどの野菜、能の優しい絵などが明るく描かれている。能は若いころから観世流を習っていた。日記の一頁に「9／26　家族制度の撤廃大賛成、隆枝は婦人解放を待ってゐた（中略）婦人の時間を與へよ！」と記す。何物にも拘束されず、思い切り自由に絵を描くことのできる時間、女として差別されない世の中への熱い思いが溢れている。さらに、同ページには「二学期始業式『理想なる児童』の条件を研究　又理想なる日本人とは……ゆきづまる」と煩悶。教師として子どもたちへの対応も真剣に考えている。

四七年に結婚し翌年娘を出産するが、その一か月半後に夫は病死。子どもを抱えて教師に復職する。赤ん坊は、早朝のまだ保育士が来ていない保育園の窓を開けておいてもらい、そこに置いて、職場に行くという生活が続いた。三年後、同僚の徳沢英二郎と再婚。中学校の美術教師となり、全校生徒と向き合う。突き抜けたおおらかさと画家としての熱意で接し、枠からはみ出す生徒をとくにかわいがった。夕方遅くまで教材研究や準備をし、帰宅後も明け方まで絵を描いた。

定年の数年前に退職し、ひたすら描く。手、りんご、糸などを題材とする抽象画を連作。「描きたくて、描きたくて、描きたくて」とつねに繰り返す。絵画展を開催できるように、家を工夫して建て、アトリエで絵画教室を開き、西湘絵画会で会員の指導をした。孫で音楽家の徳沢青弦は「祖母の家によく泊まりに行っていた。部屋の端から端へロープを渡し、紙で作った飛行機を吊るして遊んだり、裏庭の貯水槽で遊んだり、アイデアがとにかく豊富な人」とブログに記す。

行動美術協会に参加したのは八一年。同年「糸車」でF記念賞を受賞する。同時に文化庁長官賞も受賞し全国を巡回展示された。翌年には行動新人選抜展に参加する。作品は、躍動的で色彩が柔らかく温かい。心が和む。ヴィオリストの娘、徳沢姫代は「母は、画は軽やかさが大切なのよと言っていたが、音楽も同じ」と語る。没後、徳沢隆枝記念館―ムゼ・カラカラが開館。姫代を中心としたコンサートや若者たちの現代アートギャラリーとして活用されている。

（影山澄江）

仕事と創作に励む50代のころ

㊓神奈川県足柄下郡㊫神奈川県女子師範学校㊐二階堂→設楽

◉ 戸倉ヤマ

（とくら・やま）教育者

1882（明治15）年6月6日～1966（昭和41）年2月11日　83歳

日本人による初のオペラに主演

一九〇三（明治三六）年七月二三日夕、東京音楽学校奏楽堂で「歌劇研究会」の学生有志、女声一三人、男声七人が、グルック作「歌劇オルフォイス」（原題 Orfeo ed Euridice）をほぼ全曲上演した。授業では歌唱指導を受けておらず、外国人教師二人の演出、指揮、ピアノ伴奏とはいえ、日本西洋音楽史上の金字塔となった。帝大生らが挑んだ逐語訳詞も初の試みだった。

資金は仲間が卒業祝いにもらった一〇〇〇円。学校側は男女の共演を問題視し会場提供のみ。観客も招待のみに制限されたが、第一線の洋画家たちが無償制作した背景画のみごとさと学生たちの奮闘に聴衆は酔いしれ、ギリシャ神話と違うハッピーエンドのフィナーレに歓喜した。

三幕三時間出ずっぱりのオルフォイス役は卒業したばかりの吉川《きっかわ》ヤマ。妻の死を嘆く第一幕冒頭から、最終幕、蘇った妻役の柴田環（一学年下、のちの三浦環）との二重唱、再びの別れのアリア「百合姫うしない、わが幸失《さちう》せぬ」まで夢中で歌い上げた。三日後の『読売新聞』で東儀鉄笛《とうぎてってき》に、少しも「音声に障りなく曲節廻《ふしまわ》しも立派」「『百合姫』との連唱は就中美事」と称賛された。今日一般には環の名しかあがらないが、舞台の成功に果たしたヤマの役割はきわめて大きい。

大住郡寺田縄《てらだな》村（現、平塚市）の吉川勝次郎とケイの長女に生まれ、地元の高等小学校を卒業後、父の仕事の都合で東京府立第一高等女学校二年に編入した。美声と評判で、初めて行った音楽会に感激し東京音楽学校予科に入る。一年間、ピアノを滝廉太郎から学んでいる。

翌一九〇〇年、新設の本科声楽部に進学。温和で物静かだが音楽への信念は固く、日々の修養をオルフォイス役に結実させた。照明や小道具、衣装の大半を自分たちで作り、ソリスト三人の衣装だけ三井呉服店に注文した。系列会社に勤めるヤマの父の口利きと思われる。

唱歌、ピアノの授業補助として母校に残り、〇七年、唱歌助教授に。翌年、中郡岡崎村（現、平塚市）出身の戸倉保三と結婚。一女一男をもうけても職を辞す考えはなく、学習院助教授、女子学習院助教授、同教授を歴任した。二五年に退官し翌年から仏英和高等女学校で教え、三九（昭和一四）年、五六歳まで音楽普及を続けた。四五年の空襲で渋谷から中郡大磯町に転居した。

戦後はリュウマチを患い遠出ができずにいた。五五年秋の国民体育大会の折、学習院で教えた良子《ながこ》皇后が大磯の沿道で戸倉を見かけた。年明けの新春の歌に「まなびやにはげみし頃を思い出でてなつかしく見る老いた師の君」が発表されると、一月一二日付『神奈川新聞』でヤマ自身が紹介された。四〇年後、平塚の市史編さん担当職員がこの記事に注目したことから、市は二一世紀に入り回顧展と記念コンサートを開催、広報ビデオも制作し、一〇〇年前のヤマの功績を蘇らせた。

（星賀典子）

(生)神奈川県大住郡(学)東京音楽学校(旧)吉川(墓)大磯町善福寺

「オルフォイス」上演記念アルバムより

◉ 戸塚文子

（とつか・あやこ） 旅行作家
1913（大正2）年3月25日〜1997（平成9）年11月7日　84歳

旅行ブームの火付け役

「旅は心中してもいい相手。私は人間よりも自然が好き」と旅を愛し、『旅』の編集長として、随筆家として活躍した戸塚文子は、東京日本橋浜町に生まれた。弟が二人いる。父は貿易会社の機械技師、母は渡辺裁縫専門学校を出たが、のちに洋裁を学び、その腕で一家を支えた気丈な人。五歳のころ、父の勤務の関係で横浜市神奈川区へ転居する。近くの高木山からは眼下に海が広がり、海外への憧れを育んだ。青木小学校四年生までここで過ごし、一時、東京へもどるがその後、神戸市に移住する。大学受験のころ、父が失職、起業しようとすべてを使い果たし一家は無一文となった。しかし母は、文子の大学進学を強く勧め、日本女子大学校英文学部に入学する。父を神戸に残し、一家は東京へ。母は洋裁で一家を支えるためミシンを踏み続けた。文子も家庭教師、翻訳、英文タイプなどのアルバイトに励む。

一九三四（昭和九）年、卒業と同時に日本交通公社（現、ＪＴＢ）に入社。女性の正規社員第一号となる。東京駅案内所の案内係りを経て、当時国内で唯一の旅行雑誌『旅』の編集部に移った。敗戦後、世界各地を旅し、旅行の楽しさ、旅先でのマナー、各国の文化や風俗、食生活などの情報を提供し、宣伝に努める。

シルクロードの旅で、野生の小さなチューリップやアネモネの群落に出合い「解明されていない秘史のものいわぬ生き証人」（『旅は悠々』）と、独特の着眼と歯切れのよい文体で読者を惹きつけ、旅への憧れを誘う。女性初の『旅』の編集長になったのは四七年、三四歳のとき。「ユースホステル」「グループ旅行」「新婚旅行」などの企画をヒットさせ、やがて旅行ブームの火付け役となる。「二五年間、大事な仕事は男性がするという社会通念を打ち破るのに、男性の何倍の努力をしたか知れません」（『読売新聞』一九九九・六・一七）と語っている。

六一年、公社を退職。翌年、母を描いた随筆『ドライ・ママ』を出版し反響をよぶ。一年の三分の一は世界旅行、三分の一を国内旅行し各地を旅した随筆を次つぎと出版した。

シングル女性としての将来を考え、東京を離れて葉山のマンションに移るが、目が悪いことや家事が苦手なこともあり、老人ホームを探す。八二年、茅ヶ崎市南湖の食事や医療施設の整った海の見える高級老人ホーム「太陽の郷」に入居。六九歳であった。ホームには多くの見学者が訪れ、シングル女性の高級老人ホーム入居がはやり、そのさきがけとなった。入居後もホームの仲間と旅を重ね、随筆を書く。八三年、第一回日本旅行作家協会賞を受賞した。晩年は船旅を愛し、豪華客船「飛鳥」で香港を訪れたのは九一年末から翌年にかけて。最後の旅となった。

（影山澄江）

書斎で執筆中、1950年ころ

(生)東京府(学)日本女子大学校(墓)東京都小平市の墓地

◉ 富田レイ

（とみた・れい）　社会事業家

1906（明治39）年4月8日～2005（平成17）年2月26日　98歳

保育園を地域福祉の拠点に

平塚保育園の礎を築き、社会福祉法人湘南福祉センターの理事長として活躍した富田レイは、中郡大根村真田（現、平塚市）の酒造業で村長をしていた上野豊三の四女として生まれる。きょうだいは女六人、男四人で男女の区別なくそれぞれに応じた教育を受けた。

小学校卒業後、日本女子大学校付属高等女学校に進学。在学中、関東大震災に遭い社会奉仕を体験しそれが福祉事業への動機となる。卒業後、梅花女子専門学校に進むが病気のため中退。入院中、窓から幼稚園で遊ぶ子どもたちの姿が見え、治療後は幼児教育をやろうと決心した。退院後、昼は幼稚園で保育実習、夜は保育学校に通い保母（保育士）の資格を取得する。

一九二九（昭和四）年、富田省造が平塚駅南側の松林に幼稚園を設立した折、誘われて主任保母となる。創立当初の園児は一三人、保母は二人であった。翌三〇年、富田と結婚。農繁期には無料季節託児所も開設した。三一年に幼稚園を平塚駅北側の商店街に移す。場所柄、多忙な親たちが多く早朝から夕方まで預かった。親が迎えに来ない子を何日も預かることもあった。こうした託児所併設の幼稚園を三三年、平塚保育園と改称する。

戦時中は国策に組み込まれ、必勝祈願のため子どもたちを神社参拝に連れて行くが、子どもの世界にはなるべく戦争を持ち込まないよう心がける。商家の子どもは「はんじょう、はんじょう商売繁盛」などと祈っていた。また、行政の要請で戦時保育園をつくり青空保育も行なう。四四年に夫が他界、厳しい状勢ではあったが、園長を引き継ぐ。

敗戦前後は、困窮のなか食料や物資の調達などで苦闘の連続だった。戦後の児童福祉法施行や共同募金の分配は園にとって救いとなった。四六年、神奈川県保育連合会が組織され、保育カリキュラムを作る。働く母のためだけでなく、働く母の子どものための保育を基本に置いた。

社会福祉法人平塚保育園として法人認可を受けたのは五三年。同年、理事長に就任する。六五年に社会福祉法人湘南福祉センターと改称し幅広い活動を展開する。平塚市内に五か所の保育園、障害児との統合保育を目指す保育園も開設。また、精神医療を中心とした児童養育相談所及び診療所も始めた。さらに、保育園を拠点に、地域福祉を推進しようと、老人デイサービス事業ケアセンターや、知的障害者授産施設、グループホームを開設する。後継者である姪で養女の猪俣祥《さち》の夫が、医師であることも助けとなった。

勲六等宝冠章受章の日に、1976年

九九年、理事長を祥に委譲する。祥はレイについて「仕事には厳しく、しっかりした人生観をもち、保育に情熱を注いでいた。また、学生時代には短歌をやっており文章は上手だった」と語る。

（影山澄江）

(生)神奈川県中郡(学)梅花女子専門学校中退(旧)上野(墓)茅ケ崎市信隆寺

◉ 名倉淑子

（なくら・よしこ）音楽家

1945（昭和20）年9月7日〜2018（平成30）年11月6日　73歳

湘南にゆかりのヴァイオリニスト

音楽好きの両親のもと、四人姉妹の三女に生まれた名倉淑子。戦争が終わると、銀行員だった父自慢の蓄音機から家の中に音楽があふれ、家族での合奏やアマチュア合唱団の練習もたびたび行なわれたと回想するのは五歳上の次姉加代子で、ジャズダンサー、振付師として宝塚歌劇やTVで活躍。福井県から上京した一九五九（昭和三四）年ころ、長姉は音大でピアノの勉強中、淑子はヴァイオリンを習う中学生、三人で清貧の共同生活も経験したという。

名倉は桐朋女子高等学校音楽科から桐朋学園大学音楽学部に進み斉藤秀雄らに師事、両校とも首席で卒業、ジュリアード音楽院に留学する。一九六九（昭和四四）年、ジュリアードに在籍中の桐朋出身者で結成した弦楽四重奏団「東京クヮルテット」（〜二〇一三年六月）の創立メンバーとして第二ヴァイオリンを受け持ち、ミュンヘン国際音楽コンクール弦楽四重奏部門で優勝する。名倉はコールマン・コンクールでも優勝し、東京クヮルテットとともに世界各地で演奏活動、レコード制作にも関わった。七四年に退団してソリストとしての活動を開始する。

七七年からドイツのハンブルクに移り住み、ハンブルク・コンセルバトワールで後進の指導にあたる。八一年からバンベルク交響楽団で、ゲストコンサートマスターとなり、同時にバンベルク弦楽五重奏団の一員に。ヴィオラ奏者の岡田伸夫と結婚。八一年に娘雪江が誕生した。

八八年に帰国すると、ヨーロッパで活躍する音楽家で結成されたニッポン・オクテットのメンバーとなり、水戸室内管弦楽団、サイトウ・キネン・オーケストラにも加わる。一方で母校の桐朋学園大学で非常勤講師として指導を続けた。神奈川県茅ヶ崎市に住む。

二〇〇〇（平成一二）年からフェリス女学院大学特任教授。「外国語インテンシブ・コース」は音楽科の学生もドイツ語やイタリア語をきちんと学べて素晴らしい、と語っている。任期終了を前にした一三年九月、弦楽器を教える教員が結集し「音楽の花束　フェリスストリングアンサンブル」の演奏会を県民ホールで催した。同年、浜離宮朝日ホールでのリサイタルはライブ録音でCDを作製。解説者は「いつもさらりと自然体」と評した。一四年から「藤沢にゆかりのある音楽家たち」に出演。このシリーズは「藤沢市みらい創造財団」が主催する地域密着型・還元型と称する演奏会で、音楽的環境に恵まれてこの地から羽ばたいた音楽家を中心に、地域在住の演奏家の参加も得て開催されてきた。一八年三月、同シリーズ「珠玉のアンサンブル―19人の名手たち」で演奏。桐朋門下生を率いて結成した「弦楽アンサンブル　ルーチェ」の演奏会は一一月二二日。名倉は病床でも指を動かし出演を望んでいたのだがかなわず「名倉淑子先生追悼コンサート」となってしまう。（三須宏子）

コンサートを前に、2017年

㊓新潟県㊫ジュリアード音楽院㊍岡田

◉根岸春江（ねぎし・はるえ）　歌人

1909（明治42）年3月28日〜1937（昭和12）年7月18日　28歳

貧しさを突きぬけて表現する

根岸春江が遺した多くはない作品を読むと、貧しさに負けまいと働き、学び、自前の世界観を育て、多様な表現に挑戦しながら二八歳で折れてしまった無念がひしひしと伝わってくる。

生まれは横浜市南吉田町で、根岸安平の長女。母が早く亡くなり弟妹の面倒をみることになる。第二日枝小学校高等科を中退して横浜生命保険会社の給仕として働きながら、夜間の横浜女子商業学校専修科に通う。一九二三（大正一二）年に卒業。関東大震災で横浜生命が潰れると左右田銀行の事務員になり、かたわらYMCA英語学校の英文科とタイプライター科で学ぶ。のちにはYWCAのBGクラブの幹事を務め、エスペラント語も身につける。経済恐慌で左右田銀行が破産したため失業し、山下町のベリック貿易商会のタイピストとして働き始める。この間、真理を探究するためキリスト教を受容するが、三〇年ころには訣別している。

三木武雄の「双葉会絵画研究所」で画の勉強を始め、副業にしようと肖像画研究所でも学ぶ。また、「日本プロレタリア美術同盟（ヤップ）横浜友の会」に近づき、知人の治安維持法違反の公判を傍聴したことから救援活動に加わり、プロレタリア詩人の松永浩介（本名、若井泉）を知る。のびやかに自我を解き放ち、文学を語り、絵画や音楽について論争し、社会科学や自然科学をも理解解釈していたという彼女の周りには男女の友だちの輪が幾重にも広がる。

三六年四月、松永と結婚して中区南太田町に住み、働きながら民主的短歌運動に参加する。叔母の死を詠った「生きるため／唯　生きるために働いて／春のさかりに死にし叔母かな」や「誤《ミ》植《ス》もなく　仕事終へた日／機械にもおじぎして／静かに埃を払ふ」などが、『文学案内』、『短歌評論』などに掲載される。「マドリード危し！／眼を刺す活字／思はずもかたづのみ込む／今朝の一瞬！／銃とりて　一点にらむ／スペインの女／戦ひの烈しさ思ふ（略）」は、スペイン動乱の人民軍に思いを馳せて創った詩で、きりりとした情感がある。

結核を病んで会社を休みがちになり、三七年二月退社。横浜療養院に入院、病床でも自己を冷静に観察し、夫の詩を批評する。歌集を出そうと励ます彼に「覚え書にすぎないのが悔しい」と言い遺して逝った。四か月後、短歌、詩、感想、病床日誌、書簡に、知人一八人の追悼文を加えた『遺稿集「タイピストの日記」―根岸春江追悼のために』が実現する。詩人の船方一は「心からあぐらをかいて話せる友だち」だったと惜しみ、編者の夫は、絵も人間的生活も「一介の勤労婦人『根岸春江』がその短かかった生涯から闘ひ取った、尊い、生活の『総体的覚え書』である」とレクイエムを結んでいる。

（江刺昭子）

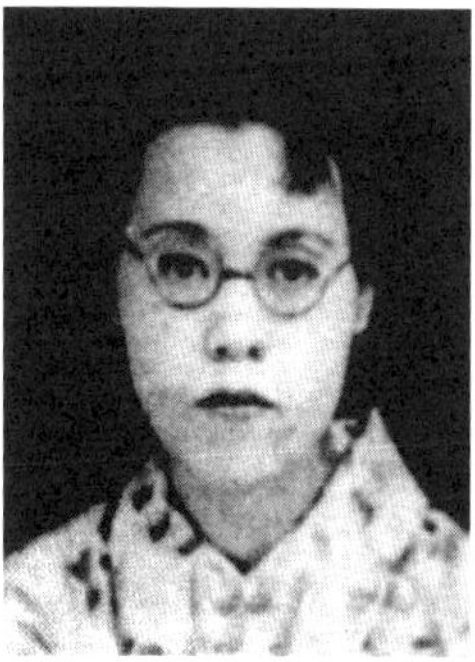
タイピスト時代

(生)神奈川県横浜市(学)横浜女子商業学校専修(本)若井(別)泉春江(墓)横浜市磯子区妙法寺

◉野沢富美子

（のざわ・ふみこ）作家
1921（大正10）年2月13日～2017（平成29）年10月13日　96歳

ベストセラーになった『煉瓦女工』

一九三〇年代に横浜鶴見地区の湾岸部は、埋め立て工事が着々と進み工業地として開発され、運河沿いには工場が建ち煙を吐いていた。ここに住む庶民の暮らしを描いた、一九四〇（昭和一五）年の野沢富美子著『煉瓦女工』（第一公論社）は、一九歳の女性作家の登場としてメディアが注目、宮本百合子らも紹介し、ベストセラーとなった。

野沢は横浜で誕生、父は雇われ大工、母はアサリ売りという貧しい暮らしだった。尋常小学校では読書に熱中。三三年に卒業、就いた仕事は病弱なため長続きしなかった。同書は自らの体験に基づく「創作集」で、文壇デビューの「隣近所の十ヶ月」（『ホト、ギス』四〇年四月号）と書名の「煉瓦女工」（『公論』同年五月号）のほか、短編数点が収められている。

「隣近所の十ヶ月」では作者の年齢は一五歳、週三回の夜学に通っている。生活苦から首吊りをした隣人、継母に疎んじられ女工から芸者になる姉妹、夜学で知り合った朝鮮人少女とその家族、貧苦のなかにあってもしたたかに生きる女たちの姿も描かれる。同年、これにもとづき群像劇として「煉瓦女工」の題名で映画化（南旺映画製作）、だが検閲を受け公開されなかった。

同書の「煉瓦女工」では、作者はリウマチのため紡績工場などで働き続けることができず、職業紹介所でようやく紹介されたのが、事前身体検査がない煉瓦女工だった。煉瓦は横浜レンガ倉庫に見られるように近代建築には必要なものだった。その知られていなかった小規模で過酷な煉瓦工場で働く女工の姿を顕在化させたのである。仕事は土埃の中、水を加えた土を型で固める作業である。同僚から陰口を言われることもあり、内面で強く反発する彼女の生の声も吐露される。だが、約半年後に体調を崩して辞めざるをえず、次に得た仕事は長い拘束時間で嫌われ、払底していた住込み女中であった。

太平洋戦争が始まると戦争協力を要請されるが、執筆依頼は減り読書に打ち込む。戦後は新日本文学会会員となり、『新日本文学』に短編を発表。映画「煉瓦女工」は、四六年に上映され評判となった。四七年、四八年と『煉瓦女工』は再出版された。四八年、小池姓で刊行された私小説短編集『ある女子共産党員の手記』によると、戦後父は党員になった娘のため雇い主から解雇、怒った父により彼女は家を追い出された。同志の家を転々とし、ビラ配り、街頭演説などで活動。同志の誘いもあって東北に移り、結婚、一児を出産。「勉強したい。本を読みたい」という呻き声も聞こえる。その後、日本民主主義文学会に属し、『民主文学』に寄稿した。「煉瓦女工」は日本プロレタリア文学代表作の一つとして『日本プロレタリア小説集3』（六四年）などに再録されている。（金子幸子）

映画製作の打ち合わせで、1940年

㊓神奈川県横浜市㊍小池

◉ 長谷川　栄

（はせがわ・えい）　旅館女将
1869（明治2）年3月4日～1916（大正5）年1月7日　46歳

鵠沼文士宿の名女将

湘南鵠沼の発展に寄与した神奈川県高座郡鵠沼の「割烹旅館東屋」。一八九七（明治三〇）年ころから経営に当たったのは長谷川栄で、文士宿の評判を引き寄せた。金沢藩士だったという長谷川信守の三女として東京府牛込区赤城二四番地に生まれる。母きよ、姉多嘉、弟繁造。妹に蝶、その、寿々。維新後の社会の変動を背負い、姉とともに才覚と気概で一族を支えた。

栄は東京神楽坂の料亭「吉熊」で、女中頭として采配を振っていたが、馴じみだった元紀州藩士（武州説もある）伊東将行に仕事ぶりを見込まれる。伊東は鵠沼の開発に望みを託し、地元有志と別荘地を造成、都会の富裕層を誘致していて、下見をする客のために旅館業にも乗り出すと、栄をスカウトする。「吉熊」は尾崎紅葉率いる硯友社の御用達でもあった。

硯友社の江見水蔭は九六年から片瀬海岸の貸別荘に住む。そこへ紅葉、泉鏡花ら硯友社員が大挙して訪れる。水蔭は片瀬川船下りで出迎えた。酒を酌み交わし俳句を作り江ノ島に遊ぶ。後日、水蔭は東屋で療養中の斉藤緑雨を見舞い、栄とも再会。しばらくして、女性蔑視と評判の緑雨が女中の金沢タケと結ばれて小田原へ。これは文壇を騒がせた。緑雨に届けられる雑誌に載った作家たちの家族写真に、タケが憧れたのだという。栄の吉熊時代を懐かしみ、栄を訪ねる目的で「硯友社旅行会」が東屋で催されたのは一九〇八年五月のことだった。たびたび滞在した武者小路実篤と竹尾房子の恋の舞台は庭続きのような鵠沼海岸、谷崎潤一郎は別館に住んで執筆した。

子宮筋腫の手術を受けた栄は、退院を待っていたが急変。居合わせた甥の龍三に「よく棟梁（伊東）にお礼をいっておくれ」と言い残し、腸閉塞で急死する。没後、伊東側と権利関連の騒動はあったが東屋の経営権は長谷川一族の直系、繁造の子欽一に。才色兼備の栄によって文士宿としての名声を得ていた東屋は、二代目女将となった姉多嘉（一八六六～一九三八）に託される。多嘉は結婚して一子龍三を得たが離婚。やかましくて、と女中たちがこぼす女将ぶりで隆盛期の東屋を切り回す。知人に東屋の貸別荘を紹介した地元在住の今井達夫は、女将さんが親切でと礼を言われたと書き残す。芥川龍之介も貸別荘に住み創作と静養。自叙伝を執筆中の大杉栄は常に特高に監視されていたが「楽しく遊ぶ時は大杉の部屋」と、宇野浩二の記述が残る。鵠沼の海も水も清潔と評判で、近隣に療養目的で移住した文化人交流の舞台ともなった。龍三は東京美術学校とフランスで学び、フレスコ画の長谷川路可となる。欽一は関東大震災後、留学先から呼び戻されて多嘉とともに東屋を再建。多くの作家に重宝されたが、多嘉没後の三九（昭和一四）年に廃業した。隣接地に、三三年から伊東の妻ぬいが開業していた鵠沼ホテルは、戦後「料亭東家」に引き継がれる。（三須宏子）

一族の写真から、1897年ころ

㊓東京府㊔藤沢市本真寺

◉ 長谷川トリ

（はせがわ・とり）教育者
1885（明治18）年12月2日〜1970（昭和45）年10月8日　84歳

国府津に幼児教育を根付かせる

一九二八（昭和三）年に長谷川トリが創った国府津幼稚園は、戦後、保育園に形を変え、九〇年を経た今も同じ場所にあり、園児たちの元気な声が聞こえる。経営は子、孫へと引き継がれ、長谷川の初志は現在に脈々と続いている。

神奈川県足柄下郡国府津（現、小田原市）で、農業を営む旧家の長谷川清次郎とトク子のひとり娘に生まれ、利発で負けず嫌いな少女に育った。国府津尋常高等小学校で学び、卒業後、准教員の資格をとったと思われる。〇三（明治三六）年に国府津小学校の教師となった。五年後に神奈川県師範学校を卒業し同じ学校に着任した男性と出会い、のちに婿養子として迎える。一〇年に県師範学校正教員養成講習会を修了し、正教員の資格を取得した。国府津小学校で教えながら三女一男を育て、二七（昭和二）年に退職した。

県連合女子青年会理事に就任し活動する一方、小学校入学前の幼児教育の必要性を痛感していた長谷川は、前羽村農繁期託児所で保母を経験したあと、国府津町に幼稚園を開くことを決意する。二八年、自宅の隣りにあった既存の別荘を利用し、職員三人で三〇人の園児を迎えた。乏しい教材や遊具を工夫し、地元の豊かな自然を取り入れた手作りの保育を行なう。当時、小田原町周辺に幼稚園は三園あったが、中心部から離れた地での幼稚園の開設は画期的なことだった。

四五年、戦局が激しくなり、空襲や疎開で休園に追い込まれる。戦後の復興期、人びとは貧しく、職を求める多くの母親が小さな子どもを抱えていた。四七年に児童福祉法が制定されると、長谷川は保育園への転換を決めた。資金や保母の確保に奔走し、四九年、ようやく再出発を果たす。五三年に園舎の増築工事を済ませ、校長職から退いた夫を理事長に、自らを園長、教員を辞めた長男の妻を主任保母にすえて設立した、社会福祉法人国府津保育園会が認可された。

保護者が安心して子どもを預けて仕事ができるように、力を尽くそうと心に誓う。目指したのは幼稚園のような保育園で、教育的な要素を多分に取り入れた保育理念を実践した。躾は厳しかったが愛情深く、園児一人ひとりによく目を配り、「貧しい家庭の子どもには、保育時間が過ぎても、自宅で夕飯や入浴の世話をしたり、ほかの人に気付かれないようにして保育料を免除していた」と当時保母をしていた古谷正子は明かす。女性の社会進出にともなって、乳児保育の需要が増し、六一年に一〇人、六五年には二〇人の乳児を受け入れるようになった。

保育に情熱を傾けて

地域に密着した保育園を心がけ、地域行事にも協力を惜しまず、長く民生委員も務める。晩年は余暇に謡と仕舞をたしなみつつ、亡くなるまで園長を続けた。

（野田洋子）

㊓神奈川県足柄下郡㊙小田原市真楽寺

◉ 浜田イシ

（はまだ・いし）　実業家
1893（明治26）年6月15日～1976（昭和51）年2月26日　82歳

戦後の平塚に百貨店を築く

神奈川県平塚市では、戦後の焼け野原から駅北側の商店街が衣料品店を中心に再興し、一九六〇年代はじめ、北は県央から、東は三浦、西は熱海とまで言われるほどの広い商圏を誇るようになった。浜田イシの開いた梅屋百貨店は、この目覚ましい商業発展の象徴だった。

平塚の隣町秦野の金物屋、鈴木半兵衛とチカの六女で、『広報ひらつか』（一九六四・一・一〇）によると教師を目指して東京の和洋裁縫女学校に学んだという。二一歳のとき、平塚駅近くで洋品小間物商を営む浜田勝蔵と結婚し二男一女を得るが、一八（大正七）年に夫が病没。甥たちに助けられ、三越を手本に他店よりいい品を正札で売った。関東大震災の折に問屋の信用を厚くし、翌二四年、亡夫が〇七（明治四〇）年に一〇坪で始めた店を五〇坪にして再建できた。

人を見る目にたけ、金融恐慌の起こった二七（昭和二）年に東京の仕入れ先から二〇歳の関口寛快《ひろよし》を平塚に誘った。彼は浜田の娘の菊枝と結婚し、戦後は長男喜巳雄を盛り立てていく。

浜田は空襲で全焼した店を再開して拡張、五一年に株式会社とし社長に就任した。このとき従業員は二五人。信用第一、顧客への奉仕を徹底させ、三年後には鉄筋コンクリート地下一階、地上三階に建て替え、東京、大阪に出張所、小田原、沼津、厚木などに支店を設けた。

六三年、さらに駅寄りに悲願の百貨店を開く。地下一階、地上七階（のち、一部九階に）、延べ約七〇〇〇平方メートル、従業員は約三〇〇人。人を育てるのが何より好きで、隠居所を女性寮にして住み込み、礼儀作法や接客のマナーを教え花道、茶道を習わせた。夢は梅屋を平塚の三越にすること。週一回東京に通い品揃えや接客、設備を参考にした。毎年暮れには病院や社会福祉施設に衣類などを贈り、創業五十周年と百貨店開店記念に市の福祉事業へ五〇万円寄付した。

梅屋の売り上げはその後も伸びるが、流通業界の主流は郊外の大型複合施設やスーパーマーケットへと大変革期にあった。専務になっていた関口は、懇意の東京千住の衣料品店主伊藤雅俊にチェーン展開を勧め、イトーヨーカドー誕生へと後押しする。六五年、浜田は関口がヨーカ堂（現、イトーヨーカ堂）の社外取締役になるのを了承し、六七年から梅屋の社長を任せた（のち、関口のあとを受け一時期、伊藤が梅屋の代表取締役会長に）。

店の行く末を案じ、浜田には気の休まる日がなかったのではと関口は感じていた。危篤の病床でも幹部に「店が無人になるから早く帰れと手振りで示した」。まさに「商売に生きた一生」と言えよう（『随想日記』）。

二〇〇〇年代に入り、喜巳雄の長男で社長の純一は貸しビルへの転換を決意。一一（平成二三）年八月三一日、百貨店として最後の夜、人びとが詰めかけ閉店を惜しんだ。（星賀典子）

80歳ころのある日

㊓神奈川県中郡㊫和洋裁縫女学校㊐鈴木㊘平塚市晴雲寺

◉ 浜田糸衛

（はまだ・いとえ）社会運動家
1907（明治40）年7月26日〜2010（平成22）年6月13日　102歳

日中友好と平和のために

浜田糸衛は高知県吾川郡で地主の旧家に生まれた。彼女の長編童話『あまとんさん』（一九九五年）には、自然のなかで野生児の如く伸び伸びと過ごした幼少期が描かれている。一九二四（大正一三）年、高知県立第一高等女学校を卒業、二六年に京都府立三条隣保館職員となる。三〇（昭和五）年、『読売新聞』の懸賞小説に入選し、翌年に小説『雌伏』を刊行、上京して生田長江に師事する。一時、満洲の奉天（現、瀋陽）で企業社内紙を編纂。帰国後の四三年、大日本産業報国会副参事となり、女子勤労挺身隊をはじめ、女性労働者たちを指導した。戦後の歩みは、この戦時下への反省から出発したことを物語る。

敗戦後の八月、いち早く戦後対策婦人委員会が設立され、浜田はこれに参加。一〇月に同会の勤労委員会をもとに日本女子勤労連盟を結成した。連盟綱領に「自己存在ヘノ自覚」「民族的反省」を掲げ、「勤労国家ノ建設」を唱えた。五二年、高良《こうら》とみの訪ソ・訪中は冷戦体制下に女性諸団体を結集する大きな契機となり、翌年、日本婦人団体連合会（略称、婦団連。平塚らいてう会長、高良とみ副会長）が発足。スローガンには「平和憲法を守り、軍国主義の復活と反民主主義の逆コースをくいとめましょう」とある。東京で中野平和婦人会に参加していた浜田は、この連帯の動きを支え、婦団連事務局長として働くことになる。

　後半生には、多くの日々を神奈川県真鶴で彼女を敬愛する高良真木（画家、とみの娘）と暮らした。七五年、日中友好神奈川県婦人連絡会を創設し、その代表を務める。七二年の日中国交回復以前にも中国を訪ね、文化大革命を指導する毛沢東の姿に感動した。だが、その後の文革の評価に困惑する。そうしたなかでも、同連絡会は中華全国婦女連合会（略、婦女連）など中国の代表団を歓迎し、彼女も訪中団の一員として何度も訪れた。だが、八九（平成元）年の天安門事件に対しては、駐日特命全権大使に抗議文を送り、婦女連にもその見解を伝えた。その一方、翌年には反対意見もあるなかで婦女連訪日団を招請した。横浜華僑婦女会や中国人留学生とも交流を重ね、九〇年代以降は日本軍「慰安婦」問題にも取り組んだ。日本による中国侵略という歴史認識をふまえ、彼女は悩みながらも、日中友好という、その意志を貫き通したのである。

　六〇年代より、『野に帰ったバラ』（六〇年）など長編童話をいくつか残している。高良真木はこれらの作品に挿絵と「あとがき」を寄せた。およそ二〇歳年下の真木は同志として活動をともにし、同連絡会第二代代表となって伴走した。二〇一六年、五年前に没した真木の遺志をくんで、妹の高良留美子（詩人）を中心に『浜田糸衛　生と著作上巻』（ドメス出版）が刊行されている。

（金子幸子）

晩年に真鶴で

㊓高知県㊫高知県立第一高等女学校

◉林　京子

（はやし・きょうこ）　作家
1930（昭和5）年8月28日～2017（平成29）年3月2日　86歳

八月九日の語り部

原爆の語り部として、文学の場で「核」の問題に向きあい続けた林京子にとって縁の深い土地が四か所ある。上海、長崎、逗子、アメリカである。

上海は三井物産勤務の父宮崎宮治の赴任地で、生後まもなくから一四歳までを過ごしている。戦争の敗色濃い一九四五（昭和二〇）年二月に帰国し、長崎県立第一高等女学校三年に編入した。八月九日、原爆が長崎市に投下され、学徒動員で勤務中の三菱兵器製作所で被爆、かろうじて命を拾う。爆心から一・四キロの地点である。多くの学友が爆死し、生き残った者も後遺症を抱えて生きていくことになる。長崎は、どんな題材を扱っても立ち返る林文学の原点である。

五一年、二一歳年上のジャーナリスト林俊夫と結婚し、横浜市港北区を経て、長男出産後の五四年、逗子市新宿に転居し、その後同市沼間に落ち着き三方を山に囲まれた家が高速道路建設で立ち退きになるまで暮らす。最後の家は同市桜山で、この間の七四年に離婚している。逗子居住は六三年に及び、喜びと悔いが交錯するとともに、創作と力闘する場になった。

作家としての出発は遅い。同人誌『文芸首都』に参加したのは六二年で、小野京の筆名で短篇を発表する。七四年、自立のため業界紙に勤めながら書いた『祭りの場』で芥川賞を受賞した。

被爆体験を抑えた筆致で描き、以後、『ギヤマン　ビードロ』、『三界の家』、『やすらかに今はねむり給え』などを世に問う。自身の後遺症だけでなく、子孫への遺伝に怯える被爆者の苦悩を多角的に表現し、被爆を人類全体の問題ととらえて、硬質な、伝える言葉を編み出している。

『ミッシェルの口紅』では楽しく輝いていた上海の子ども時代を書いたが、『上海』では自分はそこにいてはいけない侵略者の国の子であったという視点を加えている。八五年から三年間、アメリカ駐在の長男家族とともにヴァージニア州に住んだ。原爆を落とした国での暮らしは、歴史を見る林の目にさらなる深みを加えた。九九年には世界最初の原爆実験地であるトリニティ・サイトに立ち、褐色の大地に向って「どんなに熱かっただろう」と生命を生みだす大地こそ最初の犠牲者だと、自然への影響に気付いている（「トリニティからトリニティへ」）。

「核戦争の危機を訴える文学者の声明」に署名し、米原子力潜水艦が初めて横須賀に入港した日には見に出かけ、日常の光景として慣れることを警戒している。「逗子・葉山九条の会」の活動にも支援を惜しまなかった。福島第一原発事故のあと、長いあいだ専門家が隠し続けてきた「内部被曝」という事実を知らずに逝った学友たちを思い慟哭している（『被爆を生きて』）。ヒロシマ、ナガサキ、フクシマを経験した今こそ、林の遺したメッセージを共有したい。

（江刺昭子）

逗子市の自宅で、1999年

㊓長崎県㊫長崎県立第一高等女学校㊍宮崎㊐林㊖小野京

◉端山慶子

（はやま・けいこ）　地域活動家

1939（昭和14）年7月1日〜2015（平成27）年5月29日　75歳

市民の消費生活をリード

端山慶子は、岩手県紫波《しわ》郡志和村の畠山孝司、ヤエノの長女に生まれ、神奈川県の逗子で育った。県立逗子高等学校では新聞部、正義感の強い堅物の生徒会長として知られた。

一九六一（昭和三六）年、二二歳で職場結婚し、夫晶《あきら》の地元の平塚市公所《ぐぞ》で暮らし始めた。当時は急激な経済成長のひずみで生活の安全を損なう問題が頻発しており、消費者運動はいっそう高揚し、国も消費者保護に乗り出した。神奈川県では六七年に消費生活課を新設し、平塚を含む七市に順次、消費生活センターを設置していった。

端山は二八歳のとき、県の計量モニターに応募。一年後、「平塚市消費者の会」に参加し、立候補して副会長になった。いつのまにか、にぎやかで話題豊富な乗せ上手へと変わっていた。次女にかかった高額の保険外診療を不審に思い、圧力に屈せず明細を調べ上げ架空請求を裁判所に告発したこともある。医師や友人と勉強会を続け、領収書をもらう運動につなげている。

第一次オイルショックを契機に、七四年、県内市町の消費者の会一二団体が県の補助金を得て、「神奈川県消費者の会連絡会」（県消連、現在はNPO法人）を結成した。四年後、端山は三八歳で第三代代表幹事に就任。県消費生活条例策定時には条例小委員会委員長を務めた。

特筆されるのは県消連独自の事業を展開したことで、国鉄の運賃値上げに際しては、幹事の交通費を賄うため、「相模原市南部地区消費者の会」が利用していた洗剤要らずの和布ふきんの販売を同会の三宅みどりと進めた。愛知の製造業者と「さわやかふきん」を商品化し、業者に掛け合い改良を重ね、販路を全国に広げている。またこのころ全国の消費者団体は、輸入レモンに替わる収穫後の防カビ剤不使用の国産レモン確保に努めていた。県消連では、端山が探し出した小田原の片浦農協と交渉し、農家の自家用レモンを「片浦レモン」と命名して店頭販売。共同購入とあわせて毎年実施し、やがて増産に結び付けた。ピンチをチャンスに変える発想は底知れなかったと現代表理事の今井澄江は回想する。

五〇歳を機に平塚で地域活動を一からと決意し、信用金庫から借金して自宅敷地に市民の自由な拠点「ログハウスＤＯ」を建てた。無給のスタッフと安全な食品を販売し、生活の知識や技術を伝え、「市民から市民へ」助けあいの輪を広げた。六〇歳で「みんなでつくる平塚」を立ち上げ、まず福祉団体と平塚駅北口のバリアフリー化に取り組んだ。

ログハウスＤＯ25周年

二〇一三（平成二五）年に大腸がんが見つかると、平塚初のがん患者の会「はまひるがお」を組織。つねに「目の前に来た出来事」をおろそかにせず、困難を軽やかに乗り越える姿勢を貫いた（「『行動しようよ！』を原点にして」）。

（星賀典子）

(生)岩手県(学)神奈川県立逗子高等学校(旧)畠山(墓)平塚市公所

◉ 原 節子

（はら・せつこ）俳優

1920（大正9）年6月17日～2015（平成27）年9月5日 95歳

鎌倉に住んだ伝説の女優

「清廉な美貌」「空前絶後の女優」「永遠の処女」「女優の象徴」、さまざまに形容される原節子。「黄金期築く」「演技超えた理知的な美」「どの角度も完璧」などと讃えられてその死は惜しまれた。

父会田藤之助は日本橋で四代続いた生糸問屋だったが新天地横浜での商売に切り替え、保土ケ谷町の新興住宅地に移る。「外人さんみたい」といわれる美男、母ナミも美しい人だった。兄武雄、吉男と姉喜久、光代、喜代子、律子の次の末っ子。一九二九（昭和四）年の世界的不況が父の事業を襲い家計は困窮、母の病も重なる。保土ケ谷尋常小学校から私立の横浜高等女学校に進むが、本好きで成績トップの原にとって、第一志望だった県立横浜第一高女の不合格はショックだった。

次姉の光代は女優の相田澄子で、主演作もあり日活太秦撮影所で脚本も書いたが、助監督の熊谷久虎と結婚。日活多摩川撮影所に赴任した熊谷と光代の勧めで、原は映画界入りを決め学校は中退。「ためらう勿れ若人よ」（三五年）でデビューしたが東京世田谷の熊谷夫妻宅から通った撮影所にはなじめず、結髪部で懸命に働く中尾さかえとの、生涯続くことになる友情が救いだった。

日独防共協定の隠れ蓑ともいわれた国策映画「新しき土」（三七年）は、ドイツ帰りの青年と武家の血を引く娘が曲折ののち結ばれ満洲の地に立つ物語。主演の原は、ドイツ公開に合わせて

自宅でほほ笑む、1960年

門司から大連、さらに陸路ベルリンへ。熊谷と東和商事の川喜多長政・かしこ夫妻が同行した。帰路、ハリウッドの近代設備、俳優たちの社会的地位の高さに驚く。会食したマレーネ・ディートリッヒには親しみを感じた。西洋の女優を目標にしようと、初めて女優業に前向きになって帰国。

熊谷と東宝に移籍。媚びず群れず、お高い大根女優と批判されても撮影の合間にはいつも本を読んでいた。原に思いを寄せる助監督もいたが熊谷に一蹴されたという。このころ、多くの映画は戦意高揚で、ブロマイドによる兵士のアイドルとしても人気を誇る。戦争末期、「スメラ学塾」に関わり政治活動をする熊谷と新宿区に住み、空襲を逃げ延びて敗戦は保土ケ谷の実家で知った。

映画は一転民主主義の啓発ものへ。「わが青春に悔いなし」（四六年）のころ、撮影所に通う電車の中の混乱を見て、うぬぼれず自らを卑しめず「日本人の誰もが自分とこの祖国を正当に」認識して日本再建を、と雑誌『想苑』に寄稿した。東宝紛争後の四七年、フリーに。「青い山脈」（四九年）で国民的女優となり、以後多くの名作に出演。親族の生活も支え、自身の経済基盤も整えて四二歳で表舞台を去った。ファンの前から美しいまま姿を消した、とされた裏に、心情の複雑さも想像できる。六四年から熊谷夫妻の住む鎌倉に移る。読書のほか複数の新聞を読む日々。話題はもっぱら政治や社会問題で、映画の話はしなかった。往年の同僚女優と電話で語らうことはあったという。（三須宏子）

(生)神奈川県橘樹郡(学)横浜高等女学校中退(本)会田昌江

◉バラ（ベントン）リディア

（Lydia Evelina《Benton》Ballagh）宣教師

1829（文政12）年8月19日～1884（明治17）年1月13日　54歳

横浜でお茶場学校を開設

リディアの生年については諸説あったが、中島耕二の論文で確定できた。一八五二年に結婚した長老教会の牧師だったオーランド・ベントンを南北戦争で亡くし、三人の子も夭折する。夫の死後に生まれた息子が一一歳のとき、教育のために米国に残し、宣教師として七三（明治六）年、米国婦人一致外国伝道協会（WUMS）からアメリカン・ミッション・ホーム（現、横浜共立学園）に派遣される。四四歳での来日だった。子ども好きだったが、校長のM・プラインとは教育方針をめぐり衝突する。七五年八月、ジョン・C・バラと再婚、米国長老教会在日ミッションに移る。ジョンは、ヘボン塾の男子部を受け継ぎ、やがてこの学校はバラ学校と呼ばれるようになる。リディアは夫を補佐し、クララ・ヘボンの女子部を支援する。

当時の横浜の労働者の多くは家族全員で稼いでもその日の生活がやっとという状況。輸出前の茶葉に再度火入れを行なうお茶場は山下町一帯にあり、周辺の貧しい女たちがこの仕事に従事した。輸出最盛期には二～三〇〇〇人ともいわれ、日雇いで灼熱のなか長時間働く。その子どもたちは小さな子の面倒を見ながら工場の周辺で過ごし、事故に巻き込まれることもあった。リディアは、七八年ころから住まいに子どもたちを集め、衛生や食事面、障がい児に配慮し、年長の子に讃美歌や聖書を教える保育・託児と教育をあわせた活動、通称お茶場学校を開く。やがて、お茶場近くに一〇〇人が通い日曜は母親に家政を教える独立経営の事業にしたいと長老派婦人伝道局に申し入れる。当時としては画期的な計画だった。家族のため働き、夫と対等に口げんかもするたくましい労働者層の母親に健全な家庭作りと子どもの養育を期待する。

八〇年、バラ学校は東京築地居留地に移り、お茶場学校は、その後住吉町教会（現、横浜指路教会）の付設となる。ジョンが校長になったため、二人は築地居留地に移り、お茶場学校は東京築地居留地に築地大学校として移設。ジョンが校長になったため、二八二年にジョンと一時帰米。肺炎罹患時の経験から日本での看護学校設立を企画。フィラデルフィアの長老教会の祈祷集会では物静かながら自信に満ちた話ぶりで多くの人の賛同を得、伝道局の前向きな回答も得たが、肺炎のため八四年に急死。フィラデルフィアのモニュメント墓地に埋葬される。その後ジョンにより、前夫と子どもたちの眠るオウィーゴ墓地に改葬された。

リディアの企画は、ミッション・ホームで同僚だったマリア・ツルーが遺志を受け継ぐ。男性宣教師たちは反対したが、ジョンもフィラデルフィアの婦人伝道局も「日本の看護学校」という特別枠の献金を集め、ツルーに資金を委ねる。リディアの提唱した先進的な企画は、その遺志を受け継いだ女たちにより実現につながっていく。（中積治子）

来日を前にした1873年ころ

㊓米国ニューヨーク州㊋クッシング→ベントン㊐ニューヨーク州オウィーゴ墓地

◉ 比企キヨ

（ひき・きよ）　地域活動家

1877（明治10）年9月20日〜1962（昭和37）年9月19日　84歳

地域に尽くした民権家の娘

比企キヨの父は、神奈川県淘綾《ゆるぎ》郡中里村（現、二宮町）出身で廃娼派の県会議員水島保太郎。一八九〇（明治二三）年、議長の折に廃娼案が可決されたが、貸座敷業者らの猛反発で実施されず、衆議院議員を一期務めて病没した。父の無念を晴らすがごとく娘は後半生に奮闘する。小柄で生来病弱、東京虎ノ門の東京女学館に学び、結婚、離婚を経て二五歳で中郡平塚町の内科開業医、同郡医師会長の比企喜代助と再婚した。篤志看護婦の経験から医院を手伝った。

一男一女を持つ夫は新家庭をよく治めようと牧師を招くが、翌年、息子を水の事故で失い、夫の従弟能達《よしさと》を養子に迎えた。夫妻で聖書研究を重ね、〇九年、仲間と図って医院の向かいに日本美普《みふ》教会平塚講義所を設置した。キヨは二年後に受洗。神主の息子である夫は受洗しないまま信仰生活をともにし、妻の教会活動の強力な後ろ盾となる。

平塚美普《みふ》教会（現、日本基督教団平塚教会）が一六（大正五）年に創立されて役員に選ばれると、組織固めや教会堂建設に尽くした。柔和で物静か、何事も慎重に判断し目配り気配りしながら範を示した。一八年には伝道師の西森いは、役員の杉山松枝らと教会婦人会をあげて日本基督教婦人矯風会平塚支部を結成。禁酒、廃娼など風紀粛清運動の一翼を担った。キヨには医院近くの遊郭からの患者に接しての義憤、父の遺志を汲んでの思いもあったろう。海軍火薬廠の前身、日英合弁の日本爆発物製造株式会社の英国人たちに棄てられた妾の救済にも努めたという。

関東大震災で背中に重傷を負いながら、復興のかげで見過ごされている幼児を憂い、翌一四年、平塚初の幼稚園、教会付属平塚二葉幼稚園を開いた。当初の園児は三五人。園長として人格教育を奨励し、経営の安定に腐心した。園医を引き受けた夫は翌年受洗し、町長を一年務め、それからは二人で園舎建設や教会堂新築など教会の大規模事業を牽引していった。

昭和のはじめ、キヨは震災後の遊郭再建の動きを阻止するため有志と近隣村を巡った。大磯に二業地出願と聞くや各所へ支援を仰ぎ建設反対の陳情に赴いた。大磯町民にも陳情を促し、別荘の住人に署名を願った。三二（昭和七）年には県に協力して平塚市婦人会を組織し、生まれ育った中里村などが合併した吾妻村の婦人会設立も助けたという。やがて脊柱の病が悪化し臥せがちに。四四年に夫が病没。翌年の空襲では能達の先導で妻子にリヤカーで運び出された。

平塚市の自宅で、1955年ころ

戦後は病状が深刻になるなか、幼稚園の園舎改築と運営の引き継ぎを周到に果たして、三五年にわたる園長職を辞した。病床で「成すべきことはすべて終わり」（比企清追憶文集『清き香り』）と言い置き、六二年、平塚教会にて幼稚園葬をもって送られた。

（星賀典子）

㊓神奈川県淘綾郡㊫東京女学館㊐水島㊍清・清子

◉ 菱川ヤス（ひしかわ・やす）　医師　1860（万延元）年ころ～不詳

米国で医学を学び、慈善活動

望んでも女がなかなか医師になれなかった明治時代、アメリカの医学校で学んだ人たちがいる。彼女らは帰国して医籍登録をし、申し合わせたようにキリスト教精神を基にして社会事業に尽くしている。いずれも、早くから医療に関心を寄せていた共立女学校の卒業生で、その一人が菱川ヤスである。

菱川は、一八七一（明治四）年開設のミッション・ホーム（現、横浜共立学園）に最初に入学した一人で、通学生だった。父徳蔵は、尾張藩出身の政府の官僚。『日本基督教会横浜海岸教会史年表Ⅰ』の七三年の欄には、菱川ヤスの名があり、一四歳とあることから、生年は一八六〇年か六一年と推測できる。ただ、九八年の「海岸教会会員名簿」に名前はない。

菱川の動きはあわただしい。教会名簿を追うと、石川県の『金沢教会百十年史』には、八五年一月二五日に東京芝露月町教会で「領洗」し、同日付で入会とあるが、八六年には北米シカゴ第三長老教会に転会している。同年の外務省発行の渡航許可書には、神奈川平民、医学研究のためとある。医療について教わっていたようで、留学には長老派の支援が大きかった。

シカゴ女子医科大学では、法医学で最高点を取り、婦人科・小児科を専修、外科も巧みだった。

八九年に卒業し、婦人病院でインターンとして働いたのち帰国、二八歳だった。帰国時、大学教授のエアル夫妻が送別会を開いてくれ、三〇〇人以上が集まったという。熱心に医学を学び、洗練されたマナーで信頼されていた(「広瀬院長の弘前ブログ」)。日本での医籍登録は九一年一一月、一九人目の女医である。すぐに北陸学院の校医となる。

横浜根岸(現、中区竹の丸)に横浜婦人慈善病院が開院したのは九二年三月。その日暮らしで病気になっても治療が受けられない貧しい人たちのために横浜婦人慈善会が設立され、クリスチャンの女たちが中心となって運営した。菱川は開業時から医員となるが、九月には先約があるからと京都に去る。

その後、慈善病院では、米国シンシナティのローラメモリアル医科大学を九六年に卒業し、九八年に医籍登録した須藤かくと阿部はなが働いている。二人は共立女学校に米国から来た医療伝道師のA・ケルシーの医療活動を手伝ったことから、九〇年一二月にケルシーが帰国するときに同行した。共立女学校の卒業生で菱川より早く渡米した岡見ケイは、ペンシルベニア女子医科大学を卒業し、八九年八月に医籍登録。九七年に東京新宿角筈に衛生園を開園したときは、菱川が衛生園看護婦養成所の責任者になっている。その後の菱川の動向は不明である。

(中積治子)

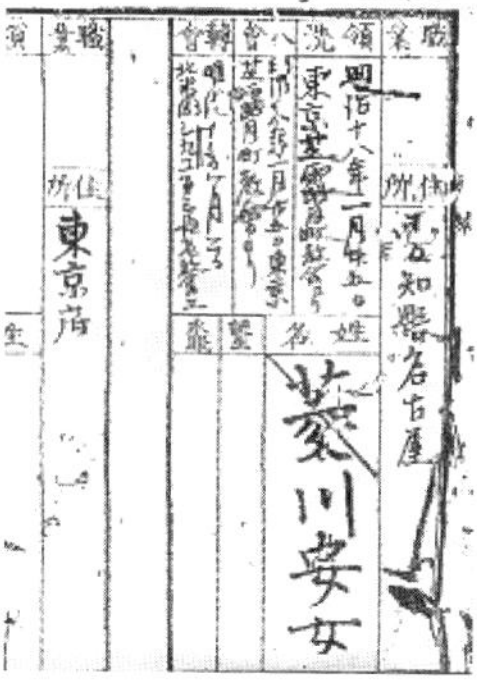

金沢教会の転入者名簿より

(生)愛知県㊫シカゴ女子医科大学

◉日野綾子

（ひの・あやこ）　教育者

1911（明治44）年1月3日～2000（平成12）年3月9日　89歳

捜真女学校とともに歩む

日野綾子は、捜真女学校の教師、評議員、理事を務めるなど母校と深く関わり、他団体の役員、教会婦人会、地域の活動にも熱心に取り組んだ人である。小林峯蔵とトメの三女として福井県で生まれ、一歳のころ、横浜に転居。青木小学校から捜真女学校に進学し、神奈川バプテスト教会で受洗した。一九三〇（昭和五）年、卒業して母校の英語教師になる。英語教授研究所を設立したハロルド・パーマーから個人授業を受け、その英語力はのちの活動に生かされた。

三二年に兄の友人の日野金一と結婚し東京大森で専業主婦になる。結婚したら家庭に入るものと思っていた。空襲が激しくなり、三人の子どもと母の故郷である群馬県安中町に疎開。戦後は米進駐軍の通訳や安中町主催の英語学校で教えていたが、捜真女学校は焼けて関東学院の校舎を間借り、教師も不足なのでもどってほしいといわれ、すぐに英語嘱託教員に復職する。

四八年三月からBC級戦犯を裁く横浜裁判が開廷し、「九州大学生体解剖事件」の公判が始まる。阿蘇山中に落下したB29の搭乗員のうち八人を生体解剖し全員を死亡させた事件で、日野は新聞記者に頼まれ、横浜で二回、裁判に立ち会い、専門用語に苦労しながらも通訳をした。のちに戦争が悪いのであって、勝った人が負けた人を裁くのではなく歴史が裁くと思ったという。

結婚前からの念願だった留学の夢を果たしたのは四九年。米国バプテスト派の教会のこの年のスタディテーマが「日本」で、講演できる女性の派遣を求めていた。以前に留学希望の手紙を出したニューヨークのキューカカレッジから、一年間講演をする条件で招きを受ける。教会や婦人会で百回以上の講演をし、学校で教えながら、青少年の宗教教育と新約聖書を学んだ。総長に、本はどこでも読める、人に会うことは心の富を増やす大切な勉強だと教えられる。留学からの帰路、オハイオ州クリーブランドで開催されていた世界バプテスト大会に参加し、帰国後、さらに活動は広がる。日本バプテスト同盟婦人部長、のちには世界バプテスト婦人部副会長などを引き受ける。長期で海外に行くことも増え、娘の真由美が陰から支えた。

捜真女学校の第七代校長に就任したのは六二歳のとき。他の役職はすべて辞退し、校長職に専念する。「よい教育は、美しさの中に育つ」と校内に植樹を行ない、外壁の色にも気配り。「教育者はビジョンを持たなければいけない」と語り、生徒には「Be yourself」と励まし、留学を奨励して国際的視野を持つ生徒を育てた。八二年、国際交流の貢献により横浜文化賞受賞。八八年、法人名を捜真学院と改称、初代院長に就任した。おしゃれで紫とピンクの服が似合い、お茶目でユーモアがあり、いつも周りを明るくする人だった。

（中積治子）

校内の100年桜の木の下で

㊓福井県㊫捜真女学校㊐小林㊟鎌倉霊園

◉ 福井桂子

（ふくい・けいこ）　詩人
1935（昭和10）年1月1日～2007（平成19）年9月26日　72歳

童子《わらす》の郷に詩《うた》をつむぐ

「山の杣《そま》道を／三つの風の通り道を歩いていた（中略）／風の童子に／会いにゆこうとしているのかもしれなかった／（真鍮のフリュートを吹いている…）」（「十一月の菫の葉がおちてきた」『荒屋敷』）。福井桂子の詩には、言葉の行間に東北地方のはるかな森や木立が見え、寂しい風の音色が聞こえ、童子が幻のように寄り添っている。

青森県八戸市の大きな青果物卸商の父福井常治、母ヨ子《ネ》の八人きょうだいの五人目に生まれた。生後間もなく十日町村の大工の家に里子に出される。大切に育てられ、生家との間を行き来したが孤独で寂しかった。後年、その思いが詩作に大きく影響する。

小学校入学のころ実家にもどされたが、母に甘えることができずきょうだいの多いなか、自分の居場所がなかった。長兄の本棚から勝手に本を取り出し、室生犀星や石川啄木、ヘッセ、パウル・ハイゼなどを読み耽る。本を読むことで活字の面白さを知り、自分の世界ができた。

一九五三（昭和二八）年、東京女子大学文学部へ入学し、旧約聖書を愛読。卒業後、福音館書店に就職し、東中野の日本文学学校へ通った。菅原克己、長谷川龍らの指導を受け、詩作をはじめる。集会の折、高田馬場駅近くのレストラン「大都会」で詩人の三木卓（富田三樹）と出会う。

すぐに親しくなり風呂敷に洗面器、歯ブラシなどを包み彼の下宿に押しかけた。六〇年五月に結婚、最初の給料を渡されたとき自分へのプレゼントと思い使い果たす。

六四年、長女を出産したのち、菅原克己主宰の詩誌『P』の創刊に参加する。幼児を背負いながら作品を書き、朗読会にも出席。夫が、作品に口を出すと激怒した。三木が詩集『東京午前三時』でH氏賞を受け、小説にも取り組み始めると、彼に独立したアパートを用意する。三木は自由を感じ感謝しながらも、「もて余しものになったのだ」（三木卓『K』）と感じた。

第一詩集『優しい大工』の出版は六九年。幼いころいっしょに過ごした乳兄弟のこと、故郷の谷間、岩の森などを描く。あとがきに「わたしはわたしでしかない」と気付き、詩を書き出したと書く。自立した強い意志を表明している。その後、第二詩集『月の車』を刊行。

七七年、鎌倉市岡本に転居し、精力的に詩作に励み、童話も書いた。どの作品にも故郷の山河を吹き渡る風の匂いが描かれており、どこか深い悲しみやはかなさが漂う。

同人誌のインタビューで、2007年

二〇〇二（平成一四）年、大腸腫瘍切除手術を受け、以後、闘病生活を続ける。第七詩集『風攫《さら》いと月』はそんななかで出版。同人詩誌『スーハ！』主宰者の野木京子は、「ヒトではない存在＝幻の童子は、失われた故郷がそっと吐く息だったろうか」と記している（『スーハ！』第二号）。

（影山澄江）

(生)青森県(学)東京女子大学(本)富田(墓)鎌倉市浄智寺

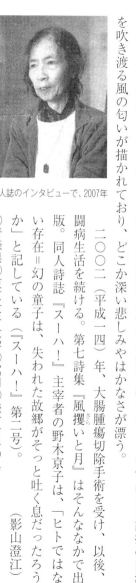

◉ 古谷糸子

（ふるや・いとこ）　ジャーナリスト
1913（大正2）年4月5日～1998（平成10）年4月16日　85歳

新聞記者、そして住民運動へ

古谷糸子は、小さいころから読書と書くことが好きだった。母が亡くなり姉や兄たちが東京の学校に行くと主婦代わりをする。女学校卒業後、日立製作所の栄養士などをしたのち、新聞学院に入学。卒業後の一九四二（昭和一七）年、院長の山根真治郎の推薦で、男性記者が出征し手薄になった『東京日日新聞』（翌年、『毎日新聞』と改題）に入社し、文化部所属となる。初出勤の日、戦果を挙げた少年航空兵に皇后から激励の言葉があり、すぐに取材して書いた記事がいきなり社会面のトップになる。「農村女性を語る」シリーズ、特ダネや企画ものでも表彰された。四五年設置の特別報道部では、女の部員は一人だけで機密文書の編集と管理などを任された。敗戦後、戦争中の報道について、はっきりした自分の意志を持ち得なかったと虚脱状態を味わう。

四七年二月に古谷綱正と社内結婚して退社し、逗子に住む。四九年に『毎日新聞』系の夕刊紙『東京日日新聞』の嘱託、五二年に毎日新聞社社会部に復帰した。国会の文教委員会や女性代議士などを担当し活動の場を広げる。皇太子の結婚問題が大詰めに来て、社内に皇太子妃取材班ができると、関千枝子らと加わり、独自のルートで取材し、皇太子妃の有力候補の情報を得る。続いて清宮の婚約もスクープしたが、同僚との軋轢で六三年に退社した。「国際婦人年」を契機に七七年、神奈川県庁の県民総務室に婦人班が設置され、婦人問題懇談会ができると、女性問題を取り上げていた経験をかわれ、座長になる。その後も逗子市教育委員、総理府売春防止対策委員、神奈川県総合開発委員会副委員長などを務めた。

八二年、逗子市池子弾薬庫内に米軍家族住宅を建設する計画が具体化。逗子在住の学者・文化人と多くの市民が立ちあがり建設賛成の市長をリコールする。綱正は反対派の政治団体である「緑と子供を守る市民の会」の発起人となり、意見広告をしばしば新聞の折り込みに入れるなどの活動をする。糸子は常に付き添い意見を述べた。選挙では夫妻が応援した富野暉一郎が市長になり、後援会長を引き受けていた沢光代が市議に当選する。まだ池子の闘争が続く八九年五月、綱正が死去。代わって糸子は運動の指導的立場に立った。

綱正とは何でも話し合い考えがぴったりと一致し、綱正がテレビのキャスターを務めていたときは夕方から二人で出かけるなどいつも一緒だった。没後は「本当に心を許した友人がいなくなったような気がします」とインタビューに答えている（『女性記者』）。綱正の病人食を約二〇年間作り続けた疲れからか、没後は沢がボランティアと実施していた「ちぐさの会」の給食を利用する。九二年、沢が市長選に立候補すると応援し、神奈川県で最初の女性首長を実現させた。（中積治子）

逗子市の自宅で、1956年

(生)秋田県(学)新聞学院(旧)杉野

◉ヘボン　クララ

(Clarissa Maria Leete Hepburn)　教育者

1818（文政元）年6月25日～1906（明治39）年3月4日　87歳

ヘボン塾の創始者はクララ

クララ・ヘボンは、学業を終了し、ペンシルベニア州のノリスタウン・アカデミーで教えていたとき、開業医のジェームス・カーチス・ヘボンと知り合う。二人の共通の関心事は海外伝道だった。一八四〇年に結婚し、アメリカ長老派海外伝道局の宣教医として、シンガポール、のちに清（中国）のアモイに赴任。息子も生まれ、医療伝道も軌道に乗ったが、クララのマラリアが重症化し、帰米する。ジェームスはニューヨーク市で診療所を開業し評判の医師になるが、日本での宣教が可能になったことを知り、日本伝道を決心する。反対も多かったが、クララは賛成し熱心に後押しする。息子を知人に預けて日本へ。ジェームス四四歳、クララ四一歳になっていた。

五九年一〇月、神奈川宿の成仏寺に居を定め、ジェームスは貧困者に施療を、翌春からクララは日本人の大人と子ども五人に英語を教え始める。この英学塾は日本で最初のミッション・スクールといえる。クララが帰米中の六一年、ジェームスは居留地三九番に移転し、診療所や教室も併設する。クララは帰浜後、英学塾で英語を教え、日曜学校も開き、「ミセス・ヘボンの学校」と呼ばれ、のちに「ヘボン塾」と名付けられる。生徒には林董《ただす》、高橋是清、益田孝、早矢仕有的《はやしゆうてき》、三宅秀《ひいず》など明治維新後の日本社会で活躍する人たちがいた。六四年には神奈川奉行所が運上所役人のために開設した横浜英学所の授業も夫妻で引き受け、クララは忙しくなる。

夫妻が休暇中、ヘボン塾は宣教師やその妻たちが支えた。七一（明治四）年の不在時、助手のメアリー・キダーは女子クラスを自分の管理下に置きたいと考え、神奈川県令大江卓が私費で用意した官舎の一棟に女子生徒二八人と移り、今日のフェリス女学院へとつながる。フェリス初期の生徒の若松賤子、奥野久子、岡田鋼らはヘボン塾の生徒だった。

七四年、クララは本格的な女子教育を目指し、カリキュラムも整え、当初は共学として全日制の学校を始め、英語クラスを教える。他の教科は、長老派の宣教師が総出で教えた。やがて、男子部が分離し、ジョン・バラが担当する。「バラ学校」と呼ばれ、東京築地の居留地に移転し、明治学院普通学部へと発展していく。女子クラスはその後、住吉町教会（現、横浜指路教会）隣接地に移転し、「住吉学校」と校名を変更する。

九二年一〇月、夫妻は三三年間におよぶ活動を終え帰米する。住吉学校はその後、女性宣教師たちが引き継ぐが、九九年、一般教育における宗教教育が禁止され、学校は閉じる。先進的な医療、ヘボン式ローマ字の考案、和英辞典編纂などジェームスの功績に隠れて見えにくいが、クララの始めた教育は日本の近代化の一翼を担った。（中積治子）

金婚式の記念写真、1890年

㊓米国コネチカット州㊫ファイエットビル・アカデミー女子部
㊐リート

◉堀　文子

（ほり・ふみこ）　画家

1918（大正7年）年7月2日〜2019（平成31）年2月5日　100歳

この世の不思議が絵を描かせる

「群れない、慣れない、頼らない」がモットーである。決して人が嫌いではない、一人で行動する自由を好むのである。対談集『堀文子粋人に会う』では、分野は問わず「はにかむ心」を持ち続ける人たちと無駄な話に興じる。「無駄は真理、美は無駄のなかにあるもの」と語る。

堀文子の父竹雄は中央大学教授で歴史学者。威厳に満ちた父であったが、人里離れた自然のなかによく連れ出してくれた。母きよ（清子）は、女子高等師範学校（現、お茶の水女子大学）を出た進歩的な女性。「女がお嫁に行くだけの時代は終わった。才能を生かして自分の力で生きていける時代がきたのです」と、まだ幼い文子に本気で自分の思いを語った。六人きょうだいの四番目。物心つく頃にはすでに一人で考え、一人で決めていた。自立するために何を選ぶか、方眼紙に自分の得手不得手を書き並べ取捨選択して絵だけが残った。

一九三六（昭和一一）年、東京の女子美術専門学校（現、女子美術大学）に入学。卒業後は、東京帝国大学農学部の作物学教室で記録画を描いた。この経験はのちの作家活動の基礎となっている。絵本の挿絵や雑誌の表紙の仕事が増えたころ、挿絵の依頼で箕輪《みのわ》三郎《さぶろう》という外交官に出会う。自分には結婚は不向きと考えていたが、思い直し二八歳で結婚。彼は何ごとにも偏見のない尊敬できる人だった。六〇年、夫が結核で他界。外交官として戦争に責任を感じていた夫は、エラスムスの『平和の訴え』を生涯をかけて翻訳した。訳語にある「人の命で戦ってはいけない」という言葉が文子の心にも刻まれた。四三歳、一所不在の生活が始まる。

六一年、古代から世界の歴史をたどる旅に三年間出かける。西洋文化と日本文化の違いは優劣ではなくその風土・歴史から生まれたものと確信する。帰国後、逗子から大磯に転居。軽井沢にもアトリエを持つ。八七年六九歳、バブル狂乱の日本に嫌気がさして、イタリアのトスカーナに別荘を構える。トスカーナで見たひまわり畑の終焉は、死の行軍のようで恐ろしかった。同時にそれはひまわりの収穫のとき、栄光のときだと気づき、心が震えた。七七歳アマゾン、八〇歳ペルー、八一歳ヒマラヤ山嶺へと取材旅行を続けた。高山に咲くブルーポピーを見つけたときは、その気高さに息をのんだ。二〇〇一（平成一三）年八三歳、解離性動脈瘤で生死をさまよう。僻地への旅が無理になって、幼いころ顕微鏡で見た菌類や珪藻類《けいそうるい》などの微生物の世界に入り込む。そこには生命の不思議が溢れていた。

樹齢五〇〇〇年のホルトの木の下でこう思う。「できればわたくしは木になりたい。この世の生命体の中で一番厳粛で立派なのは、木と植物だと考えておりますから」（『ひとりで生きる』）。五二年上村松園賞、八七年神奈川文化賞受賞。（横澤清子）

(生)女子美術専門学校(本)箕輪文子

神奈川文化賞受賞を喜ぶ、1987年

◉ 本田玉江

（ほんだ・たまえ）　実業家

1924（大正13）年12月16日～2018（平成30）年4月3日　93歳

三吉《みよし》演芸場の経営を引き継ぐ

横浜の庶民の町、南区万世町の三吉橋近くに一九三〇（昭和五）年、本田末吉が「草津温泉」という公衆浴場と二階に貸席を開設した。全国でも珍しい大衆演劇の常打ち劇場で、三吉演芸場として今に続く。この劇場の土台を作ったのが本田玉江である。

江戸時代から続く鍛冶屋の家系で、父杉本房太郎（二十世杉本吉十郎）と母つるの八人きょうだいの五女として近くの末吉町で生まれ、すぐに親戚亀井家の養女になる。養父の死により七歳で実家にもどり、高等科二年を修了後は家業を手伝いながら、好きな芝居や歌舞伎を楽しんだ。

本田末吉の長男貢と結婚したのは、戦後まもない四七年。弟妹六人に従業員もいる大所帯で、夫は一一歳年上。子ども三人を育てながら、忙しく働く。「三吉劇場」「三吉映画劇場」と名を変えながら出し物も工夫するが、経営は楽ではなかった。七三年、義父の死で夫が経営を引き継ぎ、館内を改修し「三吉演芸場」と改称。夫が銭湯、玉江が演芸場と分業体制にする。こけら落とし公演にも出演してくれた地元黄金町出身の桂歌丸が独演会を提案し、以後年五回、月の末日に「桂歌丸独演会」を開き、のちには一門会として二〇一四（平成二六）年まで四〇年間続いた。

しかし、大衆演劇の低迷が続いて客が減り、何とかしたいと演芸場前の中村川を利用した船乗り込みを企画する。奉加帳を回して寄付を集め、七五年九月、華やかな振り袖姿の梅沢冨美男出演で「船乗り込み」を復活させ大衆演劇の心意気を示した。属していた東京大衆演劇協会ともめて脱会後は、専属の劇団を作ったり、他の劇団を招いたりと工夫。劇団は一か月交代で出演し、前狂言、座長の切狂言、歌と踊りのショーの三部構成で演目は毎日替える。地域のお年寄りの無料招待や学校の生徒たちの団体割引など地域とのつながりも重視し、劇場運営を軌道に乗せた。

玉江はせっかちで決断が早く、夫は寡黙で慎重な性格。やくざや酔っぱらいと応対するのは玉江で、用心棒役が夫というこれも分業体制。開館五〇周年には、シナリオ学校に通ってまで執筆した戯曲「年輪」で先代夫婦の苦労話を上演したが、夫は闘病中で見てもらえず、七九年末に死去。その後、後援会が組織され、機関紙『三吉演芸場だより』も創刊。若手の花形役者を中心に活気と華やかさがある舞台にしたことで若い女性客が増える。建物の老朽化が進み、廃業の危機に陥ったが、新演芸場の建設のため、桂歌丸が会長になり、「三吉演芸場を残す会」を結成。九七年暮れ、最新の照明に音響設備を導入し、客席や場内も明るく清潔な劇場が落成した。残念なのは銭湯が残せなかったことだという。従業員はすべて女で、みなで支えあう小屋を目指した。八九年、大衆演劇の普及と定着に尽くした活動により横浜文化賞を受賞した。

（中積治子）

三吉演芸場隣接の自宅で、1996年

㊓神奈川県横浜市㊑亀井→杉本

◉ 本田ナミ

（ほんだ・なみ） 医師
1869（明治2）年10月17日～1944（昭和19）年1月1日 74歳

横須賀で最初の女性開業医

本田ナミが医術開業試験に合格したのは、一八九一（明治二四）年である。この試験に最初に合格した荻野吟子は八五年で、のちに東京女医学校を創立する吉岡弥生より本田は一年早い。女医で一四人目の医師開業免状取得者で、女医の草分けといえる。

栃木県芳賀郡真岡町で水沼清次郎の四女に生まれ、同県の女子師範学校を卒業後、三か月の義務を終えたのち、医師になるべく済生学舎に入る。その動機は、『女学雑誌』掲載の「将来の女医」で女子は緻密だから医術に適するという巌本善治の論文を読んだからという。両親は反対したが、おじが就学や学費を助けてくれた。合格後、東京市養育院小児科医局の看護婦になる。当時はまだ、女を医師として採用するところはほとんどなかったからである。産婦人科病院でも研修し、宇都宮で開業する。一年ほどして産婦人科医の本田信哉と知り合い、結婚する。

九四年、本田が小児科、夫が産婦人科担当で、日清戦争開戦に沸く横須賀の稲岡町で開業する。夫はキリスト教徒だったので、横須賀に来てから軍や教会関係者との付き合いが広がる。横須賀教会の会員清水富貴子は、夫が海軍士官で、日本基督教婦人矯風会本部の軍人課の課長、相州部会の会長を務めていた。本田も、矯風会の会員となり、相州部会の副会長を引き受け、例会に自宅を提供したりしており、のちに横須賀教会で受洗している。

からだが弱かった夫は坂が多い横須賀での開業は負担だったらしく、転地療養などののち、四二歳で死去。長男はまだ五歳だった。夫の遺言で子どもを預けて東京神田の浜田産婦人科病院で研修し、〇四年に産婦人科・小児科を中里で開業する。子どもを抱え、自分が一家を支えるという気持ちが強かったのか、毅然として厳しい人だったという。

二三年の関東大震災は、横須賀にも大きな被害を与えた。家も診療所も全焼し、一時仮診療所で診察したのち、中里の診療所を建てなおす。住まいは逗子の山側に移す。震災の教訓から、屋根は軽くし、土塀をなくし、ドアもアメリカから輸入したベニヤを用い、セントラルヒーティングにした。

しだいに、なじみの患者だけの診察とし、四二年に引退する。中里の診療所と家屋敷に金一万円を横須賀市に寄付した。市は「光波荘」と名付け、市長公舎として利用する。『日本女医会雑誌』の四三年五月号に、庭で家族全員と市長ら市の幹部と撮影した写真が掲載されている。

稲岡で開業していたころ

晩年は、趣味の鼓や書に親しんで、「春江」という号を持つ。四四年の元旦、家族と祝いをともにし、自分の部屋に帰ろうとして倒れ、亡くなる。葬儀は神道で行なわれた。（中積治子）

(生)栃木県 (学)済生学舎 (旧)水沼 (別)浪子

◉ 松岡鎮枝

（まつおか・しずえ）　地域活動家
1877（明治10）年6月6日〜1979（昭和54）年10月28日　102歳

YWCAの創設に関わる

松岡鎮枝が生まれた備中高梁《たかはし》（現、岡山県高梁市）は主要街道が交差する繁栄した城下町で、父国分胤之、母織衛の六人きょうだいの三女。父は女にも教育が必要という考えの人だった。兄の転勤に同行して一八九一（明治二四）年に上京し、明治女学校に入学、熱心な祈祷会を経験する。九二年には小学校のころからのあこがれだった東京女子高等師範学校付属高等女学校の三年級に編入した。卒業後、同じ岡山県出身で農商務省を経て弁護士になった松岡弁と結婚する。

男児三人が生まれるが、三男の急死がきっかけで、一九〇三年に受洗し、京橋教会に通う。〇五年には日本YWCAの発会式に出席し、河井道と知り合い、本部委員として手伝う。河井の語学力と国際感覚を持つ活躍は、鎮枝の活動の基となる。夫が岡山に気候が似ていると気に入り、葉山に別荘を購入。葉山には兄三亥《さんがい》の別荘もあった。関東大震災で京橋の家が焼失、葉山に避難した。宇都野研が主宰する短歌誌『勁草』の同人になったのは三〇年で、作歌やその仲間たちとの交流は生活のなかでの慰めであり喜びだった。歌集も『椿』『白寿』など四冊出版している。

三八年、療養中だった弁が死去。この年から横浜YWCAの幹部委員になった。職業を持つ女たちのために本牧に建てられたレーシー館は、三三年に三浦の秋谷《あきや》に移転し、修養会、キャンプなどに広く利用された。そのレーシー館委員長を引き受け、編物などの講師をすることもあった。四三年ころから横須賀海軍兵団の利用が目立つようになる。戦後、利用者は増えたが、鎮枝が赤字を補てんすることもあった。その後、この施設は老朽化で継続が困難となり、七九年に事業を終えている。

逗子教会の宮崎繁一牧師に誘われ、五〇年に三亥の妻峰子とともに逗子教会の会員となる。役員や教会婦人会会長を引き受けて牧師を支える。高齢で教会に通えなくなっても責任役員として会計簿に目を通し、認印を押していたという。

合理的な考え方をする人で、孫に読む絵本も教訓的な内容でなければいけなかった。初代会長を引き受けた葉山の一色婦人会でもその合理性が生かされる。駐留軍将校食堂の残った食料を利用し欠食児童へちゃんこ鍋を提供する活動から始まり、防犯灯の設置、借金で困っている人への無利子貸付、健康診断など多くの事業を行ない、のちに町の事業となったものもある。

葉山の自室で、1970年

寝る前に家計簿をつけ、余白に短歌一、二首を書き付け、軽く体操をし、主の祈りをするのがつねだったという。遺言により東海大学医学部に献体された。理想と現実のバランスを考えて行動し、多くの団体に奉仕した。

（中積治子）

(生)岡山県(学)東京女子高等師範学校付属高等女学校(旧)国分(墓)葉山霊園

◉ マッカーシー ノブ

（Nobu McCarthy） 俳優
1934（昭和9）年11月13日～2002（平成14）年4月6日 67歳

私は「イースト・ウェスト・パースン」

オフホワイトのペンキを塗った椅子と机は、父が海岸の流木で作ってくれた。それを背負って五年生のクラスに登場したのは渥美ノブ（延）。敗戦の秋、藤沢市鵠沼の湘南学園に編入する。

カナダのオタワ市生まれ。父の渥美正二は日本大使館内で、全権公使徳川家正の私設秘書兼料理係。日本郵船の外国航路勤務中に知遇を得て以来信頼されていた。母雪子は目の大きな日本人離れしたスタイルの良い人、勝気で実務に長け、何事にも正二の片腕であったという。

ノブの誕生を機に日本で生活の基盤を築こうと一九三五（昭和一〇）年の初めに帰国。洋服の時代を確信した正二は、ミシンを持ち帰り、東京本郷で洋装店を開業。弟四人、妹は夭逝する。

ノブが礫川《れきせん》小学校四年生で宮城県鳴子温泉に学童疎開中の四五年四月一三日、空襲で本郷一帯は壊滅。一家は神奈川の南林間に疎開したのち、鵠沼海岸の松林に囲まれた家に引っ越す。

転校して学力に引け目を感じたノブは持ち前の負けん気で、自宅から遠くない七里ガ浜の「パヴロバ・バレエ学校」の生徒募集に飛びついた。ナデジタ・パヴロバに目をかけられ、東京のアーニーパイル舞踊団にも参加。五一年八月号『ひまわり』に、「パヴロバ・バレエ学校のホープ・十六歳の渥美延さん」と紹介され、たびたび誌面を飾る。五三年、東京ファッションモデルクラブに加盟、映画にも出る。撮影会で、カメラではなくスケッチをする米兵D・マッカーシーに出会う。両親は結婚に大反対だったが、五六年、彼の除隊を待って軍用機で「駆け落ち」。

カリフォルニアに住み二児を得るが七四年に離婚。日系人スカウトの推薦でジェリー・ルイス制作・主演の「Geisha Boy」（邦題「そこのけ慰問屋行ったり来たり」）に出演、早川雪洲、岩松信（マコ・イワマツ）とも共演した。東洋人の視点を重視する岩松が率いるアジア系劇団「イースト・ウェスト・プレイヤーズ」（ＥＷＰ）に参加、ハリウッド風オリエンタルガールを数多くこなす一方で演技者へと脱皮していく。劇団の理事で顧問弁護士のW・カスバートと再婚。後年、ＥＷＰの二代目芸術監督を託されると、五年目標で中国系アメリカ人をきっちりと三代目に育て上げ引き継いだ。日頃から「ハリウッド駐在大使」のつもりで米国の日本理解に心を尽くす。

ＮＢＣ制作のテレビ映画「さらばマンザナー」（七六年）は日系人の強制収容を初めて扱ったドキュメンタリー。ノブは原作者の日系二世ジーン・ワカツキとその母親の二役で出演。日本では七八年八月五日、ＮＨＫが放映、大きな反響を呼ぶ。

お気に入りのアングルで、1990年代

日本映画再出演は原田真人監督の東京国際映画祭出品作「ペインテッド・デザート」（九三年）。この映画祭出席は三八年ぶりの里帰りだった。ブラジルで撮影中に死去。　（三須宏子）

㊓カナダ国オタワ市㊫湘南学園中学校㊍カスバート㊐渥美→マッカーシー

◉松方珠英

（まつかた・しゅえい）実業家
1928（昭和3）年3月7日～2013（平成25）年7月12日　85歳

中華街の上海料理店

横浜の中華街は、いま観光地としてにぎわっている。ここに上海料理店を構えたのが華僑女性の松方珠英である。中国の上海市に生まれ、母は米商売をしており男の職人や小僧さんに囲まれ、祖母に育てられた。このおてんば娘の行く末を案じ、東京にいたおじが彼女を引き取ることにする。華僑の彼は関東大震災後に京都から東京に転居し、麻布で婦人服店を営んでいた。

一九四一（昭和一六）年四月、中学を中退して彼に連れられて来日した。六本木にあった井上語学で日本語を数週間学ぶ。その後、独学した日本語は堪能で、友人の通訳もしたほどだった。戦時下の日本では学校に行けず、勤労奉仕（軍服の修理）や町内の手伝いをした。日本人との接触では、嫌なこともあったようである。一五、一六歳のころに蔣介石や孫文の本を読んでいるとして、警察から取り調べを受けている。

四四年の冬に方選卿《ほうせんきょう》と結婚、横浜へ移る。夫は横浜の紳士服店に勤める職人だった。その半年後に横浜大空襲に遭い、山下公園に逃れる。因習であった女児への纏足《てんそく》はほとんど無くなっており、女たちは走って逃げ延びた。亡くなった多くは子を抱えた若い母親だった。華僑の人びとにとり疎開先は限られ、外では特高や憲兵が目を光らせており自由に歩けなかった。戦争が終わったとき、初めて自分たちが開放されたという思いを抱き、彼女は帰国を希望した。だが、帰国船に間に合わず、日本に留まることになる。

戦後は四七年から五〇年にかけて三児を出産。子どもはお手伝いさんや、周りにいた地縁の人びとに見守られながら育った。夫は洋服店を持ち、彼女は五一年から五五年まで中華街でパチンコ店やスマートボール店を経営した。五五年、上海料理の状元楼を開店した。中国人のコックを選び、熱い中国料理を食べてもらうのに当時では珍しいクーラーを備えて成功。のちに東京の自由が丘に支店を持つ。六九年、子どもの留学のために家族で話し合いを重ね、日本国籍を取った。姓は夫の方に松を加え「松方」とした。八〇年、初めて上海に里帰りする。二〇一二（平成二四）年のクリスマスに上海の長男家族を訪ね、突然倒れて帰国。すい臓がんと判明したが延命治療を望まず、約半年後に没した。状元楼を引き継いだ長女の陣玲子は母について「自分の意志を強く持ち、弱みを見せなかった」と語る。纏足など封建的なものに反発し、男にできるものは女にもできると考え、人生を切り拓いた女性の一人であった。

中国服を愛用、上海で1984年

近現代日本の歴史を振り返ると、多くの人びとが海外から日本へ、また日本からも外国へ渡り定住し、異文化摩擦をはらみながらも、その地の経済を支え豊かな文化を生み出している。彼女の足跡はその歴史の一端を示している。（金子幸子）

㊓中国上海市㊐傳

◉ 松坂はな

（まつざか・はな）　旅館女将
1909（明治42）年10月21日～2009（平成21）年3月20日　99歳

箱根芦之湯の老舗を守る

芦之湯松坂屋の創業は一六六二（寛文二）年。箱根七湯に数えられる名湯で、効能で知られる。一九三四（昭和九）年、松坂屋当主の松坂康と結婚した松坂はなは、東京日本橋で伊勢型紙を商う元締め、寺尾完吉と春乃の三女。実践高等女学校と東京裁縫女学校に通い、お花や琴の稽古に日を送る都会人だったから、来たころの芦之湯の生活は寂しくて、寂しくてというものだった。

松坂屋の年間サイクルは、暮から正月が忙しく、二月から三月は暇、四月と五月は修学旅行の生徒を受け入れ、六月の田植え時は暇で七、八月は避暑客で最も忙しくなる。一〇月と一一月にも修学旅行。女中は二〇人くらい居たが繁忙期には逆に暇になる熱海などから来てもらい五〇人くらい、ほかに風呂番、掃除番、料理番、丹前作りなどの男衆も一〇人以上、布団や浴衣の繕いもの専門の人も雇った。夕食の献立はお客さんから希望を聞く「おうかがい」。各部屋に何を出したか計算に苦労した。お迎えとお見送りは女将の大切な仕事で、ずっと着物で通す。

四二年一一月三〇日、横浜港でドイツの仮装巡洋艦が爆発、近くの二艦も巻き込んでの大惨事が起きた。従軍画家でもあった康を知る海軍省は、負傷者のケアと迎えの戦艦が来るまで、松坂屋で預かれないかと打診。大臣が「温泉にいくのは非国民」と発言する時節がら経営は苦しかったので、康の母で大女将のトミ（一八七七～一九六九）は即受け入れを決める。七、八〇人の兵士がトラックで到着。彼らの生活用品、ハムやソーセージをはじめパン、石けんなどすべてを水兵が作る。隊列を組んでの氏神参拝、地区の防火用水池を掘る活動など規律は守られていた。折々の「リリー・マルレーン」の合唱を、ベートーベンの国の人たちだなあと聴く。ドイツの敗戦、日本の降伏で連合軍の管理下におかれたのち四七年二月、横須賀から米国の貨客船で帰国した。靴の生活で荒らされた床、物入れになっていた床の間の修復など後始末は大変だった。四四年からは横浜市の日枝国民学校の学童疎開も受け入れていた。

戦後、松坂屋を定宿にしていた獅子文六は、当主らが語る箱根開発の熾烈な争いやドイツ兵滞在の秘話をヒントに、『箱根山』（六一年三月～一〇月）を新聞連載。ドイツ戦艦事件は研究書より十数年先んじて小説に織り込まれた。考古学が好きで商売に身の入らない主人、山の手の奥さんタイプの若女将は、康とはながモデルで、ライバル旅館の老女将に、トミのしっかり者ぶりを反映させた。はなは聞き書きに「なつかしい思い出」と答えている。奥さんタイプは小説の通りだが、商家の娘らしい気さくさも身についていて、「お客様には誠心誠意務める人で『女将はな』のファンも沢山いた様です」、晩年まで美意識は衰えず「見事に生き切りました」（松坂擴子書簡）という。　　（三須宏子）

仕事ぶりを見守る、1986年

㊓東京府㊙芦之湯墓所

◉ 松崎浜子

（まつざき・はまこ）　労働運動家
1913（大正2）年9月29日～2009（平成21）年9月28日　95歳

敏腕のオルガナイザー

一九三二（昭和七）年秋、東京の築地小劇場で上演された「逆立つレール」は、この年の春、新聞の一面で連日報道された東京地下鉄争議の舞台化である。原泉が演じたヒロインのモデルが松崎浜子で、東京下谷区生まれの一八歳。

家業は製版用の写真業で、松崎晋太郎と玉子の長女。私立東洋高等女学校を卒業後、東京地下鉄道会社に就職して出札係になった。日給が下がり不満を感じていたとき、労働運動の活動家から働きかけられ日本共産青年同盟に入り、働く者の権利に目覚める。まもなく職場で争議団が結成され、賃上げなど二七項目の要求を掲げて会社側との交渉に入り、地下鉄に籠城して「もぐら争議」と呼ばれた。松崎は女子従業員の中心になって闘い争議には勝ったものの検挙され、三か月後、起訴保留処分になる。

市民大学で学び、母や弟妹を養うために保母助手、事務員、トレーサー、寮母など転々と職を変えながらも、サークルや文化活動を通じて女子労働者と連帯した。三三年と四一年には共産党再建をはかったとして検挙されている。敗戦は埼玉県熊谷で迎えた。

四六年二月、神奈川地区労働組合協議会書記に招かれ川崎市に移住。戦争が終わって労働運動が解禁になり、共産党も公然と活動できるようになって、食べ物や住まいは不自由でも労働者が活気に溢れていた時期である。戦後初のメーデーで旗を作りたいが赤い布がない。県庁にはあるはずだと、仲間と廊下に座り込んでトラック一台分の赤い布を確保。切り分けて神奈川の全労働組合に配り、「配給の遅配・欠配をなくせ」「餓死はイヤ」とプラカードに書いてデモをした。

戦後第一回の総選挙で当選した女性議員が「家庭にいる女は働かないのだから二食でよい」と発言したのに反発し、六月、労組婦人部に呼びかけ、女だけ五〇人余で組合旗をなびかせて国会に押しかける。議員を呼び出し食料政策を追及し、要求書を手渡して引き揚げた。

この国会行動がきっかけで、国会監視委員会を作り、国際女性デーの催しを開くなどするなかで「神奈川女性解放の会」ができる。労組婦人部と民主的婦人団体の共闘の場で、初代の専従は東芝電気の松永ユキ。田中隆子、糸川野火子、霜田素子らが活動したが、ＧＨＱの干渉で長続きしなかった。四八年には、松崎は活動の場を東京に移し、日本民主婦人協議会の事務局長になり、日本子どもを守る会、日本婦人団体連合会（婦団連）、新日本婦人の会などの結成に参加し、七〇年に婦団連事務局長、七三年から七七年まで副会長を務めた。婦団連第三代会長櫛田ふきは、松崎の企画力、組織力を高く評価し全幅の信頼を寄せている（松崎浜子『すそ野をゆく』）。

（江刺昭子）

地下鉄ストを終えて

㊓東京府㊫私立東洋高等女学校

◉松田瓊子

（まつだ・けいこ）　作家
1916（大正5）年3月19日〜1940（昭和15）年1月13日　23歳

夭折の少女小説作家

松田瓊子の代表作『紫苑の園』は主人公のたどった心の成長で、作者自身のそれを写したものであろう。キリスト教に導かれ、幼少期からの強い自我を抑え、寛容と慈しみ深さを身につけていく。子どもの無垢な心が神への信仰に最も近いと考え、終生それをテーマに著した。

父は報知新聞社の記者であり、時代小説作家でもあった野村胡堂。母ハナは日本女子大学校教育学部卒で、母校の付属高等女学校に教員として一三年間勤めた。瓊子は次女で、姉、兄、妹がいた。一九二七（昭和二）年、姉淳子が一六歳で結核により他界。二九年、兄一彦の結核療養のため、東京から鎌倉に一家で転居。瓊子は日本女子大学校付属高等女学校から鎌倉高等女学校（現、鎌倉女学院）に編入し、三年間在学。一彦は休み休み、東京牛込の成城学園に通う。

兄の初等学校からの親友である松田智雄と知り合う。当時スイスから帰国し成城学園に編入した前田陽一（のち、フランス文学者）と美恵子（のち、精神科医で神谷姓）兄妹にも出会い、家族ぐるみで親しく交流するようになる。前田兄妹のおじで無教会主義キリスト教伝道者の金沢常雄が主宰する聖書研究会に一彦と智雄は誘われ、熱心な求道者となる。三二年、一家は鎌倉から東京に戻り、瓊子は日本女子大付属高女に転校。翌年卒業し、日本女子大英文学部に進む。このころ内村鑑三の没後三周年記念講演会に出席、兄の勧めで聖書研究会に加わり信仰を深める。三四年、敬愛する兄が六年間の闘病の末力つきる。美学を学ぶ二一歳の東京帝大生だった。悲しみに沈む瓊子を支えた松田智雄と婚約するが、半年後に初めての喀血。大学を中退し、看護婦、お手伝いと三人で鎌倉に転地療養する。翌年、ホームシックで実家に帰り、離れに住む。

瓊子は女学校時代にバーネット、オルコット、スピリなどの作品を愛読し、自ら物語を書き始めていたが、大学に入学したころから少女小説を書くことに熱中した。三六年、鎌倉を舞台にした『七つの蕾』を書き上げると、父が村岡花子に相談し出版にこぎつける。この小説には温かい家庭に育つ四人の姉弟妹と、両親を亡くした上流家庭の姉妹との交流が生き生きと描かれ、子どもの純真さが周囲の大人たちの心を動かし、みなを幸せにすることが主題となっている。これは翌三七年に書かれた『サフランの歌』にも表現された。この年の一〇月、小康を得た瓊子は松田智雄と結婚。一二月には春から書き続けた『紫苑の園』を脱稿するが、再び体調を崩す。病をおして、さらに数編の作品を遺し、腹膜炎を併発して逝く。

『七つの蕾』を書いたころ

二年後、松田は瓊子の妹の稔子と再婚した。稔子は姉の作品をつねに一番初めに読み、全作品の挿絵を描いていた。遺作の刊行のたびに付された、父、夫、妹による序文と跋文には、瓊子への愛情が満ち溢れている。

（野田洋子）

(生)東京府(学)日本女子大学校中退(旧)野村(墓)東京都府中市多磨霊園

◉松本喜美子

（まつもと・きみこ）教育者
1908（明治41）年11月26日〜2009（平成21）年11月19日　100歳

神奈川県初の教育指導主事

敗戦後の教育は、連合国指導のもとにアメリカ流へ大転換した。一九四九（昭和二四）年、学校教育の指導を行う専門職教育指導主事が誕生、神奈川県の初代に松本喜美子が就任する。

千葉県の小学校校長三橋《みはし》茂三郎、きよの長女に生まれ、文学好きで県立松戸高等女学校時代は東京の詩と短歌の会に所属した。東京女子高等師範（現、お茶の水女子大学）家事科を校内寄宿舎生活にて三〇年卒業。千葉の町立大原実科高等女学校（現、県立大原高校）の教師となる。

三二年、安田商業学校英語教師松本元之と鎌倉雪ノ下教会で結婚式を挙げ勤務地千葉に住む。夫の勧めで書き溜めた短編小説を『公園』にまとめて出版。翌年、肋膜炎を患い横浜市戸塚の夫の実家へ転居、快復後の三四年、川崎高女に就職し学校が四五年の空襲で焼けるまで勤める。『婦女界』四〇年四月号の職業婦人の座談会で「家の中に籠っているのでは遅れてしまう。家族はとても理解がある」と語っている。四七年、ビルマから帰還した夫は、「余生は青年の教育に捧げる」と県立横須賀中学校で教えていたが、捕虜抑留中に受けた手術の古傷が原因で四八年に死去。

同年九月、勤務先の県立横浜第一高等女学校（現、県立横浜平沼高校）へ、神奈川県軍政部民間教育課長マクマナスが指導に訪れ、松本を「民主的な思想とキャリアと行動力を備えた女性」

と評価し、ＩＦＥＬ（教育長及び指導主事講習）を勧める。松本は四九年の第二回指導主事講習（中学校関係）を受講。会場は東京女高師で、中等教育の原理や教授法、指導助言、グループ討論などを三か月間学ぶ。受講者約一五〇人、女性は数人だった。修了後、神奈川県教育委員会に着任し、県内の中・高等学校を視察し、校長や教師に新教育の指導や助言を行った。

五一年にはアメリカの占領地に対するガリオア資金による「家庭科教育指導主事アメリカ派遣」に参加、帰国後は講演や先進的な台所用品の展示を行い、視察の成果を家庭科教師と分かち合った。また、松本が尽力した神奈川県のホームプロジェクトは文部省のモデルケースとされた。

六二年以降は川崎市立養護学校初代校長、京浜女子大学とフェリス女学院短期大学の講師、愛の森学園理事と八〇歳まで教育に携わる。『この子らとのふれあい』、『歌集光陰』など著作も多い。

松本は図書、雑誌、仕事の記録ノート、講演会・研究会の資料、手紙、手帳まで大事に保存していた。それらは現在、県公文書館に「松本喜美子資料」として所蔵され、その数は約五〇〇〇点にのぼる。占領期における教育の民主化の動きや、県内学校の具体的状況がうかがえる資料であり、昭和期の礼法や作法、社会の状況や常識、女性の立場の変化も読みとれる。六九年、神奈川県教育功労者表彰。夫の末期の言葉「おれのいのちのあかりはおまえにやる」に応えた生涯だった。（小野塚和江）

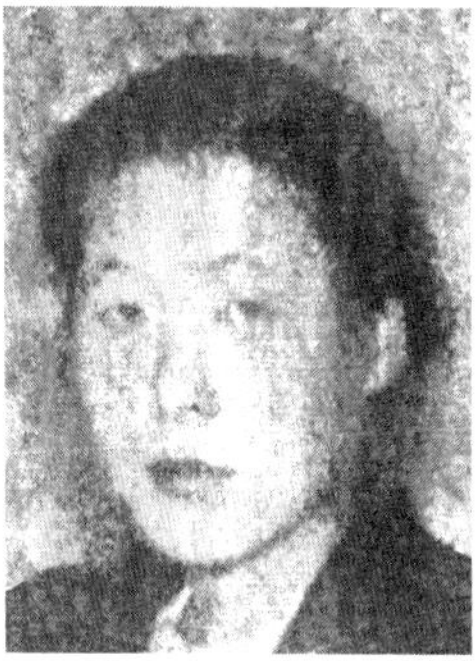
川崎高女の教師時代

㊐千葉県㊫東京女子高等師範学校㊐三橋

◉馬渕和子

（まぶち・かずこ）　地域活動家
1888（明治21）年2月24日〜1949（昭和24）年1月1日　60歳

新生横須賀婦人会の初代会長

馬渕和子は鳥取県気高郡で、谷川喜太郎の長女として生まれた。岡山県の女子薬学専門学校を卒業後、同郷の馬渕曜《あきら》と結婚する。夫は一九〇九（明治四二）年、横須賀で建築業馬渕組（現、馬渕建設）を設立し、海軍横須賀鎮守府庁舎などの建設で得た私財を社会事業、教育事業につぎ込んだ。その一つが二九（昭和四）年に自宅で始めた馬渕聾唖学校で、和子も共同経営する。

社会事業に目覚めた和子は、二二年創立の財団法人横須賀隣人会で理事になる。この会は鎌倉保育園の佐竹音次郎の教えを受けた広田兵吉が起こした隣人愛運動で、関東大震災後、婦人授産場と託児所を経営し、海軍下士官の兵服縫製の仕事を受注して発展する。戦後は双葉保育所（のち、三和保育所）と養護施設春光園（現、春光学園）を経営し、和子が保育所所長と春光園理事を務めている。

一方、戦前戦後を通じて和子が力を入れたのは婦人会活動である。三一年、横須賀市婦人会の副会長になり、大日本連合婦人会が設立されると横須賀支部の副会長を引き受け、のち、両方とも会長になる。また、国防婦人会副支部長、愛国婦人会支部長も兼ねる。四二年に愛国・国防・連婦の三婦人団体が統合されて、大日本婦人会ができると支部班長になり、遺家族指導員、県経済警察協議会委員も務める。国防献金や建艦献金に奔走し、勤労報国隊副隊長として、積極的に国策に協力することで戦時下の横須賀婦人会で存在感を示した。

戦後、横須賀には米軍が進駐し、横須賀市民と深く関わることになった。米海軍横須賀基地司令官ベントン・デッカーは、女の力を利用して混乱している市民生活の問題を解決しようと考えた。終戦連絡横須賀地方事務局長の妻高岡愛子から和子、福田美知子、田中敏子らを紹介され、その指導力に注目する。その中心が和子で、まもなく、四六年四月、新生横須賀婦人会が発足し、和子が会長になる。

このころ、食料不足は深刻だった。新生横須賀婦人会は、米軍で廃棄処分になった大量のチョコレートやピーナツ、キャンディーなどを希望する市民に配布。残飯を仕分けして「規格外食料」として配ったことから、一時期会員数が五万五〇〇〇人となり日本一といわれる会に発展する。そのため不正や汚職事件も起こったが、デッカーの指導で事業利益を利用して女の啓発事業を展開するとともに、戦災者・引揚者・孤児・未亡人らの救済施設として池上敬愛母子寮、敬愛保育園を開所している。和子は四七年、馬淵女子学院を設立し校長として活動を広げるが、脳溢血のため死去した。

（中積治子）

晩年、旅先でのスナップ

(生)鳥取県(学)岡山女子薬学専門学校(旧)谷川

◉ 三岸節子（みぎし・せつこ） 画家

1905（明治38）年1月3日～1999（平成11）年4月18日 94歳

生きることは描くこと

鮮やかな色調と力強い絵肌の花の絵で人気の三岸節子が、神奈川県大磯にアトリエを構えたのは一九六四（昭和三九）年、五九歳だった。太陽のあるところで花や野菜を作りたいと選んだ代官山は、大海原と限りなく広がる空の青で、一〇年前に留学中の長男黄太郎と過ごした南仏を思い出させた。この年に描いた「海にのぞんだ窓」は、すばらしい環境を喜ぶ節子の感動が伝わってくる。この山荘を「太陽の家」と呼び、太陽賛歌の作品を創作し、風景画に開眼する。

節子は、愛知県中島郡小信中島村（現、一宮市）の地主で毛織物製造業を営む吉田永三郎と菊の第六子、四女に生まれた。愛知淑徳高等女学校在学中の一九二〇（大正九）年、父の工場が倒産すると、生家の名誉回復を願い絵かきになろうと決意する。家族を説得し上京、岡田三郎助に師事し油絵の勉強を始める。二四年、女子美術学校（現、女子美術大学）を首席で卒業し、在学中に出会った画家三岸好太郎と結婚、秋の春陽会展に「自画像」を初出品し入選する。

二九（昭和四）年、東京中野区鷺宮にアトリエ付き住宅を新築するが、三四年に夫は胃潰瘍により三一歳で急逝。妻であるがゆえに描きたい欲求を抑えていたが、幼い子ども三人を抱えながらも画家として生きようと決心する。天才で自由奔放な夫との一〇年の歳月が芸術家としての礎を築いた。しかし、洋画が売れる時代ではなく収入は挿絵や随筆の仕事からだった。戦時中も夫の残した絵具で静物画を描き、敗戦後に銀座の日動画廊で全国初といわれる個展を開催する。四七年には「女流画家協会」を設立。女性洋画家第一人者となった節子は夫の絵を買い戻し、作品二二〇点を夫の郷里に寄贈して、六七年、北海道立美術館三岸好太郎記念室を開館させる。

六八年、四年間の予定で再渡仏、カーニュを拠点にスペインやイタリアにモチーフを求めてまわる。パリで開催した「花とヴェネチア展」が大好評を得るとブルゴーニュ地方ヴェロンの農家を購入。朝五時起床、お祈り、目の体操で一日が始まり、家族の献身的な支えと生来の不屈の魂で、渾身の創作の日々は二十余年続いた。「一所懸命に描くんですよ。ただそれだけ。誠実を、一枚の絵に尽くすだけ。だから私が表現してきたものは私自身」。(『三岸節子 修羅の花』)

八九(平成元)年八四歳で帰国。最晩年ならではの最高の絵を描くと意欲を燃やしていた。九八年、大磯の山荘の大桜を描いた一〇〇号の大作「さいた さいた さくらがさいた」を発表。「私は幸福なことに絵を描く。満足な瞬間、絶望の奈落、生きるというすべての張り合いがこの中にある」。同年、生家跡に市立の三岸節子記念美術館が開館、家族に守られて訪館した節子の嗚咽は止まらなかった。九〇年、朝日賞。九四年、女性洋画家最初の文化功労者となる。

(小野塚和江)

ヴェロンにて、1985年

㊓愛知県㊫女子美術学校㊐吉田

◉ 聖園テレジア

（みその・てれじあ）　社会事業家・教育者

1890（明治23）年12月3日～1965（昭和40）年9月14日没　74歳

帰化して教育や福祉事業に尽力

一九六〇（昭和三五）年三月、藤沢市みその台にある聖園女学院で、創立者の聖園テレジアは卒業生に熱心に語りかけた。「信仰、精神的努力、忘れないでください。これは人間の力です」「学問と共に精神的努力を合わせてこそ美しい力ある婦人になることができます」と。

熱心なカトリック教徒のテレジアは、ドイツのウェストファーレン州グロースレーケンに、父テオドル・イレルフウス、母アンナの五人きょうだいの長女として生まれた。女子国民学校を卒業し、一九一一（明治四四）年、海外布教修道女会、聖霊会に入会する。

一三（大正二）年、二二歳で宣教修道女となり、日本に派遣された。九月一四日、横浜港に上陸し秋田聖霊会へ。聖霊学院の育児部で孤児たちの世話をする。やがて貧しい人のために託児所や養護施設を作ろうと二〇年五月、聖心愛子会（のち、聖心の布教姉妹会に統合）を設立。米、独国からも寄付が届く。廃屋同然の家を借り事業を開始し訪問看護も実施。会員もじょじょに増え、旭川、名古屋、岡山など全国六十余か所に養護施設、病院、母子ホームなどを開設する。

二七（昭和二）年、日本に帰化し、聖園テレジアと改名した。三八年に、聖心愛子会の本部を神奈川県藤沢市へ移し、保育所や養護施設などを開設。全国の施設を巡回する。戦時体制下、つねに特高に監視され身辺調査が行なわれたが、日独伊防共協定に助けられた。

やがて敗戦。価値観の変容や人びとの心のすさみなどから、女子教育の必要性を痛感する。戦時中海軍航空隊が使用し、その後進駐軍が利用した藤沢市藤沢の七万坪の土地を購入し、学校建設に意欲を燃やす。四六年四月、聖園女学院を創設。開校当初の生徒数は三十数人。校舎はバラックの兵舎を使用し雨天時には教室の雨漏りでバケツを持ちまわるという有様。水道も電気もなく、教具に不自由しながらも真剣に学習に取り組む生徒や教師たちのために、校舎の改築や教具の設置に奔走する。進駐軍からも不足する物資や資材、食料品などの提供を受けた。

学校運営だけでなく、全国に支部を設置し修道女を養成する。同時に、保育所、病院、母子ホーム、養護老人施設など福祉事業を展開。故国ドイツにも支部を設置し、福祉活動を展開した。

テレジアの信念は、神様の聖旨を果すこと、人びとの助けとなることなどであった。各地の県知事や市長、役所や地域の有力者とも親しくし、皇室とも親交を深めていった。

深い眼差しで愛を語る、1973年

社会事業功労者として朝日賞を受賞したのは六二年。六三年、神奈川文化賞を受賞する。六五年には西ドイツの大統領から大功労十字章が授与された。同年各地の施設を巡回し、秋田の施設を訪れたあと、病気に倒れ世を去る。奇しくも、五二年前に横浜へ到着したときと同じ日であった。
（影山澄江）

(生)ドイツ(学)ドイツ女子国民学校(旧)イレルフウス(墓)藤沢市聖園墓地

◉ 三宅節子（みやけ・せつこ）政治家

1925（大正14）年2月23日～2017（平成29）年1月14日　91歳

住民派町会議員の挑戦

三宅節子は、一九八三（昭和五八）年、神奈川県の最北に位置する津久井郡藤野町（現、相模原市緑区）初の女性町会議員となり、四期一六年、県民の水がめである相模湖の水と町の緑を守るために奔走した。それは、よそ者への閉鎖的で排他的な土地柄と、町民に根深く残る男尊女卑や、「長い物には巻かれろ」の古い価値観との闘いの日々でもあった。

四四年、実践女子専門学校国文科卒業。四八年、実業之日本社に入り女性教養雑誌などの編集にたずさわり、六一年に退社、フリーになる。移り住んだ夫の実家が、排気ガス公害で有名な東京世田谷の大原交差点に近く、息子が喘息発作に襲われるようになった。空気のよいところを探し求めて藤野町に行き着く。七四年、義父を看取るとすぐに藤野町に転居した。

地域に溶け込もうと町民と交わり、息子が転入した小学校の母親クラブに加わると、町の状況が見えてきた。町には正規の幼稚園や保育園がなく、小学校には給食もない。学齢前の子どもの世話や、子どもの弁当作りは、外で働くより重要な母親の務めだと町当局は言う。町政にいくつもの疑問を抱くにつれ、広い視野で発言する人が町議会に必要と思い立候補を決意した。

藤野町の選挙は地縁血縁で成り立ち、選挙公報も立会演説もなく、伝統的に票が金で売買される。三宅は母親クラブの仲間の応援で金を使わない選挙を掲げ、町内隅々まで足を運んだが落選。しかし密かに支持を表明する女たちの声が届き、封建的な男社会を打破するために、女を政治の場に送らねばならないと発奮する。女たちが自由に意見を言い合う「あすの藤野を考える会」を立ち上げ、物理学者の武谷三男ら編集者時代の知己を講師に招いて講演会を開いた。

八三年、二度目の挑戦で町会議員に初当選した。町は八割が山林で畑が少なく、県の水源地であるため企業誘致ができず、財政力は県下最低。八六年、県が町に大規模産業廃棄物処分場建設計画を打ち出し、これに反対した三宅は七年も県と町を相手に孤軍奮闘した。神奈川県労働組合評議会に、産廃からの浸出水による水質汚染の危険性を訴えると、県民の生命の問題だと反対運動が拡大、一三万人の署名が集まり建設中止を勝ち取った。引き替えに浮上した県の残土処分場建設計画を撤回させるまでにさらに四年を費やす。都市の繁栄のツケを農山村に回す現状に問題を提起した。その後、県の計画した「ふるさと芸術村」構想が、住民と転入した多くの芸術家の主導で実を結ぶ。地域文化の進展もともない、町はさまざまな創作活動の拠点となった。

晴耕雨読を楽しむ、2012年

三宅は、串田孫一らと詩誌『アルビレオ』を創立した詩人でもある。山の文芸誌『アルプ』にもたびたび寄稿した。山を歩き、畑を耕し、藤野の豊かな自然を心から愛した。（野田洋子）

㊓長野県㊫実践女子専門学校㊐㊖北原

◉宮下　操

（みやした・みさお）　地域活動家

1914（大正3）年7月2日〜1996（平成8）年5月31日　81歳

誰もが発言できる社会へ

宮下操の実家は福島市郊外の曹洞宗の寺院。五人兄姉の末っ子に生まれた。県立福島高等女学校（現、県立福島橘高等学校）時代は、戦争の準備期間に入っていて校規の取り締まりも厳しかった。方言の使用が規制され、矯正できず罰則を受けていた学友のために、わざと方言を使って罰を受け、みんなの前で毎週余興をやるはめになった。おかげで人前で話すことが上達したと笑う。この「へそまがり」で人の痛みに敏感な「義侠心」は、言いたいことも言えない社会のあり方への批判につながった。卒業後、姉の夫の思想的影響もあり、上京して非合法な反戦活動にも加わった。戦時下、誰もが堂々と発言できる社会を目指したい、現在と未来をもっとも良く生きられる基盤をもつ子どもを育てたい。そんな思いから、川崎市内の保育園に勤める。

二十代の終わりころ、人形劇で各地をまわっていた宮下俊彦と出会い結婚。夫は日本鋼管の企業保育所所長で、月刊誌『保育の友』の編集にたずさわり、障がい児教育の論文を数多く発表していた。子どもの教育という共通の仕事を通じ、二人は良き同志でありライバルでもあった。

五五（昭和三〇）年に相模原市の住人になり、以来三十余年、星ヶ丘二葉園の園長を務める。保育方針は人に思いやりとやさしさを持ち自分で考え感じる子どもの育成、保護者たちといっしょに見守り養育する環境作りである。保育を通じて多くの仲間に巡り合った。それぞれが問題を抱え、よく集まっては子どもたちのために良い社会環境を作るには何ができるかを話し合った。

六二年、市の教育委員会の要請で星ヶ丘で初めての婦人学級が開かれた。そこで戦後の公的社会教育に確かな理念を持った職員とも出会え、個人的問題がじょじょに社会的問題として捉えられるようになる。年中行事の婦人学級ではあきたらず、修了生を軸にグループ活動が始まった。この活動には自分たちの会館を作るという遠大な目的が含まれていた。当時一つしかなかった公民館は相模原市の人口増大にともない学童の教室に転換されつつあった。会館建設の発起人たちは拠金制度を設け趣意書をもって地域のほとんどの家をまわった。六八年七月設立総会、会員数は三一五人。グループ名は、インド伝説の大樹にちなみ「やっきの会」とした。生命を育み人と人との協力の大切さを教えた樹である。一二月に会館が落成。無条件借用で手にいれた土地と会員からの拠金で作られた会館は、「やっきの会館」と名付けられた。私設公民館第一号である。願いが一つ叶った瞬間であった。

現在も宮下の残した「自分の生活を社会的に見ていこう、みんなの願いが集まれば、大きなうねりとなって社会を変えることもできる」の言葉に続く人びとが、この会館で育ち行動を起こし、子どもたちの保育を見守り続けている。（横澤清子）

㊓福島県㊫県立福島高等女学校㊊横山㊒相模メモリアルパーク

やっきの会館で

◉ 村井多嘉子

（むらい・たかこ）　料理研究家

1880（明治13）年7月6日～1960（昭和35）年8月6日　80歳

「食育」先駆者のパートナー

二〇〇五（平成一七）年の食育基本法施行後、一〇〇年前に食育普及に努めた村井弦斎（本名寛《ゆたか》、一八六三～一九二七）への関心が高まった。その代表作の新聞小説『食《しょく》道楽』誕生に深く関わり、文中長々語られる料理レシピ、和洋中六三〇種の考案に協力したのが妻の多嘉子である。

多嘉子の秀でた味覚と料理の素養は幼いころより自然に培われた。父の尾崎宇作は大隈重信の従弟、母峯子の生家は大阪で、京都に暮らした。多嘉子は、大隈邸やおばの雪子が後妻に入った後藤象二郎邸の厨房にも出入りし、さまざまな料理を口にしながら育っていた。

一九〇〇（明治三三）年、一九歳のとき、兄の友人で一七歳年上の弦斎と結婚。翌年、東京から大磯の後藤の別荘に移り長女の米子を産み、さらに翌年、小田原に引っ越した。

夫は『報知新聞』の客員で、新妻の玄人はだしの手料理を堪能するうち、食を中心に近代的な家庭生活を説く喜劇仕立ての実用書を思いつき、〇三年に一年間『食道楽』を連載した。多嘉子がモデルと言われるヒロインが兄の友人の食生活改善に腕をふるう。大隈邸から派遣されたコックや弦斎が雇った名人たちの試作を多嘉子が家庭向けにアレンジしていた。食材とレシピの珍しさもあり、豪華装幀の単行本全四巻は嫁入り道具や食通本として一〇万部以上売れた。

夫妻は翌年、平塚に一万六〇〇〇坪の屋敷を構え、三男三女を育てる。果樹菜園、畜舎、花壇などを配し、全国から名産や食の相談が持ち込まれた。さながら美食の殿堂であり、二人で食と健康について実験研究する場であった。脚気予防に米ぬか、玄米の効能を探り、日本人の常食の調理法を一新する目的で玄米食を推奨していく（『玄米応用手軽新料理』）。

『婦人世界』が実業之日本社から〇六年に創刊されると、夫は専属の編集顧問になる。多嘉子は「手軽実用弦斎夫人の料理談」を連載した。この抜擢には弦斎の雑誌編集上の思惑が多分に感じられるが、妻の力量にふさわしい社会活動であるとも考えていただろう。

子どもたちの教育のため、一五（大正四）年から東京に住んだ。関東大震災の折には池袋の自宅を地域の対策本部に提供し、配給のもみ殻付き玄米の上手な炊き方を伝授している。

食と健康をさらに追究するため断食や木食《もくじき》を実践する夫を理解し研究に協力した。二七（昭和二）年に夫が亡くなると、生活のため土地を切り売りし、自宅や女学校で料理を教えた。雑誌に紹介した料理は、『一年間のお惣菜』（三〇年）、『栄養と経済を主としたる手軽なお弁当の作り方』（三七年）にまとめられた。

のちに登山家、随筆家となった娘の米子が両著を改題し、父の著作とともに復刊している。二人は、子どもから見てもうらやましいほど睦まじい間柄だったという。

（星賀典子）

自分で考案したかっぽう着姿

(生)東京府(旧)尾崎(墓)平塚市豊田慈眼寺

◉ 毛利　道

（もうり・みち）　社会事業家

1905（明治38）年7月30日～2004（平成16）年6月23日　98歳

横浜YWCAの総幹事二五年

横浜は開港以来貿易が盛んとなり、外国商社や銀行、商店が増え、若い女性の職場進出が進んだ。彼女たちの休憩、修養や娯楽のために日本YWCAが創設した横浜倶楽部は、一九一六（大正五）年、横浜基督教女子青年会（横浜YWCAの前身）として独立した。時代の変遷にともない、YWCAの事業と内容は変化してきたが、一貫して変わることなくキリスト教の信仰にもとづいて、多くの女性が地道な活動を展開してきた。毛利道もそのような一人である。

横浜市日ノ出町に、横浜指路教会牧師の父毛利官治と母薫のあいだの四人きょうだいの長女として誕生。病弱なため近くの共立女学校に入学するが、本科四年のときに関東大震災で校舎が焼失。東京の女子学院に転校し、おじの家に寄宿した。女子学院を終えると女子英学塾に進み、卒業後、富山県立高等女学校と富山女子師範学校で英語を教えた。

高岡女学校へ転勤し三年が過ぎた三五（昭和一〇）年、母の願いで帰浜し、横浜YWCAの教育部幹事に就任する。YWCAは他に先駆けて各種学校の認可を受け、女性の職業人養成にのりだそうとしていた。毛利は英語教師であり、職員として会計係も担当する。英語、欧文・邦文タイプ、速記のほかに洋裁、和裁、生花、習字、茶道などの授業を行なった。会員数が伸び、種々のクラブに分かれ、クラブごとに聖書研究、読書、料理の会や奉仕活動が活発に行なわれる。

しかし、戦時色が濃くなるにつれ、主婦は空襲にそなえ外出できなくなり、若い女性は勤労奉仕にかりだされ、職員も次つぎに退職。ついに総幹事が辞職したとき、毛利は奮然と総幹事の役を引き受け、けっして諦めないと覚悟を決めた。活動場所を横浜指路教会の一室に移し、市内の教会婦人会をたばね、飛行機の部品を作る勤労奉仕をした。教会は横浜大空襲で内部が全焼したが、地下室の大金庫に入れて置いたタイプライターとミシンが無事でのちに大いに役立つ。

戦後は活動場所を求めて、建物の接収解除を進駐軍に交渉したり、東京で催された国際展覧会での米国ワシントン市の展示建物を市に掛け合って譲り受け、横浜に移設して教室を作るなど、実務に手腕を発揮した。戦後の混乱が収まると、女性たちは自分の生き方に目を向け始め、各種クラスや教養講座に主婦の参加が増え、社会教育の場としての役割を担うようになった。

六八年、三三年間勤務したＹＷＣＡを定年で退く。翌年から桜美林大学の英語講師を一〇年間務め、その後も看護学校や自宅で英語を教え、九五歳までしっかりと自立した生活を送った。姪の明神恵子は「私達が一人生活を気づかっても決して不安や不満は言わず、大丈夫よとしか言いません」(『主はわが牧者なり』)と晩年になっても変わらぬ毛利の毅然とした姿を記す。

(野田洋子)

総幹事として活躍のころ

㊐神奈川県横浜市㊫女子英学塾㊟横浜市港南区日野公園墓地

◉ 本居若葉

（もとおり・わかば）　音楽家
1919（大正8）年4月25日〜2011（平成23）年7月9日　92歳

本居長世の童謡を歌い継ぐ

二〇一七（平成二九）年九月二八日、川崎市柿生地区社会福祉協議会主催「第一八回ふれあい合唱コンサート」が催された。毎年「本居長世をうたう会」が出演して童謡や唱歌を披露する。設立当初、本居若葉が顧問を務めていた合唱団で、ピアノ伴奏は若葉の二女、金子典子《みちこ》。

若葉は、国学者本居宣長に続く家系の、作曲家本居長世と母幸枝の三女で、東京千駄ヶ谷町原宿に生まれる。兄宣文、姉みどりと貴美子があった。長世が作曲した童謡は六〇〇を超える。

童謡は、明治期の学校唱歌にあきたりない詩人や作曲家が、子どもの情操を高めるために歌詞と音曲に美しさを求めた運動から生まれた。きっかけは鈴木三重吉の『赤い鳥』発刊だった。

一九二〇（大正九）年、八歳の姉みどりは、父の「十五夜お月さん」（作詞、野口雨情）でデビュー、童謡歌手の第一号とされる。二三年の関東大震災支援の返礼を目的に、父と姉二人は「本居音楽団」を結成し渡米、一二月から翌年三月まで、ハワイと米本土の西海岸各地で公演した。

二五年、「アバちゃん」と愛された若葉も六歳で初舞台。父の伴奏で歌う三姉妹の演奏旅行は全国におよんだ。「お山の中行く」と歌い出す「汽車ぽっぽ」（二七年）や「俵はごろごろ」は若葉のお得意で、華やかに童謡は普及する。子どもを舞台で歌わせることに批判はあったが、父は児童文化運動のためなら「私と共に働くことを言い含めてある」と動じない。三五（昭和一〇）年一月、父と貴美子と若葉は香川県の大島青松園、岡山県の長島愛生園を訪問、ハンセン病患者を慰問している。学校は休みがちだったが、同級生も先生も優しかった。文部省が『新訂尋常小学唱歌』（三七年刊）を推奨すると童謡運動は後退したという。

四六年、若葉は兄の友人で、『懸崖』で知られる詩人の菱山修三と結婚。兄の死により本居姓を継ぐ。繊細な夫を穏やかに支えながら、進駐軍家族などを顧客に持つ洋裁のプロでもあった。

七三年から神奈川県大和市南林間に住む。長世の没後五〇年を前にした九四年に設立された「本居長世を歌う会」（指導と指揮は赤岡綾子）で、父直伝の歌唱と曲にまつわるエピソードを伝える。「赤い靴」は、「い～までは」ではなく、「いまで～は」と歌うのよ、と注文した。

二〇〇一（平成一三）年一〇月、「Again HAWAII Concert」で童謡歌手再デビュー。〇二年一〇月の「本居長世童謡コンサート」は大島青松園の再訪だった。〇七年一〇月、「本居長世ものがたり」で「歌とお話」に出演、三笠宮幼少時の詩に長世が作曲した「馬」「月と雁」「街の灯」を披露した。一〇年一一月の「本居長世写真展とコンサート」は旧東京音楽学校奏楽堂創設一二〇周年記念事業となる。長女の本居佳子は、「母は少女のまま年老いたような不思議な人」という。（三須宏子）

(生)東京府(学)文化服装学院(墓)東京谷中霊園

コンサートの楽屋で

◉ 盛 キヨ子

（もり・きよこ） 地域活動家

1900（明治33）年10月28日～2003（平成15）年3月31日 102歳

平塚で女性初の公民館館長

盛キヨ子は、横浜市日の出町で父間山鶴勝、母きくの次女に生まれた。船長の父は不在が多く、虚弱な姉が亡くなり、県立高等女学校（現、横浜平沼高等学校）在学中に母も病死する。卒業を待たず両親と同じ青森出身で一四歳年上の海軍将校、盛長吉と結婚した。一七歳で長女を出産し、夫の朝鮮赴任により海を渡る。それから一一年のあいだに、国内外を七回も転居しながら三男二女を育てた。かずかずの困難があった一方で、見聞、見識を深めてもいただろう。

平塚へ移ったのは、夫が海軍火薬廠の会計部長となった一九三一（昭和六）年。四男も生まれ、須賀地区（現、港地区）に定住したが、四五年七月の空襲で家を焼かれ、戦後建て直した。

米軍占領下の四七年、市の要請で平塚市婦人会が発足。戦争中に愛国婦人会の支部役員をしていた盛は翌年会長に選ばれた。アメリカ人の女性教官から民主主義や男女平等のありかたを学び、自立した婦人会を目指すが、市から税金の令書配布を依頼されるにいたり解散を決めた。

やがて各地区婦人会から平塚市婦人団体連絡協議会（平婦連）が立ち上がった。五三年に西條八十作詞の「平塚音頭」の買春をうたった一節を、山川菊栄が「女性人権の危機」と糾弾すると（『山川菊栄集』七巻）、平婦連も盛を先頭に、PTAや教職員組合と反対して修正させた。

夫は長い公職追放ののち市の監査委員となったが、五六年に病で没した。盛の地域活動をずっと励ましてくれていたので喪失感は大きかったと思われる。

五八年、須賀に平塚市初の公民館が開かれた。運営委員として二五〇〇世帯からなる衛生協力会を組織し、漁港特有のハエと蚊の駆除や衛生意識の普及に地道に取り組んだ。同年、町村合併後の新しい平婦連の初代会長に就任。市からの用件押し付けが度重なると、「婦人会は御用団体ではない」と拒否して恐れられた。県の婦人団体連絡協議会副会長を務めたのもこのころ。

公民館開館から三年後の六一年、推されて平塚初の女性館長となった。一一年近くの在任中、住民の支援を受けて備品、設備を少しずつ整え、催しや講座に趣向をこらして利用者を増やした。さらに中学校長と協力して「港地区青少年を守る会」をつくり地域の連携を強化する。温厚で謙虚、公正で思いやり深く、しかも決断力、実行力に富む盛は、「須賀の母」と敬慕された。

日本国際連合協会神奈川県本部平塚支部に長年貢献し、六三歳から平塚初のガールスカウトである神奈川県支部の第二〇団団委員長を引き受け、のちに県支部長も務めた。横浜家庭裁判所の調停委員や県の各種委員も続けた。九二（平成四）年に平塚市功労者表彰。

須賀公民館館長のころ

盛の薫陶を受けた人たちが、今も地域でさまざまに活動している。

（星賀典子）

㊓神奈川県横浜市㊫神奈川県立高等女学校㊞間山㊢平塚市真福寺

◉ 森田愛子

（もりた・あいこ）　俳人
1917（大正6）年11月18日〜1947（昭和22）年4月1日　29歳

高浜虚子の愛弟子

「化粧して病みこもり居り春の雪」は、湘南七里ガ浜で療養中の句。一九四〇（昭和一五）年五月号『ホトトギス』（高浜虚子主宰）初入選の句にして森田愛子の代表作といえるだろう。療養中の身ながら若く美しいわが身を愛おしむ、自我の強さが匂い立ってくる。

父は森田銀行を起こした森田三郎右衛門、母は三国湊の名妓田中よし。福井県立三国高等女学校を終え、東京本郷の別邸から実践女子専門学校国文科に通ったが中退、三国高女研究科を卒業。

二一歳のころ、肺浸潤の診断を受け、母と藤沢町鵠沼に転地療養、八か月後に鎌倉市七里ガ浜の鈴木療養所に入所した。そこには長く療養しながら『ホトトギス』に投句し、「鎌倉俳句会」に参加する伊藤柏翠がいた。ひと目で粋筋と分かる母と美しい娘に、自身の生い立ちを重ねた柏翠が、自分に生甲斐を覚えさせた俳句を、この娘にも勧めたいと誘ったのは四〇年一月のこと。

四一年元旦、柏翠に伴われて鎌倉由比ガ浜の虚子庵に年始の挨拶。紋付き袴の柏翠と和服の佳人の訪れを虚子は喜び、翌月の寿福寺での「実朝忌句会」に招いた。療養所を出て稲村ガ崎の借家に住んだころは、柏翠や『ホトトギス』同人の松本たかしが訪れて句会も持つが、食料事情を心配する父の勧めで帰郷した。柏翠はしばしば三国を訪問、疎開を機に愛子宅に移る。結婚を相談したが虚子は賛成しなかった。愛子と柏翠は「先生」「愛ちゃん」と呼び合い、北陸在住の俳人や愛子の友人、俳句に無縁だった人も巻き込み活動。柏翠主宰の『花鳥』などに句を寄せる。

四三年一一月、虚子の愛子宅訪問が実現、翌日は永平寺で俳句大会。帰路京都へ向かう虚子と星野立子ら一行を敦賀駅で見送ったとき虹に気づく。「あの虹の橋を渡って鎌倉へ」と言う愛子に「渡っていらっしゃい。杖でもついて」と虚子。四四年、長野県小諸に疎開した虚子は、葉書に「虹たちて忽ち君の在る如し」「虹消えて忽ち君の無き如し」と書き送る。この一連の情景を描いた写生文「虹」の原稿を、三度目の三国訪問のとき病床の愛子に読み聞かせた。

「愛居」の額をかかげた病室で、情景と心情が溶け合った「愛居より九頭龍時雨見て飽かず」「美しき布団に病みて死ぬ気なく」など句作に励むが病状は悪化。それを虚子に伝える電報は「ニジキエテ　スデニナケレド　アルゴ　トシ　アイコ」と。俳句界の頂点にある老虚子の胸の灯にも心を遣いつつ献身する柏翠と母に支えられて「小諸町虹より見たる夢を見し」と老師を慕い、「春風に吹かるるままにどこまでも」が最後の句となる。

柏翠は、湘南で療養時の愛子が好んだ寿福寺に、虚子の揮毫で「森田愛子之墓」を建て、墓石を高浜家墓所に向ける。愛子の望みと老師の胸中とを結ぶかのように。　（三須宏子）

俳句と出会ったころ

㊓福井県㊫福井県立三国高等女学校㊔鎌倉市寿福寺、福井県三国町性海寺・月窓寺

◉ 森　秀子　（もり・ひでこ）　政治家

1933（昭和8）年9月14日～1993（平成5）年5月4日　59歳

女性初の神奈川県議会副議長

森秀子は一九六七（昭和四二）年、「金の政治より人間の政治を」、「婦人の願い、主婦の声を県政に」、「母と子の平和と幸福を守る」という公約を掲げ、三三歳で神奈川県議会の最年少議員として当選した。以後七選を果たし、八六年には県会で初めての女性副議長となる。父の佐藤賢治も六三年から六四年まで県議会副議長を務めており、父娘二代で副議長という稀な例である。

父は秋田県から上京、戦前には労働運動で何度も収監された経歴を持ち、「煙突男」で有名な富士瓦斯紡績川崎工場争議などで活躍。戦後は総同盟、社会党の再建に務め、党中央執行委員、県連会長を歴任し県議会議員を五期務めた。競輪場予定地を保土ヶ谷公園に勝ち取った闘争、辻堂演習場返還運動などでの功績や逸話が多く、オヤジさんと呼ばれ面倒見のよい政治家だった。

秀子は横浜市立桜丘高校から横浜市立大学文理学部に進み、在学中から青年・婦人運動で活動。「小児マヒから子どもを守る会」、帷子川改修、し尿ゴミ収集問題などに関わる。六〇年に森泰広と結婚、夫婦で社会党に入党した。党活動や六三年結成の日本婦人会議神奈川県本部（現、I女性会議神奈川県本部）の事務局長として忙しく動き回る日々のなか、夫とわずか四年で死別する。

六七年、父が急病で倒れ、後援会から出馬要請され、「世襲はいやだ」と断ったものの党に説得されて立候補。父の信念を引き継ぐとともに、女性が幸せにならなくてはという強い思いから、公約は女性重視。議会では保育センターや婦人問題対策室設置を提言するなど存在感を示し、七七年には県会常任委員会で初の女性委員長に。このとき、県会議員一〇九人中、女性は五人で、森が商工労働委員長、大石尚子が文教委員長になった。女性議員が少なすぎると国会議員選挙で女性を擁立するよう党に迫ったり、参院選で千葉景子候補の選対をすべて女性の手で行なったりと奮闘する。七五年の国際女性年をきっかけに女性の社会参加や意識変革が進んだ時代で、県内市町村の女性議員は七五年には三六人だったが、九〇（平成二）年には八五人と躍進している。

平和を守る運動にも熱心で、「平和憲法を守り行動する神奈川県婦人の会」や「日中友好神奈川県婦人連絡会」に所属。中国、ソ連、非核憲法の島ベラウなどを訪問し交流を深めた。八一年の米空母ミッドウェー横須賀入港に際しては、核兵器の恐ろしさを訴える手紙と折鶴を瓶に入れて流すことを思いつき、東海大学の練習船で一〇〇〇本の瓶を下田沖に投げ入れた。

飾らず親しみやすい人柄は住民から慕われ、要望があればどこにでもとんで行って話を聞き改善に向け奔走した。多忙のため趣味の山歩きがいつしか中国式体操に変わった。社会党県本部女性局長、日本婦人会議県本部副議長を務めて充実のさなか、急性肺水腫で死去。

（小野塚和江）

副議長就任の抱負を語る

㊓神奈川県横浜市㊫横浜市立大学文理学部中退㊐佐藤

◉門馬千代

（もんま・ちよ）　作家秘書

1899（明治32）年2月17日〜1988（昭63）年8月25日　89歳

吉屋信子の伴侶として幾山河

東京府立第二高女（現、都立竹早高校）と東京女子高等師範学校（現、お茶の水女子大）で門馬千代と同級だった山高しげりが証言している。東北帝国大学が初めて女に門戸を開いたころ、彼女はいずれ東北大の女博士になるだろうとみなに一目おかれていたと（「女の友情」）。しかし、千代は作家吉屋信子の終生のパートナーとして生きる道を選んだ。

東京小石川生まれ。父親は高等女学校の教師で国文学者なので、家には国文の古典が山ほどあった。得意なのは理数系だが哲学書や文学書もよく読んでいたという。女高師卒業後は東北の女学校の数学教師になり、東京にもどってからは麹町高女に勤めた。そのころ山高に紹介された千代と三歳年上の信子は、すぐに「ノン」「チコ」と呼び合う仲になった。

関東大震災で麹町高女が焼失して失職した千代と信子は長崎、下関と移り住み、千代が頌栄《しょうえい》女学校に職を得ると東京にもどり、二六（大正一五）年に下落合で同居する。男相手では実現すべくもない、対等に双方を支えあっていくという、信子の理想を実現したかったのだ。二八年から一年間はともに欧米に滞在し蜜月の日々を過ごす。

帰国後、千代は信子の多忙を見かねて秘書兼家事を受け持つことにする。日々のスケジュール調整、訪客の応対、税務署との折衝、講演が嫌いな信子のために筋書まで用意した。食事を整え、体調を気遣い、外出にも影のようにつきそう生活が信子との死別まで続く。

四四年五月、鎌倉大仏裏の家に疎開。戦後は東京にもどったが、六二年に鎌倉長谷の新居に落ち着く。この間の五七年、千代は信子の養嗣子になっている。信子は七三年二月の日記に「千代誕生日なり。この人を与え給いし運命に感謝」と記し、七月一一日に死去。遺言により土地、邸宅、蔵書などは鎌倉市に寄贈され吉屋信子記念館として女性の社会教育施設になった。千代は管理者としてその一画に住んで残務整理にあたり、晩年はマンションに移っている。

『吉屋信子全集』第一二巻巻末に千代作成の四〇ページ近い年譜がある。信子の仕事の全貌が見渡せるのはもちろん、信子か千代か、どちらの行動か感懐なのか、渾然一体となった記述が散見される。この仕事をしながら、千代は二人で過した幾山河を反芻したのであろう。同巻の月報には次のような書き置きがある。「五十年も一緒にいられたのはけっして一方的な私の忍耐や奉仕などではない。ずいぶん言い合いもし腹を立て、癇癪も起させた。しかし幸いにもお互の信頼と尊敬を見失わずにすんだ。人生の伴侶というか相棒というか、この人を得たことを私は仕合せに思っている」。同性婚が市民権を得た現代をはるかに以前に先駆けたカップルである。

（江刺昭子）

人生の伴侶を喪って、1973年

㊓東京府㊫東京女子高等師範学校㊍吉屋

◉ 山口定子

（やまぐち・さだこ）　地域活動家

1917（大正6）年5月30日〜2011（平成23）年1月19日　93歳

民間の図書館を拠点に

横浜市鶴見区の東寺尾図書館は、地域の住民たちによって作られた図書館である。『創立40周年記念誌』（一九八九年）の表紙には「みんなで育てたみんなの図書館」と記されている。山口定子はこの図書館の運営に長く携わり、一九八〇（昭和五五）年より第三代館長となった。

山口は名古屋に生まれ、その後、父の仕事で東京に移る。育った家庭は開放的で精神主義的な傾向をもっていたという。三五年、東京府立第一高等女学校（現、都立白鴎高校）を卒業、内務省警保局図書課に勤める。二三歳で結婚、保育士資格をとる夢もあったが、夫や義母の反対で断念。東京大空襲に遭い、一時横浜市磯子に逃れた。四七年より鶴見に在住。三人の子は中学まで地元の公立校に通い、一三年間のPTA活動によって民主主義とは何かを学び考えていく。

GHQは民主化政策の一環として、社会教育課にPTAを通して図書館を作るように促した。市内では民間図書館が約二七か所できていった。鶴見区東寺尾では、物置小屋に一三冊の本と長いテーブルを置いて本を貸し出した。学校の教科書は黒塗りで副読本もなく、子どもたちも本を求めていた。四九年に寄付金と寄贈図書を得て、その物置で中部子供図書館としてスタートする。近隣に住む医師の佐々木晴子（前掲、九四頁）がリーダー役を果たした。毎月一回開かれる理事会では言いたいことを言っていい、ただし合議で決定するという民主的な運営をした。だが、対外的な面を考慮して、館長は第二代まで男性が務めている。五二年、住民たちの力で新館を建設し、六六年に東寺尾図書館と改名する。図書館では婦人会、お母さんコーラス、健康管理・料理学習会、バザーが開かれ、コミュニティ・センターの役割を担った。

この図書館を中心に、山口は積極的に活動の輪を広げていく。六五年に鶴見生活学校を設立、仲間たちと身近な問題について共に考え、学び、解決の方法を探っていった。高度成長期にあって、まず食品添加物の問題を、次に食肉の店頭適正表示から食品の共同購入へ、六九年からはゴミの分別収集にも取り組んだ。ほかにも合成洗剤、農薬や化学肥料の問題を取り上げた。

八〇年にコペンハーゲンで開かれた「国際婦人の一〇年」中間年世界会議NGOフォーラムに県代表として参加、テーマは「専業主婦の社会参加」であった。八九年、「神奈川牛乳パック再利用をすすめる連絡会」を発足させる。彼女は地域での活動を通して主婦の社会参加の重要性に気づき、その社会性を育てることを願った。

東寺尾図書館は、学校図書室の充実などで、二〇一七（平成二九）年に児童書を残して本を処分。子どもたちに紙芝居を見せる活動は続けられ、年二回開かれるバザーは住民たちで賑わい、地域の交流拠点として存続している。

（金子幸子）

横浜の自宅で、1999年

㊓愛知県㊫東京府立第一高等女学校

◉山田順子

（やまだ・じゅんこ）作家
1901（明治34）年6月22日～1961（昭和36）年8月27日　60歳

書きたいを貫いた「和製ノラ」

山田順子は作家としてより徳田秋声や竹久夢二の愛人として名を知られているが、処女作『流るるまゝに』や『下萌ゆる草』では、秋田や小樽の風景と暮らしのなかに大正時代の若い女性の心情を描いている。そこには自己追求の情熱と苦悩を咽《むせ》ぶように訴える順子がいる。

秋田県子吉川《こよしがわ》河口の港町本荘町古雪に、廻船業を営む山田耕作、サトの長女として生まれ、兄二人、弟妹五人がいた。県立秋田高女（現、県立秋田北高校）へ進学。在学中には旧制本荘中学校の生徒らと同人誌『ひどいわ』を出し、有島武郎や田村俊子を愛読していたという。

卒業翌年の一九二〇（大正九）年、家族の勧めで東京帝国大学法科出身の増川才吉と結婚、小樽に住む。誰もが羨む生活に見えたが、増川の婚前の負債や事業の失敗で生活は苦しく、実家から多額の援助を受ける状態だった。女も自立が必要と、ホテルに籠って一五〇〇枚の長編小説を書き、『婦人之友』投稿選者の徳田秋声を頼って夫と上京。銀座のカフェ・プランタンなどで働きながら好機を待っていたが、夫が金銭事件を起こし離婚、三人の子どもは夫に引き取られる。

翌二五年、一五〇〇枚の原稿は『流るるまゝに』と題して序文を菊池寛ら四人、装幀は竹久夢二で出版され、「和製ノラ」出現と宣伝された。直後、夢二と同棲したが、四か月で破綻。翌年、秋声の妻の急逝を機に内弟子になり同棲。秋声は順子との関係を『仮想人物』などの小説にして次つぎと発表。順子もジャーナリズムに乗って作品を発表するが文学的評価は得られず、派手で無邪気な質も手伝ってマスコミの餌食となる。秋声と別れたのちも浮名を流すが、西銀座にバーを開いて客と文芸誌『Ｊｕｎｋｏ』を発行したり長編小説『神の火を盗んだ女』を出版した。

四七（昭和二二）年、鎌倉にふらりと来て長谷寺境内の小屋に住み観音経普及の活動を始める。観音文化運営会設立、『私たちの観音さま』を自費出版。作詞した「観音音頭」や「観音小唄」は市後援の観光花祭りで発表され、着飾った娘たちが華やかに踊った。長谷寺滞在一一年間の作品は、秋声との交際を描いた『女弟子』など通俗的といわれたものが多い。五八年、長谷寺から立退きを要求され、「金策のため旅行中」の張り紙を残し行方不明。東京で肝臓がんのため死去する。

長谷寺門前の骨董屋「紅屋」の女主人は、「質素でしたが上品で学がある印象で、『読んでください』と本を配って来られて、義母の葬儀には白い百合をくださった」と語る。

戦時下も執筆、1940年ころ

波瀾万丈の人生を、書きたい一念で原稿用紙に向かい続け、生涯に一〇冊以上の単行本を出し、雑誌、新聞に数十編以上の小説やエッセイを発表した。遺作の『一七才の傾斜』は、戦争遺児の現実と苦悩を描き、大人の温かい補導を訴える。「作家としての順子」の検証が期待される。

（小野塚和江）

㊓秋田県㊫県立秋田高等女学校㊍ユキ㊐増川㊏秋田県本荘市正福寺

◉吉野ゆりえ

（よしの・ゆりえ）　プロ競技ダンサー
1968（昭和43）年3月6日〜2016（平成28）年7月30日　48歳

「忘れられたがん」の啓発

吉野ゆりえの短かった人生の前半は実に華やかであった。一九九〇（平成二）年、筑波大学国際関係学類卒業。東京アナウンスアカデミー卒業。大学在学中には一七〇センチの長身と知性あふれる美しさでミス日本に輝く。入学後に始めた社交ダンスは四年生でプロの資格を取り、卒業後は一〇年間イギリスにダンス留学。ロンドン・インターナショナル選手権ライジングスターチャンピオン、全日本インターナショナル選手権ファイナリストとして着実にその地位を築いていった。ブログで自分の長所は「コレ！と決めたら、突き進むこと」と語っている。

ゆりえの人生に影が差したのは、短所として「突き進む際に、自分の身体のことを顧みないこと」とも語っていた通り、腹部に強い痛みを感じたときからである。二〇〇五（平成一七）年三月、後腹膜平滑筋肉腫（サルコーマ）の発症であった。全がん患者の一％しかおらず、五年生存率七％という希少がん。専門医が育たず治療方法も進んでいなかった。それからが生き抜くことへの闘いであった。「忘れられたがん」サルコーマセンターの設立活動、小中学生に命の大切さを伝える「いのちの授業」、そして「ブラインドダンス」。都立八王子盲学校の生徒たちにダンスの楽しさを教えた。世界初の視聴覚障がい者の社交ダンス大会も実施している。

そんな折、友人の紹介で出会ったのが星槎《せいさ》大学教授細田満和子《ほそだみわこ》。星槎大学は神奈川県足柄下郡にある共生・環境・福祉教育等を複合的に学ぶ大学である。細田は初対面のゆりえの印象を、黒のロングコートにピンクのニットアンサンブルをまとい、大輪の薔薇の花のようだったという。細田はゆりえに大学院への入学を勧めた。一三年四月、これまで通り活動は継続したまま、四五歳からの大学院生生活がスタートした。細田はゆりえの体力を考え、修士論文のテーマに論者自身の生き方を研究する「当事者研究」を勧めた。修論は高評価を得て合格。星槎大学客員研究員としてさらに活動の幅を広げ、大学の仲間の勧めで一三年八月から亡くなる直前の一六年六月まで、「がんと闘う舞姫」「キャンサーギフト―神様からの贈り物」を『かまくら春秋』に連載している。一九回の手術に耐え罹患一〇年生存を達成。がん研有明病院に日本初のサルコーマセンターを設立することに貢献。「いのちの授業」の最後には、いつもマハトマ・ガンジーの言葉「明日死ぬかのように生き、永遠に生きるかのように学ぶ」で締めくくった。

細田はゆりえとの出会いを思い返し、罹患五年目であったこと、その時彼女が生きていたこと、その後も生き抜いてたくさんの活動をしてきたことをまさに奇跡だったと語る（細田満和子「がんがもたらした奇跡～永遠の舞姫に捧ぐ」）。

（横澤清子）

吉野ゆりえのブログより

㊓大分県㊍吉野由起恵㊫星槎大学大学院

◉ 吉野りう（よしの・りゅう）

学生

1871（明治4）年1月〜1915（大正4）年12月　44歳

書簡に刻む明治の女学生の生活

吉野りうの生まれた武蔵国多摩郡野崎村は、当時は神奈川県の管轄で現在の三鷹市のほぼ中央に位置している。家は代々名主を務める名望家であった。兄泰之助とは三歳違いのひとり娘である。生母はりうを産んでまもなく亡くなった。父泰三は後添えを迎えたが、継母ダイとの仲はうまくいっていたようで、東京下谷の日尾女塾に入塾したころは、新しい羽織やよそゆきの袴をダイにねだっている。

明治前期、自由民権運動の最高揚期に、泰三は北多摩の領袖として活動していた。彼は一七歳のりうを、当時としてはめずらしいキリスト教系の横浜の共立女学校に入学させている。りうは寮生活のなか、毎月数度の書簡を父に送り続けた。共立女学校では英学と和漢学の兼修を行い聖書も教授していた。日本的教育にも顧慮し「貞操順徳」を唱い、将来日本のために家庭をよく守り夫を補佐できる女性を育てることを目標とした。寮の規則は厳格で、一人での外出は認めず、通信は近親者以外にみだりにすることを禁じていた。「稗史及ビ猥褻ニ渉ル書類雑誌新聞ハ一切読ムヲ禁ズ」とあり、女学生を政治・風俗や時事的な事柄から遠ざけていたことがうかがわれる。

りうの勉学の上達については、泰三が親しい民権家の家族に宛てた手紙に「日本の学問はすすみ候ところ見え申さず、又英学とても中々目に見へ候ほどはすすみ申さず、英語もなかなか洋人とはなしを致し候ほどとは思いもより申すまじく」と厳しい。続けて「学問の外の仕事きらいにあいなり候様子」、このままでは、日本の普通の家庭には向かない女性になってしまうと危惧している。新文明の教育を与えて良いところに嫁がせたいと考える泰三には、不安も大きかった。

りうは、のちに北村透谷の妻となった石阪美那と同学で友人同士でもあった。学校で噂になっている美那と透谷の恋愛騒動について「かのくらい学識才智もありながらかかる事をなさるるとは実に悲しむべき事とぞんじ候」と書き送っている。男女の自由な恋愛や結婚が悪評となる時世ではあったが、尊敬する美那の将来を気遣う様子が伝わってくる。りう自身の学校生活は、毎日の課題や試験に追われてはいたが、ピアノレッスンやクリスマス行事など憧れの西洋文化を享受するものであった。あとはほかの学友同様、女学校を卒業と同時かあるいは在学中にお見合いをし、父の「真眼を得た人」と結婚するるばかりである。

一九歳の春、父の決めた衆議院議員で新進のジャーナリストである菅了法と結婚。その後も彼女は、父に生活向きを伝える書簡を送り続ける。政治家を引退し住職となった夫に従い、鹿児島に渡ったが、朝に夕に東の空を眺め子守をしながらよく讃美歌をくちずさんでいたという。

（横澤清子）

共立女学校生のころ

㊓神奈川県北多摩郡㊫共立女学校㊍菅りう㊜隆子

◉米原万里

（よねはら・まり）作家

1950（昭和25）年4月29日〜2006（平成18）年5月25日　56歳

豊かな知見にもとづく通訳と著作

「帰国子女」という言葉が登場する以前の一九六〇年代前半、東西冷戦下の社会主義国で九歳から一四歳までを過ごした、きわめて稀有な体験が米原万里の原点になっている。

父米原昶《いたる》と母美智子のあいだに、二人姉妹の長女として東京で生まれた。父は鳥取県の素封家の次男で旧制一高時代に社会主義にめざめ、戦前より非合法活動にたずさわり、戦後すぐに共産党員となった。その父と東京女子高等師範学校出身の母に、妹ユリ（のちに料理家となり、井上ひさしと結婚）とともに愛情深く育てられる。父を尊敬し終生ファザコンであった。万里が九歳のとき、『赤旗』の編集長だった父がチェコスロバキアのプラハにあった、国際共産主義理論誌の編集局に日本共産党の代表として派遣されることになり、一家で移住。プラハではソビエト大使館付属学校に編入する。それは五〇か国以上の共産党幹部の子女が通う、ロシア語による少人数制の学校だった。そこで基礎学力が鍛えられ、自分で考え説明することをたたき込まれた。

帰国し公立中学校に編入するが、日本の試験がほとんど〇×式や選択式なのに衝撃を受けた。職業として志したのは建築家だが大学入試で挫折し、ロシア語の配点の高い東京外国語大学ロシア語学科に入学する。その後東京大学大学院で修士課程を修了したが、共産党幹部の娘であることから採用する企業がなかった。やむなく就いた通訳の仕事で才能が開花する。通訳する分野の知識を得るために、政治・経済・科学・芸術など多岐にわたる専門書を精力的に読破した。ロシア語通訳協会を仲間と設立し、初代事務局長になる。ペレストロイカが始まると通訳の仕事が急増。ロシア語同時通訳の草分けである徳永晴美の勧めで同時通訳に進出、またたく間にその第一人者となった。某財界大物の通訳の際、事前にスピーチ原稿を「論旨が不明」と書き直させたという、物おじしない逸話が残る。仕事のかたわらに書いた通訳論エッセイ『不実な美女か貞淑な醜女か』が評判となり、『嘘つきアーニャの真っ赤な真実』など次つぎに刊行。読売文学賞、大宅壮一ノンフィクション賞などを受賞した。しだいに通訳から退き執筆活動に専念する。

二〇〇〇（平成一二）年、妹夫婦が住む鎌倉に自分で設計した家を建て東京から転居した。「歴史的遺構を抱えた古都であるおかげで鬱蒼と緑が繁る奇蹟」（『文学都市かまくら100人展』）と絶賛し、引き取った捨て犬や猫たちとの暮らしを満喫する。神奈川近代文学館の評議員も務める。初めての長編小説『オリガ・モリソヴナの反語法』が高い評価を得たところ、卵巣がんと診断された。代替治療の本二〇〇冊を読み込み、自身で検証して書評をつづり絶筆となった。『週刊文春』連載の「私の読書日記」には、率直で辛辣な万里の真骨頂が発揮されている。

（野田洋子）

執筆活動に専念、2002年

(生)東京都(学)東京大学大学院(墓)鎌倉市浄光明寺

◉ 若山美子

（わかやま・よしこ）　登山家

1940（昭和15）年5月19日～1973（昭和48）8月3日　33歳

寡黙でひたむきな天才クライマー

一九六七（昭和四二）年七月一九日、スイス・イタリア国境にそびえる秀峰、マッターホルンの北壁を、若山美子はザイルを組んだ今井通子と、四二時間かけて登攀。世界で初めて女のみで北壁を征服した瞬間である。のちに新田次郎が二人をモデルに小説『銀嶺の人』を書いた。

美子は父春生と母光子の長女としてソ連国境の町、満洲里《まんちゅうり》で誕生。二人の弟がいた。父は北海道大学で水産学を修め、三四年、満洲里近郊にあるダライ湖の水産資源調査のため、満洲国の吏員として渡満。その後自ら水産会社を起し、五年ほどで従業員九〇〇人の大企業に育てる。お手伝いさんのいる裕福な生活を送っていたが、四五年七月に父が召集され、八月八日、ソ連軍が国境を越えて侵攻。母は五歳の美子、四歳の和生と二歳の正生を連れ、着の身着のまま逃避行。この過酷な引き揚げのさなか、正生を栄養失調で亡くし、翌年一〇月、舞鶴港に着く。父はシベリア抑留を経て四八年に帰国。父が長崎で始めた水産加工会社が軌道にのり、安定した暮らしを手にするが、やがて経営に失敗し倒産に追い込まれる。美子は小学校時代はバレエに打ち込み、私立活水中学・高校に学び、短大への進学を目前にしていたが、これを断念。五八年、一家は新天地を求めて横浜に移り住む。父は再び起業をめざし、美子は地元で就職した。

友人のいない不慣れな地で、勤務先の山岳部に入り初めて山と出会った。内気で人見知りの強い美子は、ほどなく山の美しさや山歩きの面白さに魅了される。丹沢をはじめ谷川岳や日本アルプスを夏冬踏破すると、もの足りなくなり、しだいに岩壁登攀に傾倒し、才能が開花。鎌倉に転居後、鎌倉彫を習い始め、手先が器用でたちまち腕をあげる。師の受注品を請け負い、収入が得られるようになると、山に行く時間を確保するため勤めを辞めた。重箱や鏡の額など、優美な線で丁寧に彫られた作品が、和生の妻のタマエにより大切に保存されている。

ＪＥＣＣ（ジャパン・エキスパート・クライマーズ・クラブ）に加わり、加藤滝男の指導のもと、着実に訓練を積み、女性クライマーとして登攀技術は群を抜いていた。ＪＥＣＣ仲間で東京女子医大山岳部ヨーロッパ遠征隊長の今井通子に誘われ、ついに念願の女のみでのマッターホルン北壁登攀に挑むこととなった。この快挙は内外で大きく報道され、美子はマスコミの過熱した取材攻勢に疲れ、以後岩壁登攀から遠ざかる。六九年、田部井淳子らとともに「女子登攀クラブ」を設立し、女だけのエベレスト登山を計画した。だが、七三年に山仲間の岡本昭二と結婚し、新婚旅行でマッターホルンを登頂しているときに、夫とザイルに繋がれたまま滑落死する。

七五年、女で世界初のエベレスト登頂を果たした田部井は、夢半ばで逝った美子の写真を頂上に埋めた。（野田洋子）

ヨーロッパアルプスで

(生)満洲(学)活水高等学校(本)岡本(墓)静岡県駿東郡富士霊園

◉ 渡辺道子

（わたなべ・みちこ）　社会運動家
1913（大正2）年2月21日〜2003（平成15）年1月31日　89歳

平和と人権を守る

渡辺道子は戦前からの筋金入りの活動家である。戦後ほどなく、愛媛から神奈川県保土ヶ谷に居を移し、日本社会党の主要メンバーとして憲法擁護に力を傾けた。

渡辺は静岡県駿東郡富士岡村（現、御殿場市）の大地主、伊倉家に生まれた。父は、兄六人の末っ子でおてんばだったひとり娘を案じ、厳格なカトリックの不二高等女学校（現、静岡雙葉学園）に進学させた。だが、次兄の影響でマルキシズムにふれ、長兄の事業の失敗で生家も傾いたため、一七歳で退学する。

文学少女だった彼女は家を出て、私淑していたプロレタリア作家の平林たい子の元に身を寄せる。平林宅では左翼活動家たちが出入りしており、東京市バス車掌などをしながら、左翼運動に加わっていった。日本労働組合総評議会の事務所に寝起きして、アジトへの途次に逮捕され、拷問を受けたこともある。同志の渡辺貞吉と結婚、一児を得る。一九三七（昭和一二）年に夫とともに人民戦線事件で検挙されたが、第二子を妊娠していたために釈放されたという。獄中で召集令状を受け取った夫は戦地へと赴き、彼女には「要視察人」として監視が続いた。彼が戦地からもどると、ようやく朝鮮半島に職を得て、家族はともに海を渡った。

敗戦後、子を連れて彼女は三八度線を越え、四六年に帰国。二度目の出征をした夫は妻子とは会えず、やむなくひと足先に帰り、愛媛で総同盟のオルグをしていた。彼女は愛媛に着くと、戦前では想像もできなかった自由に感激しながら、子どもを背負って女性労働者の待遇改善・同一労働同一賃金を要求して闘った。その後、社会党左派婦人部の求めに応じて上京、同党の文化部長、婦人局長を歴任し、中央執行委員も務めた。

五八年の警職法阻止に続き、六〇年安保反対闘争で母と娘の集会やデモを組織し、これが翌年の党外郭団体、日本婦人会議（現、I女性会議）の結成に繋がる。渡辺は常任委員として働いた。六五年、同会議は参院選で独自に女性候補、田中寿美子（のち、社会党副委員長）を擁立し、当選を果した。九三（平成五）年には渡辺の傘寿を祝う会（呼びかけ人、土井たか子元社会党委員長ら）が横浜中華街で開催されている。この一〇年前より「平和憲法を守る神奈川婦人の会」代表となる。戦前の弾圧から、敗戦と引き揚げという辛く苦しい体験を経て、日本国憲法の人権と平和主義は、彼女にとってかけがえのない守るべきものであった。九〇歳を目前にして死去、御殿場に近い富士霊園に眠る。墓所は自分で「さっさと用意した」と長女の五島昌子（土井たか子の元秘書）は語る。

社会党五十年史編纂のころ

（金子幸子）

（生）静岡県（学）不二高等女学校中退（旧）伊倉（墓）富士霊園

参考文献

神奈川県立婦人総合センター・かながわ女性史編集委員会編著『夜明けの航跡―かながわ近代の女たち』一九八七年　ドメス出版／神奈川県立かながわ女性センター・かながわ女性史編集委員会編著『共生への航路―かながわの女たち'45～'90』一九九二年　ドメス出版／川崎市中小企業・婦人会館・川崎女性史編さん委員会編著『多摩の流れにときを紡ぐ―近代かわさきの女たち』一九九〇年　ぎょうせい／「川崎の女性のあゆみ」編集委員会編集『川崎の女性のあゆみ―男女平等を求めて１９４５～１９７５』二〇〇七年　川崎の男女共同社会を進める会／「川崎の女性のあゆみⅡ」編集委員会編集『川崎の女性のあゆみⅡ―男女平等を求めて１９７０～１９８０年代』二〇一四年　川崎の男女共同社会を進める会／史の会編集・発行『史の会研究誌―大正の響きをきく』一号　一九九一年／同『史の会研究誌―時代のうねりを見つめて』二号　一九九三年／同『史の会研究誌―時代の目覚めをよむ』三号　一九九六年／同『史の会研究誌―女たちの物語を再生する』四号　二〇〇一年／同『史の会研究誌―「武相の若草」を読む』五号　二〇一六年／さがみ女性史研究会「さねさし」編集・発行『あつぎの女性二〇人―聞き書き集』二〇〇四年／同『続・あつぎの女性―民権家子孫の聞き書きと女性史年表』二〇〇九年／同『続々・あつぎの女性―聞き書きと資料』二〇一五年／かまくら男女共同参画市民ネットワークアンサンブル21女性史編さん部会編集『かまくらの女性史　33人が語る大正・昭和』二〇〇四年　鎌倉市／同『聞き書き第２集かまくらの女性史　明治・大正・昭和』二〇〇六年　鎌倉市人権・男女共同参画課／同『明治・大正・昭和　かまくらの女性史　年表』二〇〇九年　鎌倉市人権・男女共同参画課／同『明治・大正・昭和　かまくらの女性史　通史』二〇一二年　鎌倉市人権・男女共同参画課／平塚人物史研究会編集・発行『平塚ゆかりの先人たち』二〇一三年／同『平塚ゆかりの先人たち』二集　二〇一九年／「横浜に生きる女性たちの声の記録」を作成する会編集『横浜に生きる女性たちの声の記録』一～四集　一九九七～二〇〇〇年　横浜市女性協会・横浜女性フォー

ラム／小田原女性史研究会編集・発行『消したくない史実―地域新聞に見る西湘の女性』二〇〇一年／服藤早苗・宇佐美ミサ子『西さがみ女性の歴史―原始・古代から現代へ』二〇〇九年　夢工房／地域女性史の会編集・発行『横須賀の女性たち―近代　女性の年表』一九九八年／武相の女性・民権とキリスト教研究会・町田市立自由民権資料館編集『武相の女性・民権とキリスト教』二〇一六年　町田市教育委員会／神奈川県県民部県史編集室編集『神奈川県史』別編一・人物　一九八三年　神奈川県／近現代日本女性人名事典編集委員会編集『近現代日本女性人名事典』二〇〇一年　ドメス出版／芳賀登・一番ヶ瀬康子・中嶌邦・祖田浩一監修『日本女性人名辞典』一九九三年　日本図書センター／金子幸子・黒田弘子・菅野則子・義江明子編集『日本女性史大辞典』二〇〇七年　吉川弘文館／日本キリスト教歴史大事典編集委員会編集『日本キリスト教歴史大事典』一九八八年　教文館／近代日本社会運動史人物大事典編集委員会編集『近代日本社会運動史人物大事典』一九九七年　日外アソシエーツ／鎌倉市中央図書館編集・発行『鎌倉近代史資料　その二』人物編　一九七九年／村松定孝・渡辺澄子編集『現代女性文学辞典』一九九〇年　東京堂出版／市古夏生・菅聡子編集『日本女性文学大事典』二〇〇六年　日本図書センター／掛尾良夫ほか編集『日本映画人名事典　女優篇』上・下巻　一九九五年　キネマ旬報社／フェリス女学院資料室編集『フェリス女学院資料室紀要あゆみ』一号〜七一号　一九七八〜二〇一八年　フェリス女学院／『横浜共立学園120年の歩み』編集委員会編集『横浜共立学園120年の歩み』一九九一年　横浜共立学園／横浜ＹＷＣＡ80周年史委員会編集『この岩の上に』一九九三年　横浜ＹＷＣＡ／横浜ＹＷＣＡ100年史編集委員会編集『横浜ＹＷＣＡ100年史年表』二〇一三年　横浜ＹＷＣＡ／『横浜毎日新聞』（『東京横浜毎日新聞』）一八七一〜一八八六年／『横浜貿易新報』（『横浜貿易新聞』『横浜新報』『貿易新報』『横浜貿易新報』『神奈川県新聞』）一八九〇〜一九四一年／『神奈川新聞』一九四二〜二〇一八年

（冒頭の数字は項目該当頁を指す）

18 足立原美枝子『復刻版　相州八菅山』二〇一二年　神奈川ふだん記／同『雲は夕焼け』一九九七年　ふだん記八菅グループ

20 足立原美枝子『復刻版　相州八菅山』二〇一二年　神奈川ふだん記／同『雲は夕焼け』一九九七年　ふだん記八菅グループ／『八菅ふだん記』四八号　足立原美枝子追悼号　一九九九年

22『続・あつぎの女性─民権家子孫の聞き書きと女性史年表』二〇〇九年／神奈川県企画調査部県史編集室編集・発行『難波家・自由民権関係文書』一九七四年／自由民権百二十周年建碑実行委員会編集・発行『天野政立の自叙伝』二〇〇五年

24 池田重子『池田重子　美の遍歴』二〇一二年　大和書房／同『遅く咲くのは枯れぬ花』二〇一四年　講談社／伊澤誠一編集『池田重子　美の世界』二〇〇七年　アシェット婦人画報社

26 石川ハナ『遥かな山河─教育生活六十余年』一九八八年　私家版／記念誌編集委員会編集『創立百周年記念誌』一九七三年　横浜市立日吉台小学校／横浜市教職員組合婦人部三十年史編集委員会編集『浜教組婦人部三十年史』一九八〇年　横浜市教職員組合婦人部

28 市川泰子『ふりむけば…はつらつひろこのかけ足日記』一九九四年・同『女ひとり定年後をいきる』二〇〇七年　インパクト出版会／ひろこ・いちかわカルチャーサロン編集・発行『いおり』三〜五号　一九九八〜二〇〇一年／市川泰子「小田原市職員として　I〜VI」女たちの現在《いま》を問う会編集『銃後史ノート戦後編』（第2回〜第7回配本）一九五一〜一九九三年　インパクト出版会

30 神奈川県青年団連合会編集・発行『武相の若草』一七号〜一六六号　一九二六〜三八年／高津青年団文芸部編集・発行『騎士』高津青年雑誌一巻一号〜二巻四号　一九二八年／『相模女子大学六十年史』一九六〇年　相模女子大学／影山澄江「女性公務員の先駆け」『史の会研究誌』五号　二〇一六年

32 入江麻木『バーブシカの宝石』一九八七年　講談社／同『お料理はお好き　入江麻木の家庭料理』二〇一六年　復刊ドットコム／同『入江麻木のお菓子とテーブル』一九八八年　光文社

34 岩本えり子『エリー©　茅ヶ崎の海が好き。』二〇〇八年　講談社／桑田佳祐『ブルー・ノート・スケール』一九八七年　ロッキング・オン／岩本えり子「茅ヶ崎海岸グランドプラン推進会議」提案資料　二〇〇五年／藤本辰也「『思い』を繋いで、『らしさ』を守る～茅ヶ崎海岸マンション問題顛末記」『地方自治職員研修』二〇〇七年一月号／木所隆介編集「桑田佳祐の実姉、岩本えり子さんの遺稿。」『贅沢《ぜいたく》な人生。』二〇〇九年／経済部農業水産課編集「茅ヶ崎海岸グランドプラン」二〇一二年　茅ヶ崎市

36 横浜市民ギャラリー江見絹子自選展実行委員会編集・発行『江見絹子自選展』一九九六年／『奔る女たち―女性画家の戦前・戦後一九三〇～一九五〇年代』二〇〇三年　栃木県立美術館／籾山昌夫編集『江見絹子展図録』二〇〇四年　神奈川県立近代美術館／座談会「娘たちはこう思う」『婦人之友』一九七四年七月号／座談会「〝自分でひらいた世界〟を語る」『婦人之友』一九八二年三月号／荻野アンナ「母の手のひら―画家江見絹子の歳月」『婦人之友』一九九八年七月号

38 『続・あつぎの女性』二〇〇九年／神奈川県立厚木東高等学校常盤会編集・発行『常盤会会員名簿』一九九五年／厚木市立中央図書館編集『厚木市立図書館叢書2　夕焼け小焼け　中村雨紅の足跡』一九九〇年　厚木市教育委員会

40 大石尚子『まこちゃんがはだしになった』一九八三年　大石尚子後援会／同「ドバイまでわが自衛艦を追いかけるの記」『正論』二〇〇三年四月号／「片岡礼子の（おじゃまします）女性局長・大石尚子さん（対談）」『かくしん』一九九一年一〇月／大石尚子「曽祢益先生の夢を追いかけ〝三度目の正直〟に挑戦」『かくしん』一九九二年二月

42 大久保さわ子『「攻め」の人生を生きる』二〇〇六年　教育史料出版会／古庄弘枝『どくふれん―元祖「シングル」を生きた女たち』二〇〇五年　ジュリアン／独身婦人連盟編『わだつみの声は　わが胸に』一九六

八年　若樹書房／独身婦人連盟記念誌編集委員会編集『わだつみの声をとわに』一九七七年　独身婦人連盟／茜編集委員会編集『茜』一三〇号（最終号）二〇〇二年　独身婦人連盟

44　神奈川県青年団連合会編集・発行『武相の若草』八九号～一三三号　一九三二年～三五年／三須宏子「文芸欄にみる農村女子の暮らしと思い」『史の会研究誌』五号　二〇一六年

46　大沢りう「生活改善の動向と活動」神奈川県農業改良普及事業20周年記念事業実行委員会編集・発行『普及事業二十周年記念誌』一九六九年／「町と村の暮らし」『共生への航路　かながわの女たち'45～'90』一九九二年／大沢りう「戦後寒川の農業改良事業と生活改善」『寒川町史研究』一九九二年三月／同「千寿」（草稿）／同「直子さん」（草稿）

48　大島富士子『正しい楽譜の読み方―バッハからシューベルトまで』二〇〇九年　現代ギター社／「チャリティーコンサートで歌を披露する大島富士子さん中新田在住58歳」『タウンニュース』海老名版　二〇一五年四月二四日号（二〇一八年一〇月二八日閲覧）／「横浜みなとみらいへ・大島富士子ソプラノリサイタル」kabanotakaraブログ（二〇一八年一〇月三一日閲覧）

50　『横浜に生きる女性たちの声の記録』二集　一九九七年／『かながわ女性会議10周年記念誌―自立・参画・共生への道程』一九九二年　かながわ女性会議／上林得郎編集『自治研かながわ月報』二七号　一九九一年　神奈川県地方自治研究センター

52　大森文子『「看護」を考える選集15　大森文子が見聞した看護の歴史』二〇〇三年　日本看護協会出版会／国立療養所神奈川病院創立50周年記念誌編集委員会編集『国立療養所神奈川病院創立50周年記念誌』一九八九年　国立療養所神奈川病院／『北里大学病院開院25周年記念誌』一九九六年　北里大学病院／『看護』一九九一年八月号、二〇〇三年三月号

54　横浜市民ギャラリー岡本彌壽子展実行委員会編集・発行『清心で描く永遠の女性群像―岡本彌壽子展』一九八八年／『横浜共立学園120年の歩み』一九九一年／岡本彌壽子「古径先生を偲んで」『新美術新聞』一九八

一年二月～一二月

56　「『子どものうた』とともに」『クォータリーかわさき』No.50一九九七年　川崎市文化財団／「女性群像21C」『財界にっぽん』二〇〇〇年八月号／日外アソシエーツ編集・発行『音楽家人名事典』二〇〇一年／大竹典子「小黒恵子　華やかに生き抜いて」日本童謡協会編集・発行『童謡誕生一〇〇年記念誌　明日へ』二〇一八年／『朝日新聞』一九九一年一一月一〇日、一九九六年七月一六日／『読売新聞』一八八二年一二月三日、二〇〇四年五月三一日

58　障害者更生施設準備会・礎の会編『貴有意の郷物語』一九八八年　リサイクル文化社／小沢章子「貴有意の郷から」『農業協同組合』一九九一年二月号、三月号、四月号／小泉晨一『秦野物語』一九八五年　リサイクル文化社／リサイクル文化編集グループ編集『「リサイクル文化」―19　リサイクル運動10年のあゆみ』一九八七年　リサイクル文化社／『全国婦人新聞』一九八四年四月一〇日

60　勝又正寿・勝又喜美子『人権と憲法を考える』一九八三年　三一書房／勝又喜美子編集『一周忌追想集―やくそく―夫正壽に』一九九二年　私家版／勝又喜美子編集『自立と平和』一九七六～八五年　小田原市民平和研究所／「K彰の生まれた基盤」『全国婦人新聞』一九八一年二月二〇日／『共生への航路』編纂時のインタビュー

62　布施協三郎『若き洋画家　布施淡―明治の恋と青春』二〇一二年　私家版／フェリス女学院150年史編纂委員会編集『フェリス女学院150年史資料集　第4集　加藤豊世・布施淡往復書簡―明治期のある青春の記録』二〇一六年　フェリス女学院／日本基督教団荘内教会長老会編『鶴岡の荘内教会宣教物語―明治から昭和初期まで』二〇〇八年　キリスト新聞社出版事業部／下川辺庸子「布施豊世夫人をめぐる方々を偲んで」『フェリス女学院資料室紀要あゆみ』二二号　一九八九年

64　金森トシエ『チャレンジはおもしろい』一九九二年・同『老いを看とり歌をうたう―家族の歳月』一九九四年・同『金持ちよりも人持ち・友持ち』二〇〇三年・同『笑って泣いて歩いて書いた―女性ジャーナリスト

の五〇年』二〇〇六年　ドメス出版／同『徳不孤—徳は孤ならず』一九九〇年　私家版／『金森トシエ　その人と仕事』二〇一二年　かながわ女性センター

66　兼高かおる『私が旅から学んだこと』二〇一〇年　小学館／金沢英樹「③横浜人形の家」横浜市企画財政局都市科学研究室編集・発行『調査季報』九四号　一九八七年／横浜市『市政日誌』一九八六年～九一年　私製ファイル

68　松井久子編『何を怖れる—フェミニズムを生きた女たち』二〇一四年　岩波書店／加納実紀代『越えられなかった海峡—女性飛行士・朴敬元の生涯』一九九四年　時事通信社／同『ヒロシマとフクシマのあいだ—ジェンダーの視点から』二〇一三年　インパクト出版会／同『「銃後史」をあるく』二〇一八年　インパクト出版会／同編集『ワンダーワンダフル！　加納信雄著作断片集』二〇一七年　私家版

70　「樹木希林さん死去　野毛が生んだ大女優」『神奈川新聞』二〇一八年九月一七日／ドリアン・助川「イマカナ　樹木希林さんを悼む　あらゆる人間への深い愛」『神奈川新聞』二〇一八年九月二〇日／「ファミリーヒストリー選　樹木希林の原点」ＮＨＫ再放送　二〇一八年九月二四日／「追想録　樹木希林さん」『日本経済新聞』二〇一八年一〇月一九日／「追悼　樹木希林」『文藝春秋』二〇一八年一一月号／内田也哉子「Driving My Mother」『週刊文春　ＷＯＭＡＮ』二〇一九年一月号

72　安倍純子「城戸順と共立女子神学校」『横浜プロテスタント史研究会報』二〇〇七年　横浜プロテスタント史研究会／横浜共立学園六十年史編纂委員編集・発行『横浜共立学園六十年史』一九三三年／鈴木正和「偕成伝道女学校、共立女子神学校、そしてバイブルウーマン」『共立研究』二〇〇一年　共立基督教研究所／「横浜共立学園資料集」編集委員会編集『横浜共立学園資料集』二〇〇四年　横浜共立学園

74　清水可子「乙女文楽考」『神奈川県史研究』三五号　一九七八年／「第24回伝統文化ポーラ賞」『伝統と文化』二〇〇四年一一月／平野博『浄瑠璃への道—人形芝居とともに四十余年』一九九七年　湘南座友の会／現代人形劇センター編集・発行「乙女文楽結成五十周年記念公演」二〇一八年／「『乙女文楽』の継承を志して」

『義太夫協会会報』一九九一年一月号「義太夫協会について」義太夫協会HP（二〇一八年一〇月二〇日閲覧）／「第1回川崎市地域文化財を決定しました」川崎市HP（二〇一九年一月六日閲覧）／「乙女文楽首（56点）衣裳（167点）一括」平塚市HP（同）

76　楠目ちづ『花のように生きれば、ひとりも美しい。』二〇一二年　いきいき出版局／同『花　楠目ちづ』一九九五年　いけばなむらさき会／家元・楠目ちづ「いけばな　むらさき会」入会案内　一九六五年／日本文化普及協会「ご案内」一九五八年　根津美術館弘仁亭茶室

78　黒川万千代「近づく原爆忌」『労働運動』一九七八年八月号／同『「アンネの日記」への旅』一九八二年　労働旬報社／同『鳩の使いの旅―広島のこころを世界へ』一九八八年　新日本出版社／同『アンネ・フランク―その15年の生涯』二〇〇九年　合同出版／マリア・ロリニカイテ著・清水陽子訳『長い沈黙』一九九〇年　未來社／広島女性史研究会編著『続ヒロシマの女たち』一九九八年　ドメス出版

80　郷静子『女の生きかた―主婦作家の日々』一九八二年・同『私の横浜』一九八二年　大月書店／郷静子・小山内美江子ほか『人間として女として―愛と平和に生きる』一九八五年　労働旬報社／横浜西区史編集委員会編集『区制50周年記念　横浜西区史』一九九五年　横浜西区史刊行委員会／郷静子・李恢成ほか『芥川賞全集』九巻　一九八二年　文藝春秋

82　合田佐和子『90度のまなざし』二〇一七年　港の人／同『ナイルのほとりで』一九八七年　朝日新聞社／同『パンドラ　合田佐和子作品集』一九八三年・同『眼玉のハーレム』一九八八年　PARCO出版局／高知県立美術館・松本教仁編集『合田佐和子』二〇〇一年　高知県立美術館／渋谷区立松濤美術館・光田由里編集『合田佐和子　影像―絵画・オブジェ・写真』二〇〇三年　渋谷区立松濤美術館

84　神奈川県選挙管理委員会編集・発行『地方選挙の記録』一九七二年〜九六年／神奈川県立かながわ女性センター編集・発行『新しい男女共同参画社会を拓く―かながわ女性センター32年の航跡と提言』二〇一五年／神奈川県議会編『神奈川県議会9月定例会会議録』一九七五年／『神奈川新聞』一九六三年五月二日、一九

九〇年五月二六日／「小林フミ子後援会討議資料」

86 澤田謙・萩本清蔵『富士紡績株式会社五十年史』一九四七年　富士紡績／福地曠昭『沖縄女工哀史』一九八五年　那覇出版社／川崎市編集・発行『川崎市史 資料編３ 近代』一九九〇年／川崎地域史研究会『かわさき民衆のあゆみ《明治・大正・昭和》』一九九五年　多摩川新聞社／読谷村史編集室編集『写真で見る　読谷村の移民・出稼ぎ　世界のユンタンザンチュ』二〇一八年　読谷村役場

88 中村茂『草津「喜びの谷」の物語―コンウォール・リーとハンセン病』二〇一五年　教文館／日本聖公会横浜聖アンデレ教会編集・発行『「主の御名によりて」―横浜聖アンデレ教会百年史』一九八五年／多川澄「救癩に生涯を捧げた女医―服部けさ女史」『日本医事新報』一四六九号　一九五二年／島民之介『伝記叢書190 コンウォール・リー女史の生涯と偉業』一九九五年　大空社

90 川本静子・亀田帛子・高桑美子『津田梅子の娘たち―ひと粒の種子から』二〇〇一年　ドメス出版／秦野市立図書館編集・発行『だいやす文庫目録―市制40周年記念』一九九五年／朝日新聞社編・発行『新人国記　２』一九八二年／中村碩子「聖公会の相州伝道の跡を歩く」『武相の女性・民権とキリスト教』二〇一六年

92 加藤重著・発行『凛として生きる』一九九六年／折井美耶子・女性の歴史研究会編著『新婦人協会の人びと』二〇〇九年　ドメス出版／『横浜共立学園120年の歩み』一九九一年

94 「解放された国際婦人デー」『種蒔く人』一九二三年五月／田島ひで「いつかまた来る日を待ちつつ」『婦人公論』一九三四年一〇月号／山川菊栄『おんな二代の記』一九七二年　平凡社／川口和子・小山伊基子・伊藤セツ『国際婦人デーの歴史』一九八〇年　校倉書房／江刺昭子『覚めよ女たち―赤瀾会の人びと』一九八〇年　大月書店／黒田あい「八日会のころの思い出」『山川菊栄集』三巻　一九八二年　岩波書店

96 佐竹伸『愛に生きて―鎌倉保育園と共に』一九八六年　鎌倉保育園／芹沢勇『神奈川県社会事業形成史』一九八六年　神奈川新聞厚生文化事業団／『明治・大正・昭和　かまくらの女性史　通史』二〇一二年／吉村良司編集『日誌　佐竹音次郎』一九七六年　鎌倉保育園

98 『吉屋信子展』一九八九年　鎌倉市教育委員会・鎌倉文学館／金子晋『鎌倉再見—古都を愛した文人たち』
一九七三年　読売新聞社／佐藤治子『旅日記—アメリカ・シルクロード・インド』一九七二年　山喜房佛書林
100 婦人教育のあゆみ研究会『自分史としての婦人教育』一九九一年　ドメス出版／志熊敦子編『女性の生涯学
習』一九九〇年　全日本社会教育連合会／同著「エンパワーメントと女性の教育・学習」『国立婦人教育会
館　研究紀要』一号　一九九七年／『We learn』六三八・六三九号　二〇〇六年　日本女性学習財団／日
本女性学習財団編著『女性の学びを拓く　日本女性学習財団70年のあゆみ』二〇一一年　ドメス出版
102 『思想月報』八九～一〇〇号／『浪曼』一号、三号／『横浜貿易新報』一九四〇～四二年／望月義『横浜物語』
一九八七年　河出書房新社／篠原あや「戦後の横浜詩壇ノート」（1）～（6）・「内側から見た横浜詩人会
の動き」（1）～（9）『横浜文芸懇話会会報』七～二六号／同「私の周辺」（1）～（16）『横浜詩人会通信』
二三～四七号／同『象』一～一一四号／同『篠原あや詩集』一九六二年　ネプチューン・シリーズ刊行会／
同『詩集　歩みの中で』一九九四年　横浜詩人会
104 公演プログラム「舞踊生活50周年記念・舞踊コンクール指導40年記念　黒沢輝夫・下田栄子　舞踊の夕べ」
一九九六年一二月一日／公演プログラム「『まだ踊る』松山バレエ団教育賞受賞記念・舞踊コンクール指導
歴55年記念　黒沢輝夫・下田栄子舞踊公演」二〇一〇年五月一五日／「『まだ踊る』黒沢輝夫・下田栄子・
黒沢美香　舞踊公演」案内　二〇一二年／下田栄子「八戸特派大使通信第65回」『広報はちのへ』二〇一三
年二月号　八戸市役所
106 『横浜に生きる女性たちの声の記録』一集　一九九七年／生野フミ「ごあいさつ」『神奈川婦人会館十周年記
念』一九七五年　神奈川婦人会館／生野文子「県支部結成の頃をふり返って」『支部結成40年記念誌』一九
九四年　ガールスカウト日本連盟神奈川県支部
108 白石敬子・白石隆生『ウィーン　わが故郷《ふるさと》の街』二〇一七年　カメラータ・トウキョウ／白石敬子「『ウィー
ン魂』歌う　命の限り」『日本経済新聞』二〇一七年七月一三日／『タウンニュース』藤沢版　二〇一六年

一月一五日号／牧野俊樹『銀色写真家奮戦記』二〇一六年　渡辺出版／『朝日新聞』二〇一八年三月二五日／Vorstellungen mit Hiroko Shiraishi : WIENER STAATSOPER（二〇一八年一二月九日閲覧）／「藤沢市民オペラ」藤沢市みらい創造財団ＨＰ（同）

110 菅原みどり『紅梅凜々として―女子精薄者の母　菅寿子』一九九二年　勁草出版サービスセンター／『読売新聞』一九六六年五月三一日、一九七五年三月一八日

112 植松藤作・菅原絹枝「明けない夜はない―日雇婦人の訴え」嶋津千利世編集代表『職場と女性』一九五七年　三一書房（藤原千賀・武見李子編集『戦後女性労働基本文献集　第Ⅰ期「婦人問題」にみるはたらく女性　四巻　職場と女性』二〇〇五年　日本図書センター）／『神奈川新聞』一九五五年六月二〇日、七月五日、一四日、八月二四日、二五日、九月一一日／日本母親大会10年史編纂委員会編集『母親運動10年のあゆみ』一九六六年　日本母親大会連絡会／川崎労働史編さん委員会編集『川崎労働史　戦後編』一九八七年　川崎市

114 角倉家編『角倉賀道略伝』一九六〇年　私家版／岡部一興「明治期におけるキリスト教社会事業―本郷定次郎の育児暁星園を中心にして」『相洋学窓』六号　一九八八年　相洋中高等学校／田代国次郎「横浜孤児院の史的研究」『広島女子大学文学部紀要』一七号　一九八二年／西沢道夫「近代社会事業と那須野育児暁星園」『西那須野町郷土資料館紀要』八号　一九九一年

116 関鑑子追想集編集委員会編『大きな紅ばら―関鑑子追想集』一九八一年　音楽センター／山岸一章『革命と青春―日本共産党員の群像』一九七六年　新日本出版社／松田解子『回想の森』一九七九年　新日本出版社／第一回神奈川県解放戦士顕彰会実行委員会編集・発行『解放のいしずえ』一九八三年

118 相馬愛蔵・黒光著作集刊行委員会編『相馬愛蔵・黒光著作集』五巻　一九八一年　郷土出版社／宇津恭子『才藻より、より深き魂に』一九八三年　日本ＹＭＣＡ同盟出版部／仙台文学館編集・発行『アンビシャス・ガール　相馬黒光展』二〇〇一年／フェリス女学院150年史編纂委員会編集『加藤豊世・布施淡往復書簡―明治期のある青春の記録』二〇一六年　フェリス女学院／江刺昭子「『加藤豊世・布施淡往復書簡』にみる星良（相

馬黒光）」『フェリス女学院資料室紀要あゆみ』六九号　二〇一六年

120　鈴木出版編集・製作『みどり』一九八九年　知足寺／相馬翠『戦場は星空の彼方に—夫の生還祈る女医の日記』一九八〇年　毎日新聞社／「相馬翠」二宮ゆかりの人物ガイドブック編集委員会編集『二宮ゆかりの人物ガイドブック〜近現代文学を中心に』二〇一〇年　二宮町図書館／『広報にのみや』一九五六年一月号、一九五七年一月号、一九五八年一月号、一一月号外／二宮町議会　議会史編さん委員会編集『二宮町議会史』記述編・資料編　一九八五年　二宮町議会／『二宮保育園50周年記念誌』一九九九年　知足会二宮保育園／大遠忌記念誌編集委員会編集『四十年の歩み』二〇一一年　浄土宗寺庭婦人会

122　征矢泰子『詩集　すこしゆっくり』一九八四年・同『花の行方』一九九三年・同『現代詩文庫175　征矢泰子』二〇〇三年　思潮社／新川和江編『女たちの名詩集』一九九二年　思潮社

124　高崎節子『混血児』一九五三年　同公社磯部書房／高崎節子女史三周忌記念出版実行委員会編集・発行『むらさき—高崎節子追悼集』一九七六年／『性暴力問題資料集成』三巻（復刻版）二〇〇四年　不二出版／藤野豊『戦後日本の人身売買』二〇一二年　大月書店

126　高田喜佐『私の靴物語』一九八五年　主婦と生活社／同『素足が好き』一九九一年　大和書房／同『靴を探しに』一九九九年　筑摩書房／『高田敏子全詩集』一九八九年　花神社／大橋歩「古い家の楽しみ方、高田喜佐さんの葉山のセカンドハウス」『アルネ』九号　二〇〇四年

128　高橋たか子『高橋たか子自選小説集』四巻　一九九四年　講談社／同『高橋和巳という人—二十五年の後に』一九九七年　河出書房新社／同『この晩年という時』二〇〇二年　講談社／同『どこか或る家—高橋たか子自選エッセイ集』二〇〇六年　講談社／同『終りの日々』二〇一三年　みすず書房

130　田崎吾郎「故田崎泰子　略歴」二〇一八年六月／創立70周年記念誌編集委員会編集『創立70周年記念誌』二〇一六年　東京恵明学園／村島健一「園長先生は純情で　骨太で　田治林太郎氏」『ほんもの人間』一九六六年　三一書房／吉澤英子・小舘静枝編『養護原理』二〇〇八年　ミネルヴァ書房

132　遠藤恭介「わが母　遠藤参の生涯」『フェリス女学院資料室紀要あゆみ』二二号　一九八三年／金子幸子「フェリス和英女学校で学んだ一女性—田中参とその『日記』より」『武相の女性・民権とキリスト教』二〇一六年

134　田村総『いきいき老青春《ラオチンチュン》』一九九〇年　学習研究社／田村江里『あなたもすぐ上手に話せる　発音篇・会話篇』一九七〇年　田村日語研究出版社

136　安井正太郎編集『東京電気株式会社五十年史』一九四〇年　東京芝浦電気／島村龍三「川崎における近代工業の生成と発展」『神奈川史談』一九六〇年一〇月号／折井美耶子・女性の歴史研究会編著『新婦人協会の人びと』二〇〇九年　ドメス出版／伊藤康子・小澤武信企画編集『市川房枝と歩んだ「婦人参政権運動」の人びと＝市川房枝記念展示室資料』二〇一五年　市川房枝記念会女性と政治センター　市川房枝生誕１２０周年記念事業委員会

138　壺田花子『蹠の神』一九四一年　砂子屋書房／同『詩集　水浴する少女』一九四七年　須磨書房／佐藤惣之助編『詩之家』一九二五年／全日本女詩人協会『詩集　母の詩』一九四一年　書物展望社／大政翼賛会文化部編『大東亜戦争愛国詩歌集（１）詩歌翼賛特輯』一九四二年　目黒書店／潮田武雄編『佐藤惣之助覚え帖』一九四三年　桜井書店／佐藤沙羅夫ほか編集『「詩の家」—三十年の歴史』一九五五年　詩の家

140　小熊英二『１９６８』下　二〇〇九年　新曜社／由井りょう子『重信房子がいた時代』二〇一一年　世界書院／永田洋子『十六の墓標』上下　一九八三年　彩流社／塩見孝也『赤軍派始末記—元議長が語る40年』二〇〇三年　彩流社／重信房子『十年目の眼差から』一九八三年　話の特集／連合赤軍事件の全体像を残す会編『証言　連合赤軍』二〇一三年　皓星社

142　女の暦編集室編集『姉妹たちよ　女の暦　２００３』二〇〇二年　ジョジョ企画／瀧悌三『日本の洋画界七十年』二〇〇〇年　日経事業出版社／「行動美術協会史」行動美術協会ブログ（二〇一九年一月六日閲覧）／徳沢青弦ツイッター（同）

144　芸術研究振興財団Ⓒ　東京芸術大学百年史刊行委員会編集『東京芸術大学百年史　東京音楽学校篇』一巻一

九八七年　音楽之友社／近藤逸五郎『歌劇オルフォイス』一九〇三年　東文館／平塚市文化情報誌『たわわ』特集号　二〇〇一年／土肥清美「日本人で初の歌劇《オペラ》と『健民の碑』」『平塚ゆかりの先人たち』二〇一三年

146　戸塚文子『しゃぼてん夫人』一九五二年　駿河台書房／同『素顔のアメリカ』一九六〇年　実業之日本社／同『旅は風のように』一九七八年　ＰＨＰ研究所／同『旅は悠々』一九八三年　講談社／同『ドライ・ママ』一九八四年　文藝春秋／『読売新聞』一九九八年九月六日

148　『平塚保育園の昭和史』二〇一三年　湘南福祉センター／「今月の顔」『広報ひらつか』No.192　一九六七年　平塚市役所／平塚市企画室市史編さん室編集『平塚市郷土誌事典』一九七六年　平塚書籍商組合／白峰学園保育センター編『保育の社会史―神奈川近代の記録』一九八八年　筑摩書房／『夜明けの航跡』編纂時のインタビュー

150　チラシ「藤沢にゆかりのある音楽家たち―珠玉のアンサンブル19人の名手たち」藤沢市みらい創造財団／名倉加代子『「若く」見える！老けない習慣』二〇一一年　ＰＨＰ研究所

152　若井泉編集『遺稿集「タイピストの日記」』一九三七年　根岸春江遺稿集刊行会／横浜歌人会編集『横浜の文化　No.5　横浜の歌人たち』一九七五年　横浜市教育委員会／第一回神奈川県解放戦士顕彰会実行委員会編集・発行『解放のいしずえ―神奈川県・一九八三年』一九八三年／『秋山清著作集第七巻　自由おんな論争』二〇〇六年　ぱる出版

154　野沢富美子「煤烟街に生きる」『科学画報』一九四〇年一一月号／同『長女』一九四〇年　第一公論社／小池富美子「私の手帳」『文学時報』一九四八年七月号／同「思い出深い私の写真」『写真手帖』一九四九年二月号／同「山さんとの事」『民主文学』二〇〇〇年一〇月号／九州評論社編集部編『私の青春時代』一九四八年　九州評論社／『名作案内　日本のプロレタリア文学』一九六八年　青木書店／『しんぶん赤旗』二〇一七年一一月二三日

156　高三啓輔『鵠沼・東屋旅館物語』一九九七年　博文館新社／小山文雄編著『個性きらめく―藤沢近代の文士

たち』一九九〇年　藤沢市教育委員会／伊藤整「硯友社と一葉の時代」『日本文壇史』Ⅳ　一九七八年　講談社／高木和男『鵠沼海岸百年の歴史』一九八一年　菜根出版／渡部　瞭「長谷川路可伝（上・中）」鵠沼を語る会編集・発行『鵠沼』九五号、九六号　二〇〇七年九月、二〇〇八年三月／今井達夫「鵠沼にゐた文人」林房雄・土橋治重編『湘南・箱根（日本の風土記）』一九六〇年　宝文館／鵠沼を語る会編「旅館『東屋』に逗留した文人達と華やいだ鵠沼文化の中心だった東屋の記録」

158　『開園60周年記念誌』一九八八年　国府津保育園会／小田原市教育研究所編集・発行『小田原近代教育史資料編』二～五巻　一九八〇～八三年／中積治子「神奈川県連合女子青年会の誕生とその後の活動」『史の会研究誌』五号　二〇一六年

160　関口寛快『随想日記』一九八二年　私家版／『平塚新聞』一九五七年一一月二三日、一九五九年一一月二〇日／『ともしび』四集　一九八一年　梅屋企画室／伊藤雅俊『伊藤雅俊の商いのこころ』二〇〇三年　日本経済新聞社／『湘南ジャーナル』二〇一二年九月二一日号／「商業の概要」平塚市ＨＰ（二〇一九年二月五日閲覧）

162　浜田糸衛『豚と紅玉』一九八〇年　アンヴィエル／同『金の環の少年〈現代の文学・12〉』一九八七年　国土社／『友好の道―第四回国連女性会議・ＮＧＯフォーラム報告集』一九九六年　日中友好神奈川県婦人連絡会／『横浜華僑婦女會五十年史』編集委員会制作『横浜華僑婦女會五十年史　横浜華僑婦女百年歴程』二〇〇四年　横浜華僑婦女会／新保敦子「日中友好の過去・現在・未来　高良真木のオーラル・ヒストリーに依拠して」『早稲田大学大学院教育学研究科紀要』二三号　二〇一三年

164　『林京子全集』八巻　二〇〇五年　日本図書センター／林京子・島村輝『被爆を生きて―作品と生涯を語る』二〇一一年　岩波書店／林京子『谷間　再びルイへ。』二〇一六年　講談社

166　『端山慶子「『行動しようよ！』を原点にして」『ひろば』二〇一五年三月号／『県消連　十周年記念誌』一九八四年　神奈川県消費者の会連絡会10周年記念誌編集委員会／神奈川県県民部消費生活課編集・発行『か

ながわの消費生活行政・消費者運動15年のあゆみ』一九八三年／NPO法人みんなでつくる平塚執筆・編集『「市民活動はおもしろいpartⅡ」』二〇一〇年　平塚市

168　石井妙子『原節子の真実』二〇一六年　新潮社／「原節子　幻の自筆エッセイ発掘　手帖抄（一九六四年）」『新潮』二〇一七年一月号／石川巧「解説・『手帖抄』―日本人を叱る原節子」『新潮』二〇一七年一月号／「特集　原節子と〈昭和〉の風景」『ユリイカ』二〇一六年二月号／「清廉な美貌　黄金期築く」『日本経済新聞』二〇一五年一一月二六日／佐藤忠男「原節子さんを悼む　演技超えた理知的な美」『日本経済新聞』二〇一五年一一月二七日／横尾忠則「原節子の美　自然体の自分を理想とした」『朝日新聞』二〇一六年一月一七日／司葉子「原節子　別次元の美しさ―激動の90年　歴史を動かした90人」『文藝春秋』二〇一三年一月号

170　中島耕二「リディア・E・（ベントン）バラ」横浜プロテスタント史研究会編『横浜の女性宣教師たち―開港から戦後復興の足跡』二〇一八年　有隣堂／内藤知美「横浜お茶場学校の成立とその意味」『フェリス女学院資料室紀要あゆみ』四七号　二〇〇一年／亀山美知子『女たちの約束』一九九〇年　人文書院／岡部一興編・有地美子訳『宣教師ルーミスと明治日本―横浜からの手紙』二〇〇〇年　有隣堂

172　『清き香り』一九六五年　日本基督教団平塚教会付属二葉幼稚園理事会／『ふたば―二葉幼稚園50年の歩み』一九五〇年　平塚二葉幼稚園／「水島克己家文書」二宮町図書館／『婦人新報』一九一九年六月号、一九三〇年一〇月号／星賀典子「キリスト者の愛は行動すること」『平塚ゆかりの先人たち』二〇一二年

174　日本女医史編集委員会編集『日本女医史（追補）』一九九一年　日本女医会／中積治子「根岸の丘の赤病院―横浜婦人慈善会を支えた女性たち」『史の会研究誌』二号　一九九三年・同「神奈川にみる女医の軌跡」『史の会研究誌』四号　二〇〇一年／井上平三郎編集『日本基督教会　横浜海岸教会史年表〈Ⅰ〉』一九八二年　改革社／『金澤教会百十年史』一九九七年　日本基督教団金沢教会／広瀬院長の弘前ブログ（二〇一八年一二月二五日閲覧）

176　日野綾子『豊かなる流れ』一九九三年　新教出版社／日野綾子先生追悼文集委員会編集『主にむかってうた

え』二〇〇一年　捜真学院／『横浜に生きる女性たちの声の記録』二集　一九九七年／曽根暁彦『捜真女学校九十年史』一九七七年　捜真女学校／関東学院大学キリスト教と文化研究所編集・発行『「坂田祐日記」を読む』二〇一六年

178　よこしおんクラブ編集・発行「特集福井桂子を読む」『スーハ！』二号　二〇〇七年／『福井桂子全詩集』かまくら春秋社　二〇〇九年／三木卓『K』二〇一二年　講談社／「三木卓『K』不可解で、たぶん愛しかった妻」　朝日新聞デジタル（二〇一六年八月二四日閲覧）／「明日への言葉」三木卓ブログ（同）

180　古谷糸子『こんばんは、古谷綱正です—あるジャーナリストの肖像』一九九一年　鎌倉書房／同『ジャーナリスト』一九六三年　社会思想社／同『ふだん着の女性論』一九七六年　柏葉書院／春原昭彦ほか編著『女性記者—新聞に生きた女たち』一九九四年　世界思想社／いのうえせつこ『海と緑と女たち—三宅島と逗子』一九九〇年　評論社／山本祐司『毎日新聞社会部』二〇〇六年　河出書房新社

182　中島耕二「クララ・リート・ヘボンと『ヘボン塾』」『明治学院大学キリスト教研究所紀要』四九号　二〇一七年／同「クララ・リート・ヘボン」横浜プロテスタント史研究会編集『横浜の女性宣教師たち　開港から戦後復興の足跡』二〇一八年　有隣堂／石川潔『ドクトル・ヘボン関連年表　ヘボンの誕生から葬儀・追悼の日まで』一九九九年　私家版

184　堀文子『ホルトの木の下で』二〇〇七年　幻戯書房／同『ひとりで生きる　生きる言葉シリーズ』二〇一〇年　求龍堂／同『堀文子粋人に会う』二〇〇九年　清流出版／中田整一『虹の橋を渡りたい』二〇一六年　幻戯書房／神奈川県立近代美術館編集『白寿記念　堀文子展図録』二〇一七年　神奈川新聞社／「堀文子—群れない、慣れない、頼らない」『別冊太陽』二〇一八年　平凡社

186　「わが人生」『神奈川新聞』二〇一一年七月〜八月／『横浜に生きる女性たちの声の記録』一集　一九九七年／小柴俊雄『横浜演劇百四十年—ヨコハマ芸能外伝』二〇〇一年　ケー・エス・シー

188　日本女医史編集委員会編集『日本女医史（追補）』一九九一年　日本女医会／『日本女医会雑誌』七三号

一九三六年／『日本杏林要覧』一九〇九年　日本杏林社／柴崎辰蔵編集『横須賀教会五十年史』一九三五年
横須賀日本基督教会

190 松岡義和・松岡信編集『天寿―松岡鎮枝の生涯とその和歌』一九八一年　私家版／『この岩の上に』一九九三年・『横浜YWCA100年史年表』二〇一三年／葉山郷土史研究会編集・発行『郷土誌　葉山』創刊二号
二〇〇五年

192 吉村俊作『駆け落ち―渥美延の選択』一九九八年　東京新聞出版局／鵠沼を語る会編集・発行『鵠沼ゆかりの文化人』二〇〇九年／村上由見子『イエロー・フェイス―ハリウッド映画にみるアジア人の肖像』一九九三年　朝日新聞社／同『イースト・ミーツ・ウエスト―マコとスージーの日米物語』一九九三年　講談社

194 『朝日新聞』一九八六年七月二三日／『横浜に生きる女性たちの声の記録』三集　一九九八年／横浜開港資料館編『横浜華僑の記憶―横浜華僑口述歴史記録集』二〇一〇年　中華会館／三谷香子『エスニック・バウンダリーの「創出」』二〇〇八年　日本僑報社／伊藤泉美『横浜華僑社会の形成と発展―幕末開港期から関東大震災復興期まで』二〇一八年　山川出版社

196 『夜明けの航跡』編纂時のインタビュー／新井恵美子『帰れなかったドイツ兵』二〇一〇年　光人社／松坂康「先生と芦の湯の宿」『獅子文六全集』九巻　月報　一九六八年　朝日新聞社／獅子文六『箱根山』二〇一七年　筑摩書房

198 松崎浜子『すそ野をゆく』一九九一年　学習の友社／『共生への航路』編纂時のインタビュー「松崎浜子」・「守谷武子」／斉藤秀夫編集『京浜の夜明け・糸川二一郎伝』一九八七年　私家版／米田佐代子「一九四八―九年の婦人運動について（上）―日本民主婦人協議会資料の紹介を中心に」『歴史評論』一九七四年三月号／「日本民主婦人協議会（民婦協）の活動　松崎浜子氏に聞く」『大原社会問題研究所雑誌』一九九二年七月

200 松田瓊子『松田瓊子全集　別巻　資料編』一九九七年　大空社／同『サフランの歌』一九八八年・同『七つ

の蕾』一九九九年　国書刊行会／同『紫苑の園／香澄』二〇〇〇年　小学館

202　松本喜美子『公園』一九三三年　婦女新聞社／松本元之・松本喜美子『遥かなりビルマ―戦いの日の夫と妻の手紙』一九九二年　三省堂企画／柴静子「占領下の日本における家庭科教育の成立と展開（Ｖ）―神奈川県指導主事松本喜美子の足跡から」広島大学教育学部編集・発行『広島大学教育学部紀要第二部１９９７』一九九八年／佐藤広美編『資料　日本の戦後教育改革―松本喜美子資料　第１巻　ＩＦＥＬ・ＧＨＱ教育指導編１』一九九八年　緑蔭書房／松本尭之「松本喜美子葬儀　個人略歴」二〇〇九年

204　横須賀学の会訳・著『黒船の再来―米海軍横須賀基地第４代司令官デッカー夫妻回想記』二〇一一年　Ｋｏｏインターナショナル出版部／創立七十周年記念事業実行委員会編・著『社会福祉法人春光学園七十年の歩み』二〇一五年　春光学園／『80年の道のり』一九八九年　馬淵建設

206　三岸節子『花より花らしく』一九九九年　筑摩書房／林寛子『三岸節子　修羅の花』一九九七年　学陽書房／吉武輝子『炎の画家　三岸節子』一九九九年　文藝春秋／三岸太郎監修『生誕一一〇年記念　三岸節子展私は燃えつづける』二〇一五年　一宮市三岸節子記念美術館

208　聖園女学院編集・発行『みその』一九六〇～九五年／聖園テレジア遺徳顕彰委員会編集『聖園テレジア追悼録』一九六九年　聖園テレジア遺徳顕彰会／『神奈川新聞』一九五一年四月三〇日

210　三宅節子『住民派女性議員の挑戦〝16〟年―産廃と残土と町おこし』二〇〇三年　論創社／山口耀久・三宅修・大谷一良編『アルプ　特集　串田孫一』二〇〇七年　山と渓谷社／北原節子『息子と行く山』一九九〇年　恒文社

212　宮下操『へそのないノート』一九八八年　新読書社／さがみはら社会教育をよくする市民の会「手と手」一九九三年六月号、九六年六月号／「地域に学ぶ　相模原市」『神奈川新聞』一九九九年七月二日

214　村井多嘉「思い出の絵巻（私の遭遇したさま〴〵の場合）」『婦人の友』一九五五年一一、一二月号／丸島隆雄「『食道楽』の村井弦斎を支えた夫人」『平塚ゆかりの先人たち』二集　二〇一九年／村井米子「父のよき

協力者―多嘉子の一生」原ひろ子編『母たちの世代』一九八一年　駸々堂出版／石塚月亭編『玄米応用手軽新料理』一九一二年　実業之日本社／黒岩比佐子『「食道楽」の人　村井弦斎』二〇〇四年　岩波書店／同『食育のススメ』二〇〇七年　文藝春秋

216　『横浜に生きる女性たちの声の記録』四集　二〇〇〇年／『この岩の上に』一九九三年・『横浜ＹＷＣＡ100年史　年表　一九一三～二〇一三』二〇一三年／毛利道『主は　わが牧者なり』二〇〇三年　私家版／横浜指路教会125年史編纂委員会編集『資料篇　横浜指路教会125年史』二〇〇四年　横浜指路教会

218　金田一春彦『十五夜お月さん―本居長世　人と作品』一九八三年　三省堂／松浦良代『本居長世　日本童謡先駆者の生涯』二〇〇五年　国書刊行会／同『歩き出せば、始まる　本居長世への旅』二〇一〇年　本居長世メモリアルハウス／中新井昌子「本居長世　童心で歌う『七つの子』『赤い靴』　作曲家の魅力伝える合唱団」『日本経済新聞』二〇一七年二月九日

220　鈴木利英子「戦後平塚の社会教育ひとすじ」『平塚ゆかりの先人たち』二集　二〇一九年／『須賀公民館10年誌』一九六八年　平塚市教育委員会・平塚市須賀公民館／『結成10周年記念誌』一九七三年　平塚市代官町自治会／須賀公民館20周年誌編集委員会編集『須賀公民館20周年誌　みなと』一九七八年／山川菊栄「なでしことチョンまげと」「平塚音頭が示す女性人権の危機―亡国調宣伝」『山川菊栄集』七巻　一九八二年　岩波書店

222　みくに龍翔館編集『森田愛子～その俳句と生涯』二〇〇一年　三国町教育委員会／伊藤柏翠『伊藤柏翠自伝増補版』一九九〇年　鬼灯書籍／高浜虚子「虹」「愛居」「音楽は尚お続きおり」「小説は尚お続きおり」『昭和文学全集』四巻　一九八九年　小学館／森谷欽一「人の世も斯く美し―虚子と愛子と柏翠と」『平成十四年度公開ゼミナール研究報告』横浜市立大学経済研究所

224　森秀子『わたしの自分史』一九八三年　アンヴィエル／同「わたしも十五才?・」『日本婦人会議神奈川県本部15年のあゆみ』一九七八年／町田隆弘・町田日出子『死ぬまで生きたい』一九八七年　あすなろ出版／神

奈川県選挙委員会編『地方選挙の記録』一九六七年～九一年／『神奈川新聞』一九八六年五月二四日／『読売新聞』一九八九年一一月二三日

226 門馬千代「吉屋信子との五十年」『婦人公論』一九七三年九月号／吉武輝子『女人　吉屋信子』一九八三年　文藝春秋／駒尺喜美『吉屋信子―隠れフェミニスト』一九九四年　リブロポート／田辺聖子『ゆめはるか吉屋信子』上下　朝日新聞社　一九九九年／『吉屋信子全集』一二巻　一九七六年　朝日新聞社／山高しげり「女の友情」『山鶯』一九七五年　牧羊社

228 山口定子「神奈川県牛乳パック連合会〝使い捨て文化〟反省が力に」『月刊　国民生活』二二巻八号　一九九二年／同「地域活動をとおして見た婦人問題」『調査季報』七二号　一九八一年／ＹＯＫＯＨＡＭＡ　ＴＳＵＲＵＭＩ　未来をひらくおんなたちの軌跡編集委員会編集『ＹＯＫＯＨＡＭＡ　ＴＳＵＲＵＭＩ　未来をひらくおんなたちの軌跡』一九九四年　鶴見懇話会／『横浜に生きる女性たちの声の記録』四集　二〇〇〇年／『朝日新聞』二〇一八年四月三〇日

230 山田順子『流るるまゝに』一九二五年　聚芳閣／同『私たちの観音さま』一九五〇年　ゆき書房／同『一七才の傾斜』一九六一年　久保書店／高野喜代一『山田順子研究』一九九二年　無明舎出版／大木志門編『下萌ゆる草・オレンジエート　山田順子作品集』二〇一二年　龜鳴屋／『毎日新聞』一九五〇年四月九日

232 吉野ゆりえ『いのちのダンス―舞姫の選択』二〇〇八年　河出書房新社／細田満和子「がんがもたらした奇跡～永遠の舞姫に捧ぐ」医療ガバナンス学会メールマガジン（二〇一七年一月一六日閲覧）／谷垣禎一『対談集　谷垣禎一の興味津々』二〇一四年　かまくら春秋社

234 横澤清子「明治の女学生」三鷹市教育委員会編集・発行『多摩の民権と吉野泰三』一九九九年／同「その後のりう」『武相の女性・民権とキリスト教』二〇一六年

236 井上ユリ・小森陽一編著『米原万里を語る』二〇〇九年　かもがわ出版／米原万里『言葉を育てる　米原万里対談集』二〇〇九年　筑摩書房／同『打ちのめされるようなすごい本』二〇一五年　文藝春秋／秋林哲也

ほか編集『文学都市かまくら100人展』二〇〇五年　鎌倉文学館／井上ユリ『姉・米原万里　思い出は食欲と共に』二〇一六年　文藝春秋

238　小林誠子『ラストシーン　夢を追いかけ散っていった冒険者たちの物語』二〇〇七年　バジリコ／今井通子『私の北壁』一九八二年　朝日新聞社／新田次郎『銀嶺の人』二〇〇九年　新潮社

240　『月刊社会党』一九六五年一〇月号など／『婦人しんぶん』一九八三年五月二五日～九月一〇日、二〇〇三年二月二五日など／『りんどのしんぶんかながわ』二〇〇六年三月号など／『神奈川新聞』一九九三年五月二三日、九五年三月一三日／女たちの現在を問う会編集『女たちの六〇年安保―銃後史ノート戦後篇⑤』一九九〇年　インパクト出版会／五島昌子話題提供「逆風に抗して　女性運動と国会」二〇一七年七月一二日　市川房枝記念会女性と政治センター

協力者等一覧

協力者

安倍純子・伊藤泉美・植田朱美・宇佐美ミサ子・大野曜・岡部一興・小川健・鹿島吉武・神谷智子・川向三恵子・清田宰宏・栗原健成・小林由里子・佐藤芳枝・酒井章・酒寄操子・志熊清治・生野摂子・菅道子・鈴木敦子・鈴木利英子・関口尚利・関千枝子・高良留美子・武田由利子・樽川文子・土田眞美・土屋豊・土肥清美・中内むつ・長坂紀子・中島耕二・中島照子・中田耕平・中村碩子・中村茂・端山聡子・深野千恵子・藤井光子・藤本辰也・本田崇子・丸島隆雄・三宅岳・盛淳子・森光世・山口美代子・山田広美・山辺恵巳子・山本敦子・屋良ともの ぶ・吉野正之・脇礼子

協力機関

Ｉ女性会議神奈川県本部・市川房枝記念会女性と政治センター・一宮市三岸節子記念美術館・小黒恵子童謡記念館・神奈川近代文学館・神奈川県消費者の会連絡会・神奈川県立かながわ男女共同参画センター・神奈川県立茅ケ崎高等学校文楽部・神奈川県立図書館女性関連資料室・厚木市ちぐさ幼稚園・かまくら春秋社・鎌倉 長谷寺・鎌倉文学館・カメラータ・トウキョウ・ガールスカウト神奈川県連盟・川崎沖縄県人会・貴有意の郷・鵠沼郷土資料展示室・現代人形劇センター・国際婦人教育振興会・寒川町文書館・捜真女学校・湘南座・湘南座友の会・徳沢記念館・日本基督教団平塚教会・日本女性学習財団・登戸学寮・ひとみ座乙女文楽・平塚教会付属平塚二葉幼稚園・フェリス女学院資料室・福井県坂井市みくに龍翔館・藤沢市総合市民図書館地域資料室・藤沢市みらい創造財団・紅家美術店・みんなでつくる平塚・横浜観光コンベンションビューロー・横浜共立学園・横浜市男女共同参画推進室・横浜人形の家・横浜プロテスタント史研究会・横浜ＹＷＣＡ・読谷村史編集室・ログハウスＤＯ

取材協力者（冒頭の数字は項目該当頁を指す）

20 足立原三紀子（足立原美枝子の長男の妻）二〇一八年二月二六日
28 宇佐美ミサ子（市川泰子の知人）二〇一八年九月一三日
西山正子（市川泰子の知人）二〇一八年一一月二四日
34 一木妙子（岩本えり子の友人）二〇一八年一〇月二四日ほか
38 中村碩子（遠藤キンのちぐさ幼稚園に勤務）二〇一九年一一月二〇日ほか
42 菊田トミ子（大久保さわ子の友人）二〇一六年八月一〇日
44 成勢紀子（大沢サダの姪）二〇一八年四月五日
46 市川ななえ（大沢りうの長女）二〇一七年三月一〇日
48 竹内智子（大島富士子の親戚）二〇一九年一月二八日
56 大竹典子（小黒恵子の縁者）二〇一八年七月二日
58 木原竜平（小沢章子の長男）二〇一八年一〇月二七日
60 勝又完二（勝又喜美子の次男）二〇一八年九月二二日ほか
66 小原まい子（兼高かおるの知人・横浜人形の家元学芸員）二〇一九年二月五日
74 岡本あづま（桐竹智恵子の娘）二〇一八年一一月一日ほか
岡本祥元（桐竹智恵子の孫）二〇一八年一一月一日
76 清水豊次（楠目ちづの甥）二〇一七年九月六日
78 関千枝子（黒川万千代の妹）二〇一八年一一月二七日
清水陽子（黒川万千代の知人）二〇一八年一二月一一日
80 小野静枝（郷静子の知人）二〇一五年九月一日

84 青嶋章介（小林フミ子の元県議会議員同僚）二〇一八年八月三一日
小林郁生（小林フミ子の次男）二〇一八年九月一九日
86 米須清市（米須美恵の息子）二〇一八年一二月九日
米須洋子（米須美恵の息子の妻）二〇一八年一二月九日
砂辺松栄（米須美恵の親戚）二〇一八年一二月九日
94 野嶋恭（佐々木晴子の長男）二〇一八年一一月二〇日
野嶋珠子（佐々木晴子の長男の妻）二〇一八年一一月二〇日
98 佐藤美智子（佐藤治子の長男の妻）二〇一九年一月二四日
100 志熊敦子（本人）二〇〇六年四月五日（江刺昭子・森山敬子）
102 下島喜美子（篠原あやの長女）二〇一六年一二月一三日
104 近正文子（下田栄子の門下生）二〇一九年一月五日
120 相馬宣生（相馬翠の長男）二〇一八年一〇月二九日
相馬良子（相馬翠の長男の妻）二〇一八年一〇月二九日
130 田崎吾郎（田崎泰子の長男）二〇一八年一〇月九日
134 辺野喜瑛子（田村総の同僚）二〇一七年四月一七日
宮崎美穂（田村総の教え子）二〇一七年四月一五日
140 高原浩之（遠山美枝子の夫）二〇一八年三月二二日
142 徳沢姫代（徳沢隆枝の娘）二〇一九年一月二五日
148 猪俣祥（富田レイの姪、湘南福祉センター元理事長）二〇一八年七月二七日
158 菊川紀子（長谷川トリの孫）二〇一八年九月二六日
長谷川公子（長谷川トリの孫）二〇一八年九月二六日

古谷正子（長谷川トリの保育園の保育士）二〇一八年九月二六日
160　野田泰子（浜田イシの孫）二〇一八年一一月一〇日
関口尚利（浜田イシの孫）二〇一九年二月一五日ほか
166　今井澄江（端山慶子の知人）二〇一七年七月一一日
端山慶子を偲ぶ会　二〇一七年五月二一日
178　野木京子（福井桂子の誌友）二〇一六年一〇月二八日
180　長島キャサリン（古谷糸子の友人）二〇一八年四月二五日
長島孝一（古谷糸子の友人）二〇一八年四月二五日
194　陣玲子（松方珠英の長女）二〇一九年一月二九日
196　松坂擴子（松坂はなの長男の妻）二〇一八年一一月三〇日
206　三岸太郎（三岸節子の孫）二〇一八年一二月一八日
212　格地悦子（宮下操の知人）二〇一八年一一月一四日
宮下洋子（宮下操の長女）二〇一八年一一月三日
218　金子典子（本居若葉の次女）二〇一七年三月二九日ほか
228　落合朋子（山口定子の娘）二〇一九年二月一三日
238　若山和生（若山美子の弟）二〇一六年一〇月一六日
若山タマエ（若山美子の弟の妻）二〇一六年一〇月一六日
240　五島昌子（渡辺道子の長女）二〇一七年三月八日

写真撮影

56　村岡秀男　74　加藤昭裕　166　吉峯みどり　206　竹見良二

写真提供

34 茅ヶ崎・浜景観づくり推進会議　38 中村碩子　44 成勢紀子　46 市川ななえ
48 大島智夫　58 木原竜平　60 勝又完二　64 喜勢糸子　72 横浜共立学園
74 現代人形劇センター　76 清水豊次　78 関千枝子　84 小林郁生
86 米須清市　90 津田塾大学津田梅子資料室　94 野嶋恭　98 佐藤美智子
100 日本女性学習財団　108 カメラータ・トウキョウ　120 相馬宣生
132 フェリス女学院資料室　134 宮崎子貴・宮崎美穂　140 高原浩之
142 徳沢姫代　144 東京藝術大学音楽学部大学史史料室　146 猪俣祥　150 岡田雪江
156 鵠沼郷土資料展示室　160 野田泰子　162 高良留美子　166 端山聡子
168 共同通信社　172 森光世　180 関千枝子　188 本田崒子　194 陣玲子
196 松坂擴子　210 三宅岳　212 格地悦子　218 金子典子　220 鹿島吉武
222 福井県坂井市みくに龍翔館　234 吉野泰順　236 井上ユリ　238 若山和生

写真転載

18 足立原美枝子『八菅山の女たち』一九七六年　ふだん記八菅グループ
20 足立原美枝子『八菅山の女たち』一九七六年　ふだん記八菅グループ
24 池田重子『池田重子　美の遍歴』二〇一二年　大和書房
26 石川ハナ『遥かな山河―教師生活六十余年』一九八八年　私家版
28 市川泰子『ふりむけば…はつらつひろこのかけ足日記』一九九四年　インパクト出版会

30 相模女子大学編集・発行『相模女子大学六十年史』一九六〇年
32 『入江麻木のお菓子とテーブル』一九八八年　光文社
36 『神奈川新聞』一九九七年一〇月二三日
40 「実のある国際交流はまず日本を学ぶ教育から」『かくしん』一九八九年
42 大久保さわ子『「攻め」の人生を生きる』二〇〇六年　教育史料出版会
50 『国婦振ニュース　一〇五号』二〇〇三年　国際婦人教育振興会
52 『神奈川新聞』一九九一年七月一五日
54 『神奈川新聞』一九九七年一〇月二四日
56 『クォータリーかわさき』No.50　川崎市文化財団
62 フェリス女学院150年史編纂委員会編集『フェリス女学院150年史資料集　第4集　加藤豊世・布施淡往復書簡
—明治期のある青春の記録』二〇一六年　フェリス女学院
66 『神奈川新聞』二〇一九年一月一〇日
70 『神奈川新聞』一九九二年一一月
80 『神奈川新聞』一九七五年一月八日
82 合田佐和子『90度のまなざし』二〇一七年　港の人
88 中村茂『草津「喜びの谷」の物語　コンウォール・リーとハンセン病』二〇一五年　教文社
92 『横浜共立学園120年の歩み』一九九一年　横浜共立学園
96 吉村良司編集『日誌　佐竹音次郎』一九七六年　鎌倉保育園
102 『神奈川新聞』二〇一六年八月一五日
104 公演プログラム　二〇一〇年五月一五日
106 『神奈川新聞』一九八〇年一一月九日

110 『神奈川新聞』二〇一八年三月一九日

112 『神奈川新聞』一九五五年七月五日

114 『婦人新報』一八九六年四月二八日号

116 篁会編・発行『たかむら』四四号　一九三五年

118 相馬黒光『黙移』一九五〇年　東和社

122 征矢泰子『現代詩文庫　征矢泰子詩集』二〇〇三年　思潮社

124 高崎節子女史三周忌記念実行委員会編集・発行『むらさき―高崎節子追悼集』一九七六年

126 高田喜佐『靴を探しに』一九九九年　筑摩書房

128 『神奈川新聞』一九七四年六月一三日

130 『神奈川新聞』一九八九年八月一〇日

136 伊藤康子・小澤武信企画編集『市川房枝と歩んだ「婦人参政権運動」の人びと＝市川房枝記念展示室資料』二〇一五年　市川房枝記念会 女性と政治センター　市川房枝生誕１２０周年記念事業委員会

138 三好達治編『日本現代詩大系』第九巻　一九五一年　河出書房

146 戸塚文子『しゃぼてん夫人』一九五一年　駿河台書房

152 若井泉編集『遺稿集「タイピストの日記」』一九三七年　根岸春江遺稿集刊行会

154 『東宝映画』一九四〇年七月号

158 『開園60周年記念誌』一九八八年　国府津保育園会

162 高良真木・高良留美子・吉良森子編『浜田糸衛　生と著作』上巻　二〇一六年　ドメス出版

164 『神奈川新聞』二〇一八年二月一二日

170 安倍純子『ヨコハマの女性宣教師―メアリー・Ｐ・プラインと「グランドママの手紙」』二〇〇〇年　ＥＸＰ

174 『金澤教会百十年史』一八八五年　転入者の項より

176　日野綾子先生追悼文集委員会編集『主にむかってうたえ』二〇〇一年　捜真学院

178　よこしおんクラブ編集・発行「特集福井桂子を読む」『スーハ！』二号　二〇〇七年

182　『通史編　横浜指路教会百二十五年史』二〇〇四年　横浜指路教会

184　『神奈川新聞』

186　『横浜に生きる女性たちの声の記録』一集　一九九七年

190　松岡義和・信編集『天寿（松岡鎮枝の生涯とその和歌）』一九八一年　私家版

192　吉村俊作『駆け落ち―渥美延の選択』一九九八年　東京新聞出版局

198　松崎浜子『すそ野をゆく』一九九一年　学習の友社

200　『松田瓊子全集　別巻　資料編』一九九七年　大空社

202　『婦女界』一九四〇年四月号

204　創立七十周年記念事業実行委員会編・著『社会福祉法人春光学園七十年の歩み』二〇一五年　春光学園

208　聖園テレジア遺徳顕彰委員会編集『聖園テレジア追悼録』一九六九年　聖園テレジア遺徳顕彰会

214　村井弦斎『食道楽』続篇 春の巻 増補註釈　再版　一九〇六年　報知社出版部

216　毛利道『主はわが牧者なり』二〇〇三年　私家版

224　『神奈川新聞』一九八六年五月二四日

226　『女性セブン』一九七三年八月一日

228　『横浜に生きる女性たちの声の記録』四集　二〇〇〇年

230　『愛と受苦』一九四〇年　柴書房

232　「吉野ゆりえの感謝＆いきいきＢｌｏｇ」二〇一九年二月一九日転載許可

240　『神奈川新聞』一九九五年三月一三日

ら行

わ行

や行

ま行

は行

な行

た行

さ行

か行

人物索引

1. 本索引は、第Ⅰ集、第Ⅱ集、第Ⅲ集で取りあげた人物と文中に登場するおもな人物を五十音順に配列した。
1. Ⅰは第Ⅰ集、Ⅱは第Ⅱ集、Ⅲは第Ⅲ集で、数字は頁を示す。
1. 人名と頁の太字は、独立した項目であることを示す。
1. 複数名を持つ人物については、→と（　）でもう一つ名を示して検索できるようにした。

あ行

会　員　紹　介

江刺昭子（えさし・あきこ）
総合女性史学会会員・史の会代表・ノンフィクションライター
『草饐―評伝大田洋子』（1971年、濤書房）、『女のくせに―草分けの女性新聞記者たち』（1985年、文化出版局）、『樺美智子―聖少女伝説』（2010年、文藝春秋）ほか

小野塚和江（おのづか・かずえ）
中央区女性史勉強会会員・六会文学サークル会員・江戸川区聞き書き研究会「えどがわの女性」元編集コーディネーター
共著：『中央区女性史年表』（2014年）、『六会文学サークル30周年記念誌』（2017年）

影山澄江（かげやま・すみえ）
史の会会員・グループ江藍会員
共著:『史の会研究誌』（1～5号、1991～2016年）、『時代を拓いた女たち』Ⅰ・Ⅱ集（2005・2011年、神奈川新聞社）

金子幸子（かねこ・さちこ）
総合女性史学会会員・元名古屋短期大学教授
『近代日本女性論の系譜』（1999年、不二出版）、共編：『日本女性史大辞典』（2008年、吉川弘文館）、『東アジアの知識人』3巻（2013年、有志舎）ほか

中積治子（なかづみ・はるこ）
史の会会員・横浜プロテスタント史研究会会員
共著:『史の会研究誌』（1～5号、1991～2016年）、『時代を拓いた女たち』Ⅰ・Ⅱ集（2005・2011年、神奈川新聞社）、『武相の女性・民権とキリスト教』（2016年、町田市教育委員会）、横浜プロテスタント史研究会『横浜の女性宣教師たち』（2018年、有隣堂）

野田洋子（のだ・ようこ）
元中央区女性史勉強会会員・六会文学サークル会員
共著：『中央区女性史年表』（2014年）、『六会文学サークル30周年記念誌』（2017年）

星賀典子（ほしが・のりこ）
地域女性史研究会会員・平塚人物史研究会代表・女性史に学ぶ会代表
共著：『平塚ゆかりの先人たち』（2013年、平塚人物史研究会）

三須宏子（みす・ひろこ）
史の会会員
共著:『史の会研究誌』（1～5号、1991～2016年）、『時代を拓いた女たち』Ⅰ・Ⅱ集（2005・2011年、神奈川新聞社）

横澤清子（よこざわ・きよこ）
総合女性史学会会員・地域女性史研究会会員
『自由民権家　中島信行と岸田俊子―自由への闘い』（2006年、明石書店）、共著：『市川房枝の言説と活動』1～3巻（2008～2016年、市川房枝記念会女性と政治センター）、『武相の女性・民権とキリスト教』（2016年、町田市教育委員会）ほか

時代を拓いた女たち　第Ⅲ集　かながわの112人

2019年７月26日　　初版発行

編著　ⓒ江刺昭子・かながわ女性史研究会

発行　神奈川新聞社

〒231-8445　横浜市中区太田町2-23

電話　045(227)0850（出版メディア部）

Printed in Japan　ISBN978-4-87645-597-3　C0023

定価は表紙カバーに表示してあります。
落丁本・乱丁本はお手数ですが、小社宛お送りください。
送料小社負担にてお取り替えいたします。